起信論講記

第三輯

——平實導師講述

ISBN 957-28743-7-3

自序

《大乘起信論》是聖　馬鳴菩薩所造，因爲論中義理極深，又宣示成佛之道精神所在之一切種智內涵，多屬佛弟子四眾聞所未聞之甚深法；而又言辭簡略，極難了達其意，是故自古以來，多有未具種智之愚痴人大膽謗爲僞論。更有愚痴初機學人不辨眞假，但見大名聲之法師居士謗之，便亦踵隨謗之；如是輾轉傳謗，常無已時，至今不絕。直至平實正式宣講此論以後，此謗方始漸絕於台灣，如今不聞有人再謗爲僞論矣！

殊不知聞所未聞法，雖有可能爲索隱行怪之外道論，亦有可能爲甚深極甚深之種智妙法；學人若無種智，無能分辨者，最宜忌口，萬勿輕易評論；否則，萬一誤評極妙種智深論正義，即成最嚴重謗法之地獄罪；舉凡種智妙法深義之誹謗者，皆是謗法中之最重罪故，所謗皆是三乘菩提之根本法故。

檢視《起信論》之引人諍論者，端在「眞如緣起」一法之說，謗者皆引此一言教而評破之，謗爲僞論，誣爲外道假借　馬鳴菩薩聖名而造此論；每每主張眞如本有，非可藉由緣起之法而修成之。然而彼說之言固有其理，而　馬鳴菩薩所言「眞如緣起門」之眞實義，並無否定眞如本有之意，只因其義甚深，兼述因地眞如轉變爲佛地眞如之妙義，古來少人能眞證知，今時更無何人能眞證知，誤會 馬鳴菩薩論中實義故，便認定爲外道假借 菩薩令名所造僞論，是故自古至今多有誤謗之人。

此論中妙法，主要有二：心生滅門與心眞如門。心生滅門者，始從七轉識之染淨熏習作用，進言法界實相理體之阿賴耶識，明言阿賴耶識心體自身乃是七轉識之根源，名爲如來藏。又倡言「一心唯通八識心王」之說，謂若主張「眾生皆唯有一心」者，則此一心唯可說爲阿賴耶識，將七轉識悉皆納入阿賴耶識一心之中。又言阿賴耶識一名者函蓋第八識如來藏與七轉識，將此不生滅之第八識如來藏與其所生之七轉識合爲一心，即名之爲阿賴耶識。是故自古以來，具有種智之人，常言「一心之說唯通八識」，謂阿賴耶識一心函蓋八識心王也！

然爲利樂初機學人，大益有情令得現觀八識心王體性迥異之處，使其易得證悟阿賴耶識心體自身，欲令因此而生般若實智，往往將此一心阿賴耶識分爲八識心王，並一一細說之，由是故有眼識、耳識……意根末那識乃至阿賴耶識之說。匪唯古來諸多證悟祖師如是說，我 佛世尊於《楞伽經》中亦如是說，即是假爲人悉檀而述第一義悉檀也！

佛地眞如之神用，微妙廣大，非諸等覺菩薩所能稍知；然而此一神妙難宣之廣大功德早已含藏於因地眞如阿賴耶識心體中，是故因地眞如阿賴耶識心體本已有之，馬鳴菩薩初未否定因地眞如阿賴耶識心體之本已存在也。然而因地眞如究非佛地眞如，差異極大，悟得因地眞如時仍無法獲得佛地眞如之廣大功德，是故佛地眞如實非初悟之時一蹴可幾，唯除最後身菩薩示現在人間一悟成佛，是故 馬鳴菩薩所言佛地眞如緣起之說，方是正說。

欲得成就佛地眞如所需之一切成佛種子，悉皆存於如來藏阿賴耶識心體中，皆屬本有未發之功德，又因阿賴耶識心體恆常顯示眞實性與如如性，故名因地眞如。然而佛地眞如所有之廣大功德，要由證悟因地眞如阿賴耶識心體之後漸次進修，藉心生滅門之修行緣起，歷經三大阿僧祇劫之進修內容與過程而後可幾，終得成就佛地眞如無垢識廣大功德，是名佛地眞如緣起之眞實義；是故眞如緣起方是眞正佛法，而且是最勝妙之佛法，謂佛地眞如要由因地之如來藏阿賴耶識心體所含藏之七識心王有生有滅之法修行成就；故說佛地眞如並非一悟可成，要由三大阿僧祇劫之累積福德，慈濟眾生，然後求悟般若，進修種智……等無量菩薩行之後，方可成就；由此證實眞如緣起之說方是正說；絕無省去菩薩階位修行無量難行能行之過程，而可在因地一悟即成佛道者，唯除最後身菩薩已經實修圓滿此一過程。

然而佛地眞如心體者，因地本即存在，即是眾生同等皆有之阿賴耶識心體也。此一心體又名如來藏、本際、實際、眞如、如、我……等無量名，馬鳴菩薩在論中說之爲如來藏心。並謂此心配合自己所出生之七轉識，則能直接、間接、輾轉出生萬法。由因此心能出生萬法故，所出生萬法必有生滅，如是而說此一實相心之生滅門，非謂第八識實相心體有生有滅也；少聞凡夫不知論中實義，便謗言：「《起信論》說實相心體有生滅，必定是僞論。」而不知論中所言「心生滅門」者實謂阿賴耶識心體所含藏之七識心王種種生滅現象，都由八識心王合爲一心之阿賴耶識而說、而攝，阿賴耶識心體自身則無生滅，故論中說：「**心生滅門者，謂依如來藏有生滅心轉，不生滅與生滅和合，非一非異，名阿賴耶識。**」是故誹謗此論者，皆是咎由自身之未解論中實義，誤會論中文字所表正義所致。

學佛之人，悟後必須了知：欲實證佛地眞如無垢識者，必須悟後漸次進修，經由心生滅門中所說之一切種智修習、性障之伏除、習氣種子隨眠之斷除、廣大福德之累積，然後始得成就佛地眞如心體無垢識之廣大功德。若不經由心生滅門，則無由達成心眞如門所欲實證之佛地眞如無垢識廣大功德。是故 馬鳴菩薩於論中說明「心生滅門與心眞如門各攝一切法」，又說佛地眞如之緣起，意在此也！

心眞如門，乃由橫面說明第八識如來藏在因地之時即已是具足眞如性相，但因七轉識相應之無明、煩惱種子覆障故，唯顯自體之眞如性相，而不能發起佛地眞如心體無垢識之無漏有爲法上之廣大功德，難以廣大的利樂有情；所以要由心生滅門中下手修行，悟後進修內門六度萬行，以及種種菩薩十度萬行，逮至一切種智圓滿、煩惱障習氣種子隨眠及無始無明隨眠皆悉斷盡，復又歷經百劫勤修極廣大福德之後，方入佛地，方始圓成佛地眞如所應有之極廣大無漏有爲法：四智圓明、廣大神通、十號具足……等法。

是故， 馬鳴菩薩所言心生滅門一法，甚深極甚深，當今之世無人能知；自古以來知之者亦少，非有大善根、大福德者，難以聞知其中密旨，何況能自行知之？由於論中文字極爲簡略，所陳義理又復倍極甚深，學人難知難了，是故誤會之者所在多有，自古不絕如縷，迄今仍多。

鑑於台灣廣大佛弟子眾，數十年來恭敬供養三寶，廣積福德、慈濟眾生、興善止惡，欲遏止人欲之橫流、惡業之擴散，欲令眾生同得解脫生死流轉之大苦；其福不可謂小，其智不可謂無，然而終究未能發起出世間智，更難發起世間、出世間智，唯有世間小智而誤以為實是出世間智；此非具有福德之佛弟子所應得之果報。有鑑於此，起心欲作廣利有福佛子之事與業，乃決定將本為會中同修宣講解說之 馬鳴菩薩妙論實義，梓行天下，以報台灣寶地廣大佛弟子，兼及大陸未來福德成熟者，庶幾不沒 菩薩造論初衷，亦得消解古今誤謗本論之流毒，更兼防止後人再犯誤謗妙論之地獄業，用是緣故，乃倩我正覺同修會編譯組人員，整理成文，略加修飾，即以成本價流通天下；欲得藉此建立正法大纛，兼以廣利因緣成熟之廣大佛弟子。今以此書出版在即，乃述緣起，即以為序。普願廣大福德具足佛子，悉得藉此書中妙義成辦見道知見，乃至有日終得證悟般若實智，共護我 佛世尊遺法，令得長劫廣利有情！

佛子　平實　謹識

公元二〇〇四年初暑

第三輯：

論文：【染心者，是煩惱障，能障眞如根本智故。無明者，是所知障，能障世間業自在智故。】

講解：「染心」講的就是指煩惱障相應的覺知心，「污染」是說我們的業種，以及煩惱種——就是貪、瞋、痴、慢、疑等五種根本煩惱，以及惡見等「五利使」煩惱，這是污染的覺知心相應的法；這樣的法，總名爲煩惱障，因爲能夠障礙眾生出離三界輪迴，所以叫做煩惱障。而且，煩惱障也能夠障礙眞如根本智的證得；因爲眾生多被煩惱障障住了，很少有機會想要探求法界的眞實相，所以 馬鳴菩薩說會障礙眞如根本智的證得。如果是阿羅漢迴心來修學佛菩提道，那他要悟得眞如，將會是很快的，不必來共修兩年半，只要來談一席話，就可以解決了；而且他也不會退轉，我也不必跟他明講，我只要告訴他第八識的清淨體性和無漏有爲法上的種種德用就夠了，因爲他煩惱障消除了，性障和我見我執的現行已經斷了，所以悟了以後就容易信受不退。可是我們設施了兩年半的課程，然後再到禪三去作四天三夜的共修，很不容易的才幫助大家親證到實相；爲什麼要這樣辛苦？正因爲求法的人煩惱障還沒有斷除的緣故。

煩惱障斷除的人，他如果有善知識開示正知見，參禪求悟是很容易的。因爲他對十八界已經都具足了知，對十八界的虛妄已經都知道了，都體驗過了，所以當他參禪的時候，不會再落入我與我所之中，他立刻就可以自己排除掉我與我所，不必常常與善知識小參。當他依照正知見而找到心眞如的時候，他就會知道這個心眞如一定正確，因爲這個心眞如不是十八界所含攝的法，就能確認心眞如的正確性，確認祂與般若諸經所說的自性完全相符合，就能生起根本無分別智；如果煩惱障還沒有斷除，就常常會落入我與我所之中，所以說煩惱障也能障礙眞如的根本智的親證。

爲什麼初證心眞如時叫做根本智？這意思是說：你只是證得祂的總相。這根本智還有後得智是兩個智慧，當你證得心眞如的時候，你親自體驗到心眞如在六塵萬法中確實是無分別性的心，這是初見道，又名眞見道，所悟證的心體確是眞實心的緣故。心眞如是本來就沒有分別性的，不是把你自己有分別性的見聞覺知心修行轉變成無分別性。無分別性不是修行轉變來的，如果是修來的無分別性，那就不是本有的、不是現成的，將來就會散壞。眞正的佛法絕對是現成的，不是修來的，那才叫眞實的佛法啊！所以你這一個覺知心去證得第八識，由能分別的第六識覺知心參禪，去證得從來都不分別的第八識，發覺祂本來就是那樣的，本來就存在，本來就無分別，知道這個總相，你體驗領受祂那種無分別的體性時，這叫做親證心眞如的根本無分別智。

這個眞如無分別智生起之後，你繼續去體驗祂的種種別相，對於祂的很多細微的部分一一加以體驗證實，也能觀察心眞如——阿賴耶識——是萬法生起的根源；你越領受、越細微，你的智慧就會越來越深妙，這些悟後深入現觀所生起的勝妙智慧，都叫做後得的無分別智——還是在心眞如的自性上而作現觀——這個就是親證第八識的後得無分別智，也就是般若的別相智慧。這一段論文裡所講的「能障眞如根本智故」，講的正是眞如的根本智；意思就是說：煩惱障會障礙你破參，所以煩惱障重的人，因爲貪重、瞋重、愚痴重，所以是性障深重的人，這樣的人要破參是很難的。

有的人只是慧力不夠而難以破參明心，有的人其實很聰明，可是他卻一直沒有辦法破參證眞。那些大居士們、大禪師們，不都是很聰明的人嗎？可是你看他們寫了那麼多本的書，似乎是智慧如海，爲什麼還是無法破參？還是落在我見之中？說穿了，就是因爲被煩惱障障住了。他一心只想：「**我要達成著作等身的事相**

功業。當我著作等身的時候，大家就會崇拜我，就會認為我是一個實修實證的人。」可是他把時間都花在研究上面的時候，花在寫書上面的時候，他就沒有辦法證得心眞如了，因為他被那個「我所」煩惱給障礙、遮蓋了，因此 馬鳴菩薩說煩惱障能夠障礙眞如的根本智。

那麼無明就是講無始無明，它是所知障，馬鳴菩薩說：所知障能夠障礙世間的「業的自在智」。有情在人間，業不能自在，多數人活到了六十幾、都快七十歲了，都還在為三餐奔波，這就是業不能自在；有的人說我雖然有房子了，可是我沒有安全感，萬一遇到了什麼變故的話，那我怎麼辦？雖然有房子住了，還是要繼續努力賺錢，這都是業不能自在。那麼菩薩們有沒有這種業不能自在的事呢？其實也有人悟了以後，業不能自在，這也不在少數。這可要留到下週再來分解了。

上週《大乘起信論》說到這個染心是煩惱障，這個煩惱障能夠障礙眞如的根本智，所以他叫做染心。然後又說無明是所知障，所知障能夠障礙世間的業自在智。無明，我們前面有講過，說無明有兩種，一種是一念無明，是二乘菩提所斷的惑，在大乘法中就叫作煩惱障；所斷的惑就稱為見、思惑，相對於無始無明所斷惑而稱為下煩惱。另一種是無始無明，是大乘的別教菩提所斷的惑，又名所知障；所知障中所斷除的惑即是塵沙惑，也就是修證一切種智上面所應該斷除的過恆河沙數微細無明煩惱——相對於煩惱障的粗下煩惱而稱爲上煩惱。煩惱障會障礙眞如的根本智，換句話說，性障重的人，貪、瞋、痴重的人，他對自我執著及我所執著的煩惱很重，那他就會在世間法上起種種的貪著，就會障礙了他的心，使得他不會想要去探究實相，這個法界實相的根本智就被障礙了。

所以諸位在度化衆生的時候，想要接引外面的人來要修學這個法的時候，可得要注意一下：如果那個人很貪財、很貪淫、很貪名、很貪一切的世間法，那麼這個人都還不具備修學二乘解脫道的因緣，何況是要他來修學二乘聖人所不能修的大乘別教的佛菩提呢？所以說那一些世間法很貪著的人，沒有這一種大乘菩提的因緣，因爲那一些污染心會障礙眞如根本智的修證，所以說那個叫做染心。這個染心也會障礙解脫道的修證，而且這個染心，主要的障礙還是障礙解脫道的修證；而解脫道最大的障礙就是我見，我見斷了以後，逐次去斷欲界有的貪愛、色界有的貪愛，以及無色界有的貪愛。因爲一念無明的染心，他所相應的污染心，會有這種障礙眞如的根本智的緣故，所以才說他叫做染心。

至於無明，可就不一樣了！無明不但是障礙解脫道，它也障礙佛菩提道。爲什麼這樣說呢？因爲解脫道也是佛菩提道所含攝的一部份，所以如果無始無明打破的時候，那一念無明的我見也一定同時被打破了。但是打破一念無明的我見時，卻不一定能打破無始無明。譬如說菩薩明心證得心眞如阿賴耶識的時候，他的我見一定會斷除，二乘人所斷的三縛結也一定斷除，除非他沒有眞正的轉依心眞如的「本來自性清淨涅槃」，心中仍然還對心眞如有所懷疑。可是在二乘法中，斷了一念無明，乃至到達阿羅漢的無學境界，還是無法像菩薩一樣斷了無始無明的見一處住地。

這也就是說，菩薩所斷的我見，是二乘無學所無法斷除的。因爲菩薩所斷的我見，是打破無始無明而與實相相應的，二乘人所證的斷我見境界是不與實相相應的，這就是最大的差異所在。無始無明就是所知障，「所知」二字的意思是說「覺知心對於法界眞實相的所知有所不足，因此成佛之道被障礙了」，這就叫所知的障礙，這就是所知障。

所知障能夠障礙世間的業自在智，那我們得要先來說明什麼叫做業自在智？業的自在智，也就是說在三界當中，於種種的業上面獲得自在。從菩薩的境界相上來說，怎樣是於業得自在？譬如說，菩薩明心以後，他有如實的去修除性障，等到他捨報而處在中陰階段的時候，他不會像一般人由於顛倒想而去入胎，他是正知正見而入胎的。明心以後的人，如果退失掉了，那我就沒話可講。如果你沒有退失，而且你本身有在修除「欲界有」上面用功的話，將來捨報到了中陰階段，在入胎的時候是正知入胎的，看見未來世的父母和合時，心中不會生起顛倒想。

一般人是：將生爲男生的人，會對未來世的母親起顛倒想，妄想自己正與來世的母親和合；將生爲女生的人，就會對未來世的父親起顛倒想，妄想自己正與來世的父親和合，所以被那個境界拘束而入胎。但是證悟之後，如果你有在修除性障上用心，你不退轉於心眞如的清淨自性，不否定祂而如實的轉依祂，你這個智慧在中陰階段還是會繼續存在的，這個智慧不會消失掉。因爲中陰身時的意識是延續你生前的意識，仍然是以這個五色根爲緣而從阿賴耶識中出生了中陰身而延續過去的，所以中陰時的意識是通這一世的。在那個時候，有正智的菩薩觀察因緣，可以入胎的時候再往母親女根入胎，這就是正知而入胎。這就是於受胎的業得自在，也就是有世間業自在智的菩薩。

可是這個賢位菩薩入胎後，還能正知住胎嗎？不正知啊！爲什麼呢？因爲入胎之後中陰身跟著就滅了，此世意識也就滅了嘛！意識不存在的時候，當然就不能正知住胎了。一般的賢位菩薩跟阿羅漢是一樣的，如果阿羅漢他突然起一念迴小向大，轉變心意而想要改行菩薩道，希望在未來無量世中成就佛道，那他照樣得要正知入胎；可是入胎以後，他的意識心也是一樣的不見了，斷滅了，當然也就不曉得一切法了。為何住胎時不曉得一切法？不知道自己的存在呢？因為未來世的意識，是依未來世的五根為緣，才能從心眞如中生起的；要等到未來世的五根——五勝義根與五扶塵根——已經有了基本的雛型，有了基本的作用現前時；也就是說，要在入胎後二十四週，最快的人大約是二十二週（這是醫學上測驗胎兒的腦電波所證實的。當年 佛並沒有那些儀器去測量腦電波，但是卻早就說過這個道理了。）也就是在四到六月滿足的時候，五色根大略已經完成了，具有了五根的大略作用了，這個時候，才能夠有新一世的意識覺知現起。而那個意識是以新生的此世五色根作藉緣而從心眞如中生起的，並不是以前世的五色根為緣而生起的，所以不是上一世的意識來到此世啊！所以到了這一世時，根本不知道上一世所熏習的世間種種法，得要從頭開始學。

這就表示說，不論是阿羅漢，或是三地滿心以下的菩薩，入胎之後他就不能於業得自在了。所以當他滿足九月而出世以後，他於世間業是暫時還不能夠自在的！在入胎前他是自在的，他不會起顛倒想，也自己決定某個因緣適合或不適合自己，需不需要再換下一個因緣而入胎；譬如觀察這一對父母的環境是否適合自己未來世要弘法利生的需要，是否要換另一個因緣去入胎。這意思就是說，投胎的時候，證悟的菩薩——也就是三地未到滿心以前——這些菩薩以及迴心向大的緣覺、阿羅漢們，他們在入胎時是可以正知而入的，是可以在這個世間業上面得自在的，可是入胎以後，就得要隨順來世的因緣了，他就暫時沒有辦法自在了。那什麼叫做眞正的業自在呢？當你入胎出生以後，你修到了初地的滿心了，你就有一分自在，因爲你已經得到分證解脫的受用了，你也具足了解脫的知見，而且增上慧學、增上戒學、增上定學都有基本的證量存在，這就是初地的菩薩所具有的一分世間業的自在，能於世間業中得到一分解脫自在的智慧。

接下來講三地滿心的業自在。三地滿心的菩薩，他的世間業上面的自在受用，與初地、二地菩薩又不相同，因爲他具足四禪八定了；三地菩薩得要具足修證四禪八定，還要再進修四無量心；當他的四無量心成就的時候，那麼他的福報已經是無量無邊的廣大了，這就是四無量心的世間異熟果報，當然他就能在世間業上面得到更大的自在。然後他還得加修五神通，使他能在世間業上面得到更大的自在。

初地滿心菩薩已經能斷盡思惑而不斷，所以能取慧解脫而不入涅槃，三地滿心菩薩當然更沒問題；三地滿心菩薩有了四禪八定、四無量心、五神通，那是隨時可以證入俱解脫境界的聖者。但是他照樣不取無餘涅槃，照樣故意留著最後的一分思惑而不斷除，以潤未來世再受生的種子；可是他有了四禪八定、四無量心及五神通，這樣子可以來去自在啊！四無量心的威德又無量無邊的廣大啊！不要說國王的位子，他想去哪裡投胎，隨便哪一個位子都得要讓給他；包括夜摩天天主的寶座，只要他願意去接受這種世間果報，到了那一天，這些位子都得要讓給他。因爲他有那種世間業自在的威德力嘛！這就是說三地滿心菩薩有這樣的世間業自在的功德。

菩薩到了六地滿心時，世間業自在的內涵又不一樣啦！六地滿心是自然而然證得滅盡定的，不是故意去取證的；因爲六地菩薩並不是故意要去得它，他沒有作意要證滅盡定，但是他非證不可，否則不能成滿六地心，所以他不得不取證滅盡定，卻又故意留住最後一分思惑，以免捨壽時進入無餘涅槃境界，就無法成佛、無法利樂更多的眾生；這個取證滅盡定，也能使他對世間業得到更大的自在力。

那七地滿心菩薩證得念念入滅盡定，乃至八地菩薩於相於土自在，這些都是世間業的自在力啊！一直到最後進入佛地，這種世間業的自在力，都是三界內的業。因爲在三界外並不需要世間業自在的威德力嘛！三界外根本就沒有業，你入了無餘涅槃，蘊處界我都不存在了，還有什麼世間業自在可說啊？不需要了！所以，業自在，都是指三界世間內的事相，都是在三界之內的事情，所以叫做世間業自在。可是於世間的業能夠得自在的這個智慧，是從哪裡來的呢？當然得要從明心開始！明心之後，加上習種性位的熏習一切種智；性種性位的發起聖性；在道種性位——也就是十迴向位——發起你的修道性，最後具足了初地入地心位的無生法忍的時候，具足了十迴向滿心位所應該有的初分無生法忍，只要發起增上意樂，也就是十無盡願，你就進入了初地了；繼續進修到初地滿心時，才算有了最基本的世間業自在智。

但是嚴格來講，能夠得到世間業自在智，應該是三地滿心位。爲什麼三地滿心與初地、二地會相差那麼遠呢？因爲到三地滿心位的時候，他一定會有輪寶，也會有一個莊嚴報身，就是三地滿心菩薩的意生身（但這是指利根的三地而不是鈍根的三地）。這個輪寶與意生身，初地、二地或有或無，並不一定，要看個人修學法門的狀況不同而定。但是利根的三地滿心菩薩就一定會有，鈍根的地上菩薩要到五地滿心位才會出現輪寶與意生身；如果說他修到了五地滿心，而說沒有輪寶、沒有莊嚴報身，那都是大妄語，所說的般若證量都是騙人的。

所以今後如果有人告訴你說，他有四地、八地、十地的修證，你一聽說他是八地、十地、法王，那你問他說：「你的輪寶到底在哪裡啊？你的莊嚴報身又在哪裡啊？」所謂的輪寶，其實就是法身菩薩以及諸佛所坐的那個蓮花座啦！那就是他們的輪寶啦！不管去到哪裡啊！輪寶都是動止隨身的，他就可以隨意去到諸佛國土、供養奉侍、聞受妙法。這就是他的世間業自在智。

所以，如果不論心地的解脫與般若智慧的受用，而純粹的從世間法上嚴格來說的話，世間的業自在智呢？應該是利根的三地滿心菩薩才會有的。因爲戒慧直往的初地、二地菩薩，乃至三地未滿心前，出去走在街上，人家看見你，就算有天眼通看見你，也只說：「這個人的光色大不相同欸！非常燦爛，非常清明，在這個白光中透出金光，與常人完全不同。」也祇是看見這樣子而已，其他的什麼都沒有看見，也沒有神通。那一般人就會說，看他修行這麼好，也沒有神通，看來似乎也沒有什麼值得尊敬的，所以他就不信你了。可是利根的三地滿心菩薩可就不一樣啦！他可以示現種種神通，可以被證實檢驗，眾生也就跟著大爲信服，使他在世間業上獲得更大的自在力；這就是說，世間業的自在智，嚴格來說，應該是利根的三地滿心菩薩才算數。所以初地、二地還不算眞正具有世間業自在智。

那這個世間業自在智，可以使利根的三地滿心菩薩從此能於三界六道中完全得自在；完全得自在的時候，就能於業自在；於業自在的話，就表示他已經有了輪寶與莊嚴的意生身。不管他去到哪裡，三界六道一切有情，都會恭敬頂禮於他，只除了上地的菩薩以外。

那麼這個世間業上的自在智，要如何證得呢？那就得從親證心眞如，再從心眞如、末那識、意識的法界性，去如實的一一現觀而深入瞭解祂，去把心眞如裡面的一切功能差別，一分一分的把祂發明覺察出來，修行顯現出來，世間業自在智就是從這裡來的。所以說，當你證悟了以後，仍然無法發起輪寶，那就表示你對輪寶有所不知；如果你悟了以後無法發起意生身，那就表示你對莊嚴的意生身仍然有所不知；悟了以後要如何進修才能發起輪寶與意生身？要進修到何地才能發起？你都不知道，就表示你對於第八識心眞如的體性與所含藏的種子功能還沒有如實的證知；這也表示悟後所應該知道的許多法義內涵與證境，你都還被障住了，還不知道，這就叫做所知障已經打破而仍然尚未斷盡，這都是無明所含攝的範圍。所以 馬鳴菩薩說無明是所知障，說它能夠障礙世間業上的自在智。

論文：【此義云何？以依染心，執著無量能取所取虛妄境界，違一切法平等之性。一切法性平等寂滅，無有生相；無明不覺，妄與覺違，是故於一切世間種種境界差別業用，皆悉不能如實而知。】

講解：「以依染心，執著無量能取所取虛妄境界」，這意思是說，由於依染心——也就是依於煩惱障——所產生的污染心七轉識，去執著無量的能取與所取的虛妄境界。三界世間二十五有的一切境界，都是能取以及所取的境界；只要在三界中，沒有一法是離能取與所取的。「能取」是說：我們七識心，在色、聲、香、味、觸上面，以及色、聲、香、味、觸上面所顯示出來的種種法中去攝取、去貪著。「所取」是說，我們自心眞如藉著祂自己所出生的五根，顯現了內相分的色、聲、香、味、觸以及法塵，才能被七轉識的心所接觸、領受。有了這六塵相，我們的七轉識在這裡面去取那六塵相，這個就是能取和所取的境界啊！

但是能取和所取的境界都是虛妄的，都是生滅法，可是一般人都不曉得，都以爲自己現在正在正覺講堂裡面聽聞佛法，確實親聞到蕭平實說法時的聲音。然而，實際上並沒有眞的聽到我發出的聲音，所聽到的其實是你自己的如來藏藉五根所顯現的自己的內相分中的聲音啊！你說：「**我確實看到了蕭平實在眼前啊！他正在那邊兒比手畫腳的解說佛法啊！他正在說佛法，而且說到口沫橫飛啊！**」但是，實際上你有眞的看到我、聽到我嗎？沒有！你沒有看到、聽到！你看到、聽到的是你自己的內相分中所顯示出來的蕭平實。

這個道理其實很簡單，很容易理解的；那些眼科專家都知道，每一個人攝取外面的影像時，外面的光影進來到你的眼球，從眼球瞳孔進去之後，在最裡面有個視網膜，影像就顯示在視網膜上面；但是，視網膜裡面顯示的影像跟外面實際狀況卻是顚倒的。所以你看到我的時候，在你的眼球裡面的影像，實際上天花板是在下面，而講桌是在上面，是顚倒過來的。可是你的覺知心看我的時候卻又沒有顚倒過來，這是爲什麼呢？這表示說，視網膜上的影像轉變成訊號傳進你的勝義根大腦以後，你的自心眞如——你的阿賴耶識——就在你的腦筋裡面變現出正向的影像給你看，所以你所看到的我，並不是顚倒的影像。由此可以證明，你所看到的我的影像，並不是你的眼球視網膜上的影像，而是勝義根裡面所幻化出來的內相分影像，所以你並沒有眞的看到我啊！你看到的蕭平實，其實是你的心眞如所變現給你看到的那個內相分的影像，那是內相分啊！

色相如是，聲、香、味、觸的法相也是一樣啊！都是你的心眞如藉著五根而「對現」內相分給你接觸到的啊！五塵境既然是這樣，那麼依附於你的勝義根、依附於五塵上所顯現的法塵，當然也是你自己的內相分啊！所以你其實並沒有眞的看見我、聽見我！可是你在現量上自以爲聽見了我、看見我，在現量上有了能取的覺知心存在，也有所取的蕭平實的影像色相與聲相的存在，然而能取與所取都只是你的心眞如所出生的兩個法相而已，都不是眞實常住的不生滅法，都不是法界的根源，所以這種能取與所取都是虛妄性的；所以，在三界中的萬法，凡是有能取、有所取，都是虛妄相。

這種能取與所取的虛妄境界，是遍在三界六道中的，不管你是在欲界、色界、無色界中，不管你是在人道、畜生道乃至地獄道中，都不離能取和所取啊！眾生在三善道中不斷的貪取，那麼在地獄道裡面呢？也是不斷的在惡取、厭取之中，雖然一直想要捨掉極端苦痛的惡取，可是卻捨不掉，還是不得不取那些尤重純苦。在地獄道裡面，可眞是受盡無量的痛苦啊！有誰想要取這個苦呢？沒有人想要嘛！可是他們卻沒有辦法不取那些尤重純苦，正是因爲有七識心的體性存在著啊！就是這樣，只要他的七識心這個我一直存在著，他們就離不開苦取、惡取啊！他們在地獄裡面，正因爲六識覺知心都還在，所以苦觸等等不喜歡的痛苦觸受，就都會來讓他們痛苦；只要他們的覺知心繼續存在，這些不可愛的厭惡取就會一直存在著，除非他們的覺知心滅了、不存在了。

換句話說，不取六塵——不接觸六塵——那才算是眞正的離開了二取。所以佛法的修證，得要離開了二取，那才是眞實的法界實相的境界啊！離開二取，只有兩種境界：第一種是二乘聖人滅了自己，十八界都滅了，完全無我，沒有覺知心，也沒有了意根的存在，萬法都滅盡了，沒有能取的自我，也沒有可以領受的六塵，那就是無餘涅槃的境界，稱爲灰身泯智的無餘涅槃境界；第二種是菩薩的境界，不滅能取的自我，也不滅所取的六塵，但是卻親證了另一個能生六塵萬法而不取六塵萬法的第八識心眞如，就是親證法界實相的境界。

所以，佛法的修證，眞正的修證境界，必須是離二取的境界，才是眞正佛法修證的境界；可是一切的七轉識，沒有一個有情的七轉識是可以無取的；如果想要證得無取的佛法眞實境界，只有證知你的阿賴耶識一條路。你去證得心眞如—

—阿賴耶、異熟、無垢識，你就現觀祂的無取的特性，現觀祂的遠離能取與所取的實相；證知這種眞實境界的時候，你卻照樣還是處在不離能取與所取虛妄境界裡頭。然後你就轉依於祂的實相境界，獲得解脫受用與般若實智，這樣才是佛法的眞實修證。

我在講經時，一向都不講公案，但是今天卻想要跟諸位講一個公案，可是不跟你們解釋，只是舉例就好。有人問洞山禪師說：「天氣這麼熱！要到哪裡去躲熱啊？」洞山禪師說：「往火爐裡去躲。」又有人說：「天氣那麼冷，要往哪裡去避寒啊？」洞山又說：「你就往冰天雪地裡去避。」可是參禪的學人們怎麼聽都是聽不懂啊！洞山禪師就又開示說：「寒時寒殺闍梨！熱時熱殺闍梨。」避暑、避寒時要往哪裡去？洞山說：「往無寒暑處去。」你要怎麼躲？要往沒有寒暑的地方去躲。可是世間有哪個地方是沒有寒暑的？你找不到的啊！可是，對於眞悟的人來說，你的心眞如本來就離開寒暑，你的阿賴耶識本來就離開寒暑的啊！當你證得祂的時候，無妨你繼續冷得要死、繼續熱得要命，而祂卻是從來都不冷不熱的；這樣親證，這樣轉依，才是眞正的佛法啊！

可是聽過我這麼開示以後，你說：「那我證得祂以後，是祂不冷不熱，我卻還是照樣的又熱又冷啊！那我修學佛法幹什麼呢？那不是沒有意義了嗎！」是不是沒意義？不然！這就是說，眞實的解脫是眞實的如，但是眞實的如是眞實無我性的。蘊處界的我消失了——你自己消失了——才可能得解脫的；要不然就是菩薩所證的第八識的本來涅槃、本來解脫，名爲不可思議的解脫。當十八界的你自己繼續存在的時候，是不可能獲得解脫的；不管是阿含期的經典，或是般若、唯識期的經典，所說的都是這個道理，不管去到哪裡，都沒有第二個道理。

所以 馬鳴菩薩說：「眾生因爲依於污染的心，而去執著能取所取的虛妄境界，所以他就會違背了一切法的平等之性。」一切法是從哪裡來的啊？都是從你的如來藏來的啊！所以 佛有時說：「一切法即如來藏，如來藏即一切法。」如來藏就是阿賴耶、異熟、無垢識心體，所以，一切法之性就是你的如來藏體性啊！所以如來藏的體性就是一切法之性，可是這個法性是平等性的，它是無差別性的；也就是說，一切法法性是平等性的、寂滅性的。

有人很早以前就悟了，有人現在才悟，還有人現在還沒悟，但是這三種人的如來藏的體性——一切法之性，都沒有差別嘛！差別的只是：你證知了一切法之性即是如來藏性，所以你就生起了般若實智，生起了唯識種智的智慧；而證不到如來藏的人，無法生起實相智慧，不能轉依實相而獲得解脫，只是這樣而已啊！可是眞要探究起來的話，你、我、他的如來藏性，其實都沒有差別，這就叫做一切法的平等之性。有差別的是：悟了以後，這七轉識有了實相的智慧；悟後進修很久的人，他的七轉識有了種智，只有這樣的差別。可是從心眞如來看——從你的如來藏來看——仍然是沒有差別的，仍然還是一樣的，這就叫做一切法平等性。

爲什麼又稱爲一切法寂滅呢？這是因爲一切法從如來藏而出生，而如來藏一向都離見聞覺知，從來不在六塵內起任何的覺觀；不管你是在與任何人開罵也好，或是正在河東獅吼也好，祂照樣是寂滅的、離見聞覺知的。那你打坐進入非想非非想處定中，覺知心的你，還有定境界中的寂靜境界與覺知心同在，祂卻照樣是離定境境界的更爲寂靜的寂滅性。一切法從祂而生，附屬於祂，以祂爲歸，所以一切法即是如來藏，所以一切法寂滅。

一切法性「無有生相」，爲何 馬鳴菩薩會說一切法性無有生相？因爲心眞如——如來藏——從無量劫來從來不曾剎那暫滅，既然從來不滅，怎麼可能會有出生的時候啊？一切法既然都附屬於心眞如，心眞如從來不滅，當然可以說一切法無有生相。我們就舉一個禪宗的公案來說說好了，讓大家更容易瞭解一切法性無有生相的意思。禪宗祖師往往會把一個剛才證悟的人問倒了，這個祖師有時會問另一個剛悟的祖師說：「明知生是不生之性，為什麼卻被生之所繫縛呢？」這就是我們常常講的：「因為不生才有生。」如果你沒有那個從來不生的心體，你這一生就不會出生了，就沒有這一世的你了。正因為你有一個永遠都不生的心體嘛！因為祂是從來都不生的，所以祂就當然是永遠都不滅的心，因為不滅的緣故，所以祂就能夠來到今生而使你出生了，而今世的你的出生，就是從不生的祂而出生的。這就是說：「生就是不生的法性。」

一切有情會在三界中出生，就是你的如來藏所致，這就是那個不生的如來藏的體性啦！因為祂從來都不生，所以有生的你就會出生了。但是歸根究柢，被出生的你，其實是附屬於那個不生的心眞如的啊！是與心眞如非一亦非異的啊！所以，你今生的十八界和一切法的出生，是那個從來不生的心眞如的法性之一啊！所以對於眞悟的人來說，有生的一切與不生的心眞如並沒有差別，平等平等。但是這個意思，你得要眞正的破參了，才會眞正的瞭解啊！這得要你親自去證實它。

因此說，一切法性——也就是講一切法的本性——也即是你的心眞如嘛！你這個心眞如與一切法從來平等，從來寂滅，從來沒有出生之相啊！如果祂有出生之相，你就可以等到祂會滅失的一天到來。但是因爲祂自無始劫以來一直都沒有出生之相，永遠都是這樣的嘛！所以你就等不到祂會滅失的一天了，任誰都滅不了你的心眞如。

心眞如雖然一直都不曾有生，但是由於心眞如中含藏無明的關係，眾生由於不覺實相，被無明所罩，因此就產生了虛妄性的種種邪思謬想，種種的不如理作意的虛妄想就出現了；由於有這個虛妄性，就會和本覺的實相正理互相違背、互相有差異了，因此，馬鳴菩薩說，由於無明的關係、所知障的關係，因爲不能覺悟本覺眞相的關係，所以與本覺智慧相違背，就會對世間的一切境界的差別相不能如實了知，也對世間業和作用不能夠如實的了知。也就是說，眾生無法了知「一切法都是由心眞如所出生」，由於無法了知，所以就永遠輪墮生死之中，因此修學佛法最重要的第一步，就是要獲得二乘解脫道的見道，或者是獲得大乘佛菩提道的見道。

你如果是修學二乘解脫道正法，求出離三界生死苦，第一件重要的事情就是求斷我見。我見眞的斷除的話，那你的疑見和戒禁取見也會跟著斷。就算是最懶散的這樣的初果人，也可以經由七次的人天往返，而成爲阿羅漢。精進修行的話，只要一生就可以轉進到阿羅漢位；很精進的人，精進到不得了的人，努力去斷三界愛的人，像這樣的初果人，就算他對解脫道的正理的了知眞的很遲鈍，他最多也只要再經歷四次的生死，就可以取證無餘涅槃。如果你是想要修學佛菩提的話，那你就得要去親證你的自心如來藏——親證心眞如。當你證得如來藏之後，佛菩提道的高廣大門就自動爲你打開了，你就可以一步接著一步去往上走。

諸位算是很有福氣的人，以前我都是靠自己摸索的啊！沒有一位師父可以教我，就連悟後想要找一個能爲我勘驗的人都不可能，都找不到。至於悟後起修的道，也完全不曉得啊！這一切都得自己去摸索；所以當年我初次跟「上煩惱」相應的那段日子，也眞的很不好過，一直在探索，跌跌撞撞的前進，才能到達今天的地步。那你們大家都很有福氣啊！如今我都把佛道的次第與內容表列好了。等到《宗通與說通》都印出來的時候（編案：已於二〇〇〇年年底出版），你們可以去閱讀，在裡面已經把整個佛道次第，從凡夫地到佛地都跟你整理安排好了，你就一步一步去修行，不必費腦筋去研究經典、思惟整理。

但是佛菩提道的修證，卻必須從親證心眞如這一步開始，必須從親證第八識的本來無生上面開始。這意思是說，你得要去證得這個不生之性，證得這個一切法不生、一切法平等、一切法寂滅之性，然後你才有辦法一步一步的走上去。所以修學佛菩提道，最重要的事情就是入門──眞見道──所以眞見道是最重要的事情，沒有比這一件事情更重要的，所以說見道是第一要務。當然，你如果不修證佛菩提道，而是專修二乘法的解脫道，那這個親證心眞如的事情，就與你無關啦！你如果想要求證佛菩提道，那麼，捨此大乘眞見道之外，可就別無它途了。因爲你如果沒有進入眞見道位的話，就是還沒有進得大乘門來嘛！你沒有進得門來，你就什麼都沒辦法學嘛！

所以得要眞正開悟了，才算是眞正進入佛菩提的大門，才算是開始修學佛菩提道！並不是像那些糊塗人所說的「一悟就至佛地」，或者是像某些佛法門外漢所說的「一見佛性就成爲究竟佛」。人家六祖說「一悟即至佛地」這句話是方便說的，正是爲了當時弘法的因緣而講的，並不是究竟說；因爲當時有很多人看不起禪宗，不相信中國禪宗的這個見道，往往有大師私下評論說：「就只有你們禪宗可以開悟，別人悟的都不眞，都被你們禪宗所否定。」也有人說：「佛經義理何等深奧，我們皓首窮經一輩子都不能弄通，你們禪宗一悟就能懂得佛經的眞義，未免太誇大！就算有所悟，也只是很粗淺的理解而已，不一定是眞正的開悟般若、親證眞如。」所以六祖大師就得要這麼講，用來對治當時佛門凡夫大師的胡言亂語，有其時空背景，所以他這句話是方便說，不能當眞。

但是他這個說法，如果是純從理上來講，也不能說他有錯誤；當你悟了，心裡就知道：「這個心就是眞如心啊！修到佛地時也還是這個眞如心啊！那麼親證心眞如的時候，不是佛地境界又是什麼呢？」說得沒錯！但這也只是一個方便說，只是從理上來說的啊！只是理上可以通而已！還有事相上的實修，還有別相智與種智上的實修，都還沒有修行完成呢！所以說，所知障的打破，以及悟後修學種智，都是非常重要的，這些別相智與種智的修行，可以使你一步一步的邁向究竟佛地。如果能夠打破了無明，進入見道位，離開了凡夫的不覺位，離開了虛妄想，而與本覺境界相應，生起本覺智，成爲始覺位的菩薩，就可以進入漸覺位中，進入隨分覺的菩薩位中；這樣次第進修，一步一步往上增進，到最後你就可以成爲究竟覺。而這些修道的轉進，都必須以見道爲基礎，才能次第達成，因此，大乘別教的眞見道，是進入佛菩提道的第一個要務，這是最重要的事情。

論文：【復次，分別心生滅相者，有二種別：一、麤，謂相應心；二、細，謂不相應心。麤中之麤，凡夫智境；麤中之細及細中之麤，菩薩智境。此二種相，皆由無明熏習力起，然依因依緣；因是不覺，緣是妄境。因滅則緣滅，緣滅故相應心滅，因滅故不相應心滅。】

講解：接下來這一段論文中，馬鳴菩薩說：「分別解說『心生滅相』，有兩種的差別。」爲什麼要分別解說心的生滅相呢？因爲佛菩提道的修證，它是有次第性的。並不是像變魔術一樣，「嘩」的一聲就出現了，「嘩」的一聲就消滅了。不是的，它是有次第性的。那麼心的生滅相，大略來說有兩種：第一個是粗糙的「心生滅相」，第二個是比較細的「心生滅相」。

那麼，如何是粗糙的心生滅相呢？就是講「相應心」的生滅相。「相應」，我們前面有說過，說和我們的見聞覺知相應，那就是與「粗相」相應的心；所以與見聞覺知相應的，就是屬於粗相的部份。爲什麼說它屬於粗相呢？因爲意根、意識都會與見聞覺知相應的，凡是與見聞覺知相應的心，都屬於粗糙的相應心。那你也許會抗議說：「哪兒有？當我睡著無夢的時候，我的意識覺知心斷滅了啊！當時我的末那識又沒有跟見聞覺知相應！怎麼可以說我的意根與見聞覺知相應呢？」這話對不對呢？好像對！其實卻不對！

其實，意根末那識還是跟見聞覺知有少分相應的，因爲祂與六塵中的法塵裡面的少分可以相應；但因爲末那識的你，沒有意識覺知心所擁有的證自證分（不能在眠熟無夢之時返觀自己的存在）；也就是說，末那識無法具有意識返觀自己的能力來做爲自己的證自證分，所以祂不曉得自己正在睡覺境界中，祂不曉得；因爲祂如果離開了意識覺知心的返觀能力，祂自己是沒有返觀的能力的，所以不知道眠熟無夢時的意根自己其實是與少分的法塵相應的。所以在實際上，末那識還是跟見聞覺知中的法塵有少分相應的。

舉最簡單的一個道理來說，如果你——也就是末那識——不跟見聞覺知中的法塵多少相應的話，那麼你睡著了以後，就只好永遠當個睡美人，你們男眾就會永遠當個睡王子了！對啊！你將永遠沒辦法醒過來了啦！因爲你已經完全沒有見聞覺知了嘛！完全不知道法塵相的變動嘛！既然你完全沒有見聞覺知而不能了知法塵的變動，你怎麼會知道色身已經消除疲勞？怎麼會因此而喚起意識心，然後知道天已經亮了啊？又怎會生起意識覺知心而知道外面聲音開始喧吵了、該起床了？如果不是如此，即使鬧鐘在你耳邊響，你也將聽不到而醒不過來的，因爲你根本就不可能聽得到嘛！因爲意識與末那識的你，是完全離見聞覺知的嘛！可是事實上，末那識的你卻能聽到而喚起意識而覺醒過來啊！可見意根的你還是多多少少有一些見聞覺知的啊！還是會在五塵上的法塵的大變動中有所覺知的，只是你不知道意根的自己仍然有極少分的見聞覺知罷了，所以意根與意識都是「粗相」的「相應心」啊！這個都是意識和末那識的境界。那麼這個相應心的生滅相，都是最粗的心的生滅相。

那麼第二種心的生滅相，是說細的心生滅相，也就是這個不相應心的生滅相。這個不相應心的生滅相，爲什麼說是心不相應的呢？正因爲你無法了知祂的生滅相，所以就叫做不相應心。那麼不相應心的生滅相，祂是離見聞覺知的，祂不是意識所行的境界。大家都知道：聖教裡有說，這見聞覺知心是剎那生滅的，可是有誰去眞正的理解祂的剎那生滅？就好比燈光：燈光，我們可以用發電機的轉速去調節，也就是以週率的調節，來證明說燈光是有閃爍的。你要是不信啊！我把發電機從六十轉調慢到每分鐘五十轉，燈光就會有些閃爍；如果調慢到五十轉，你還感覺不到閃爍，那我再調慢到每分鐘四十轉，閃爍會更明顯；如果你再感覺不到，那我再調慢到三十轉，你再遲鈍，也總看見了吧！然後我又漸漸增加它的轉速，你又看不見燈光的閃爍了，但是從此以後你就相信燈光是有閃爍的了，對不對？同樣的道理，你的意識覺知心照樣是那樣剎那剎那生滅的，但是你要怎麼樣去觀察到祂的生滅呢？沒辦法啊！沒辦法實際上觀察得見，這個就叫做不相應心的生滅相啊！這就是「心生滅相」中的細相。換句話說，種子的流注，是「心生滅相」的心不相應的心法。

接下來解釋說：粗中之粗，是凡夫智慧的境界。細的心生滅相呢？是你的自心眞如的種子的流注，出生了意根與意識覺知心等心，這是不相應心的生滅相；那麼粗的部分，馬鳴菩薩說還有粗相裡面的最粗的，然後粗相裡面還有細一點兒的；細相裡面還有粗一些的，然後細相之中再說還有最細的。換句話說，粗裡面分爲粗、細，細裡面又分粗、細。

什麼叫做粗中之粗呢？馬鳴菩薩說這個叫做凡夫的智慧境界。粗中之粗是什麼呢？譬如說凡夫啊！他證得四禪八定，這個叫做粗中之粗啦！他證得四禪八定的時候，連末那識在哪裡都還不曉得，更何況是第八識啊？所以這就是粗中之粗，這是凡夫的智慧境界；就算是證得非想非非想定，一入定就長住個三個月或是一年半載的，大家都很崇拜他：「這個人好厲害，不得了欸！這一入定就是半年、一年欸！都沒有呼吸欸！連脈博都沒有了欸！啊！這個人眞是厲害！厲害！厲害！」我告訴你，你如果有這個功夫，只要去宣傳一下，然後就表演這個境界，不必說入定半年一年，只要十天息脈俱斷就好，十天後你就出定了；我告訴你，電視新聞每天都會報導你的事情，可能會報上十天半個月。他們會每日報導：「今天還沒有出定。」明天又報導：「今天還是沒有出定。仍然都沒有呼吸，也沒有心跳。」我告訴你，你十天後出定時，就會成爲聞名諸方的大師啦！

但是我告訴你，他來到我們正覺講堂時雖然也算是大師，但是我卻說：這叫做凡夫智慧之境。因爲他這個境界是粗相嘛！是覺知心相應的心生滅相嘛！他的意識斷滅了，也不過是滅了十天，十天後又再度出現了啊！而這一種心的生滅相，只是覺知心相應的法。他的見聞覺知心可以相應到，可以了知：我的前五識心和五塵相，在過去十天中是斷滅了；現在我的五識與五塵又再度現起了，這種境界相，眾生心也可以跟他相應——可以了知他的這個境界相啊！這就叫做粗中之粗。這種境界，現在已經沒有人能夠證得了，現在連粗淺的初禪與二禪境界，都已經沒有人能親證了；以前聽說誰有初禪、二禪的禪定證境，但是後來我加以檢查的結果，根本就不是初禪、二禪的境界，都只是誤會一場罷了。何況是更粗淺的離念靈知的欲界定的境界相，那當然更是粗中之粗了，根本不足道也！

如果他能夠證得大乘別教的見道智慧，那他就不是落入粗中之粗的人了，他就離開了粗中之粗的凡夫智慧境界，因爲他已經知道十八界的虛妄了嘛！了知離念靈知心的虛妄，他也了知意根的虛妄，他知道意根不是眞實不壞的我，所以離開粗中之粗了啊！聲聞初果人就已經知道意根的虛妄了，只是不能斷除掉意根對自我的執著而已，那他就離開粗中之粗了；大乘別教的見道者，更能了知十八界法的根源，能現觀十八界法確實是從心眞如中藉緣出生的。那麼這樣看來，請問：「數息禪七算不算禪宗的禪七呢？」那當然只能叫做禪定的定七，不是禪宗的禪七，連聲聞禪都算不上。

因爲數息的法，只是定住覺知心意識，只是制心一處，作爲降伏攀緣心的方法而已。不管你怎麼數息，就算你數到「數而不數」好了，能斷我見嗎？我告訴你：沒有辦法斷我見的！因爲數息時，請問是誰在數？（大眾回答：「是覺知心的我！」）正是「我」在數嘛！能數息、正在數息的我，就是見聞覺知心嘛！這是與粗相相應的覺知心嘛！既是相應心，當然就是粗中之粗啊！這個粗中之粗，根據聖 馬鳴菩薩的開示，那就是凡夫之智慧境界嘛！

那麼又再請問：「默照禪的默照法，能不能斷我見啊？」（大眾回答：不能！）

斷不了我見嘛！因爲你必須要保持覺知心在默照啊！要保持覺知心的默照境界，你就會執著那個能知能覺的意識心啊！他們對一念不生的覺知心，必須要保持它啊！所以如今南傳佛法來的所謂什麼恰密禪師啊！什麼帕奧禪師啊！什麼葛印卡禪師啊！哪一個不叫你保持覺知心的一念不生啊？像這樣子，都是還沒有進入二乘的見道位中，都還不是聲聞初果，都不是解脫道的正修行啊！

爲什麼這樣說呢？因爲聲聞初果的眞正行門，絕對不會叫你保持這個覺知性，反而會告訴你：「你這個覺知心是虛妄的，不可以執著這個覺知心的自己。」因爲聲聞初果已經斷了我見了嘛！利根的聲聞初果人，他甚至會指導你去體驗你的意根──你的意根就是你──他會說：「你是虛妄的。」也許你會振振有辭的說：「那些人私下自稱他們是大修證者，表示他們自己是大阿羅漢。」我跟你說，那些所謂的阿羅漢，都還沒有進入聲聞的見道位中！因爲他們所說的保持警覺性的境界，這也是 馬鳴菩薩所說的相應心嘛！離不開相應心的生滅相。既然是相應心的生滅相，那就是粗中之粗，正是凡夫智慧之境界嘛！

同樣的道理，修習默照禪，絕不是可以證悟般若的正因。古時候提倡默照禪最有影響力的，是天童宏智正覺大師；但是我跟諸位老實說，他的親證如來藏、悟入般若，也不是從默照禪裡面悟來的。可是他爲什麼要提倡默照禪？因爲他看見那些還沒有悟的人們，依樣畫葫蘆的學那些眞悟的禪師們的模樣：又是擎拳、又是拂袖子……等等。人家眞悟的人擎拳、拂袖，有他的道理，那些沒有悟的人也來這一招，從來就不曾把心定下來過，都是狂禪，所以他才會提倡默照禪，教人先把心定下來再說；可是他本身其實並不是在默照禪上面證悟的。

你默照的結果必定會落到那個一念不生的覺知心上面。那是粗中之粗啊！因爲是相應心的生滅相嘛！因此，我們這麼說：數息七啦！默照禪啦！這個都沒有辦法破除煩惱障和所知障的，都沒有辦法證悟聲聞禪或般若禪的。那麼阿含四部諸經中所講的安那般那——也就是安般——它的安般數息跟台灣某大道場所教的數息觀是不一樣的，它在數息觀裡面還有許多別的觀行法門，都是台灣某個專教數息法的大道場所不曾知道的。經由安般的觀行，觀察到後來，我見斷了——從此永遠不再認定離念靈知心是常住法——這才只是安那般那第一步的入門。所以它裡面還有許多的轉折，不是他們所知道，不是他們所曾了知的，所以他們錯將修定當作開悟三乘菩提的行門了。

因此，學佛人不應該錯將修定的法當作是佛法。修定的法永遠不能讓你得解脫，最多只能上生到無色界天中一念不生罷了，還是不離輪迴，所以不管是在菩薩所修的佛菩提道上，或者是在二乘人所修的解脫道上，他們都不能得道、修證。因爲解脫道的修證也是智慧，佛菩提道的修證也是智慧，都是靠智慧而獲得解脫功德，都是靠智慧而獲得般若的總相智、別相智、一切種智。

也許有人會提出個問題：「你這樣講，恐怕有偏頗吧？」是不是有偏頗呢？我們何妨來探究一下？佛菩提道，是一念之間證得你的自心如來藏，從此了知法界萬法的本源，證知法界的實相，證知無餘涅槃中的本際，那才是佛菩提道啊！既然證悟如來藏阿賴耶識時，是在一念之間證得的，是在一念之間就證得心體的全部，不是在那邊辛苦盤腿打坐而使如來藏一分一分的出現而證得的，更不是從定境中出生的，那它不正是智慧嗎？那它當然不是定嘛！那當然是智慧嘛！

好！那你可能又這麼說：「可是俱解脫阿羅漢，他是要修初禪、二禪……一直修到非想非非想處定，然後再把意識滅了，這樣才入滅受想定的啊！那不是定解脫，又是什麼？」但是我告訴你：定解脫也是從智慧上面獲得的解脫。爲什麼呢？很簡單嘛！如果定解脫不是從智慧上面獲得解脫的話，那應該慧解脫就不叫解脫了啊！是不是這個道理？有沒有想通了呢？好像還有一半的人沒有想通！

那我就跟你們說說「定解脫」好了。定解脫是你把五障修伏了，伏了以後呢，自然就發起初禪，然後繼續修定，從二禪、三禪，一直到非想非非想定。可是證得非想非非想定的外道也有很多啊！在　佛住世時是非常的多，爲什麼他們都無法證得有餘涅槃？爲什麼他們無法取證無餘涅槃呢？因爲他們都沒有盡智，或者說都沒有無生智。那這個盡智與無生智是從哪裡來的？都是從智慧來的。那一些外道，像舍利弗、目犍蓮、迦葉……等幾個尊者啊！他們本來都是外道欸！他們本來就都有四禪八定欸！可是　佛跟他們宣說四聖諦，最後告訴他們一句話：「你在非非想定中的那個覺知心還是妄心，你得把你自己給捨了，變成完全的無我，你才能獲得解脫，才能出離生死苦。」就爲他們解說：「意識覺知心是由意根與法塵爲緣而出生的，是生滅法，不可作爲究竟依止。」他們聽了，信受了，深心裡不再認定非非想定中的覺知心是眞實心，當下就成爲阿羅漢了啊！就這麼一句話，立刻成爲大阿羅漢。

從此以後，他進入了非非想定當中，再把意識給滅了，所以就進入滅盡定去了啊！請問：「這是不是因智慧而得解脫？」（大眾答：是！）這當然也是慧解脫嘛！所以俱解脫——定解脫——也是慧解脫啊！他只是由於先有四禪八定做基礎，在這個定的基礎上面而獲得解脫，所以能進入滅盡定，所以才稱為慧解脫與定解脫的俱解脫；但是推究他證得滅盡定的內涵，其實還是從斷我見的智慧上面而證得俱解脫的。那麼慧解脫阿羅漢，由於沒有四禪八定的基礎，是在凡夫的境界上面而斷我見與我執而得解脫，也和俱解脫大阿羅漢一樣，都是由於智慧而得解脫，本質上都不是由於定境定力而獲得解脫的。所以，那些修定的數息法能不能斷我見、我執？能不能證得解脫呢？當然不行！如果修定的法能得解脫，佛世那些外道們早就解脫了，那就不必我們 世尊來人間那麼辛苦的說法四十九年啊！現在那些專教數息法的大道場，根本連初禪都修不成功，也沒有更高層次的禪定功夫，何況是非非想定？更何況是滅盡定？而且自己連我見都還沒有斷除，能教誰證得解脫？像這樣的我見具足的凡夫，來教數息法，說是禪七，其實只是定七，永遠也無法斷我見的，所以那種默照禪、數息七，都是修定的法門，根本就與聲聞道的解脫道不相干，更與大乘佛菩提道的般若實證無關。所以，修定不能得解脫的，因為修定的心是意識心，是六塵中的覺知心，早已是粗中之粗了；定境都是意識相應心的境界，你從初禪開始一直到非想非非想定，當中都是意識心；既然都是意識心，那就是意識相應心嘛！這是粗法嘛！ 粗法就是凡夫之境嘛！

接下來，馬鳴菩薩說粗中之細及細中之粗，這兩種都是菩薩的智慧境界。那麼粗中之細是在講什麼呢？在講菩薩破無始無明以後，斷我見，乃至斷我執的境界。爲什麼說他是粗中之細呢？因爲二乘解脫道的斷我見及我執的意識心，也是六塵相應的心啊！解脫道中所斷的我見與我執境界相，都是意識相應的境界相嘛！自己的我見斷了沒有？他自己的意識都知道嘛！自己的我執斷了沒有？他自己的意識也知道嘛！都是三界中的五陰十八界的世俗法上面所作的觀行，都是眾生所能聞而了知的法相，所以這個是粗中之細，屬於解脫道的部分、一念無明的部分、煩惱障的部分。

接下來又說，細中之粗是菩薩的智慧境界。菩薩的修證境界，有一部分是屬於粗中之細，這是通二乘有學、無學的，也就是大乘通教菩薩所證得的解脫果，同於聲聞教，只是他們發起大願利樂眾生而不入無餘涅槃罷了！但是菩薩的細中之粗呢，它是屬於眾生不相應心啊！眾生從無量劫以來，一直都與這個心不曾相應啊！有的人曾聽說：「大家都有一個如來藏。」可是我的如來藏在哪裡？不知道！聽說我有個實相心，我有個菩薩心、不念心、非心心、無心相心、無住心，聽講過般若經裡面有如是說；可是般若經這麼說了，到底我這個「無心相心」又在哪裡呢？我的菩薩心又在哪裡呢？始終找不到啊！所以是從來都不曾相應過的，這是屬於上煩惱的境界，不屬於二乘聖人所斷的起煩惱啊！這是無始無明的範疇，是所知障的境界，不是二乘聖人之所能知。所以說，祂是二乘聖人以及一切凡夫的不相應心啊！

但是這個心，並不是印順法師和藏密黃教應成派中觀邪見所說的想像法、建立法，而是眞實存在著的，是眞實可以親證的。這個心，其實一直不斷的有種子流注：祂有種種的功能差別一直在現行。可是凡夫與二乘聖人從來不曾相應到祂。得要等你悟了般若實相以後，你才知道說：「這個心原來有無量種子，因爲祂有許多的功能差別。」喔！終於知道啦！這時候才算與祂相應嘛！那就已經進入菩薩位中了！對於凡夫眾生和二乘聖人呢，他們還是不能相應到祂的啊！所以 馬鳴菩薩說這個是細相的相應心。

可是這一個細相的心，祂也有祂自己的生滅相，譬如說祂本身的種子流注，這也是一種生滅相。雖然祂的心體恆而常住，可是有種子流注，也就是功能差別的不斷現行、不斷的流注啊！種子的流注也是生滅相啊！因爲祂生出了你這個色身，這個能生的法，也是個有爲法上的生滅相，你的色身也屬於祂嘛！所以說這個種子的流注也算是祂的生滅相。另外，我們自己本身——見聞覺知處處作主的七轉識——這個眾生識陰的心也是個生滅相啊！可是這個生滅相的心不是自己本來就在的，而是從如來藏中出生的啊！既然從祂那裡不斷的生出來，滅了的種子又回去祂心中，那當然就顯示祂也是有這個種子流注的生滅相啊：心體一直都恆在，可是有這些功能差別的生滅相不斷的現行。這是很深奧微妙的心，是眾生的覺知心所不能相應到的法，所以 馬鳴菩薩說這種眾生不相應心的生滅相——種子流注的法相——仍然是細法，不是粗法。因爲連二乘無學都不能夠知道——阿羅漢、辟支佛都不曉得——所以叫作細中的粗相。

既然是細相，爲什麼又說祂是粗相？因爲你縱使有福報，遇到大善知識而找到祂了，你如實觀行祂而了知祂的時候，你只不過知道一個總相而已；接下去，還有很多祂的心體本身的別相和種子內容等著你去修證啊！所以說祂雖然是細相，是個細法，可是這個細法之中還是有粗細差別相存在的。剛才破參明心的人，所住的智慧境界就叫做細中之粗，因爲這是眾生不相應心嘛！所以稱爲細相。眾生不能相應到這個心，可是你開悟而相應到了，所以你能夠分別得出這個不相應心的細相。可是你這樣的分別與了知，從悟後起修很久的菩薩們的深細智慧上來看時，終究還是很粗糙的，所以說是細相中的粗相；也就是你現在雖然已經進入眾生所不知道的細法裡面了，可是你在這個細法當中，仍然算是很粗的，因爲你只知道總相而已，還有許多的深細相都還不知道。雖然還很粗，但已經不是二乘聖人與凡夫所能知道的了，因此說你所證得的這個細中之粗呢，也是菩薩的智境。

因爲當你證得這個細相的心體如來藏以後，你就已經進入了菩薩境界了啊！已在菩薩數中，已經不屬於二乘人了，也不屬於凡夫了。如果你是阿羅漢迴小向大來修大乘別教的佛菩提道，只要你證得這個細中之粗，你就脫離了二乘境界啦！你就算是菩薩之一了啊！然後這細中之粗呢？就從七住明心開始一直算，算到哪裡呢？算到菩薩的究竟地——等覺——都還算是細中之粗，因爲都還沒有究竟了知嘛！所以，另外一個譯本裡面翻譯說：「細中之細是佛的境界。」細中之細，最容易表顯，最容易讓大家理解的道理就是：他的第八識自心眞如已經有了大圓鏡智，無垢識所含藏的五識心已經有了成所作智，所以能對十方之世界有緣的有情眾生「隨緣赴感靡不周」。只要有緣，就可以感應得到，不分遠近。

但這個是佛地的境界啊！可是等覺菩薩們是怎樣也想不通的，他們在心裡面也會這樣想：「佛地的大圓鏡智，究竟是怎麼回事？」任憑你想來想去，總是想不通。又聽說佛地有個成所作智，是與前五識相應的，可是它究竟是怎麼回事呢？也是想不通，無法想像啊！這種佛地的境界相，對等覺菩薩來講，根本就無法想像；所以等覺菩薩們才會對妙覺如來那麼的恭敬，也就是這個道理啊！反觀我們：人家等覺菩薩對諸佛都恭敬得不得了，世間卻有許多的凡夫菩薩，爲了籠罩天下人，讓人誤以爲他眞的是證悟者，所以就一天到晚學禪師訶佛罵祖，這不就是愚痴人嗎？

那他們愚痴的根源究竟是在哪裡呢？都因爲無明嘛！也就是對於佛菩提的境界完全不曾絲毫了知。這些道理，印順法師是完全不瞭解的！所以就用阿含的解脫道來函蓋所有的佛菩提道，並且是以誤會了的阿含解脫道來解釋佛菩提道。他如果對佛菩提有正確瞭解的話，就一定不敢寫出《妙雲集⋯》那些書來。所以我們一向都不敢下筆寫下一句於 佛有所貶抑的話，一句話都不敢！

不要說寫出對 佛的貶抑語，連對二乘無學聖人，我們都不敢隨便寫，我們只能根據道種智而說：「二乘無學對佛菩提道是什麼都不懂的」，可是對他們所證的解脫境界，我們認爲是確實有所親證的，所以不敢稍置一詞。他們的解脫是眞的嘛！不是假的嘛！所以你們看我寫書、下筆，寫了那麼多書；而且我寫書時從來都不打草稿的，我一直都是把稿紙拿來直接寫上去，寫完就送去打字啦！不是先寫草稿，然後再謄稿的欸（編案：當時 導師尙未學習電腦輸入法）！可是你們注意看，我從來不會有一句話去責罵阿羅漢、辟支佛。我不像以前的自在居士，以凡夫身寫書還敢罵阿羅漢、辟支佛是廁穢，我從來都不敢罵一句。但我會根據佛菩提道與解脫道的修證異同，而說他們對佛菩提道是什麼都不知道的，因爲事實本來就是這樣，我只是據實而說罷了。

這意思就是說，馬鳴菩薩在論中所說的細法，就算你修到了等覺地啊！都還算是粗的，都只是細中之粗；這種境界相，如果是從佛地來看呢！那可就不値得一提啦！等覺地尙且還是這樣落入細中之粗，何況是我們呢？這樣，你就知道說，雖然那佛像只是木頭雕的，只是玉石雕的，我們照樣還是得要很恭敬的去頂禮，因爲那聖像代表了 佛的住世嘛！表示我們心中對於 佛的敬意。這也就是說，等覺菩薩的智境，也都還是細中之粗，因爲他無法想像佛地的境界嘛！

「此二種相」，是說衆生相應心的這個粗相的第六、七識心的生滅相，以及衆生不相應心的第八識細相心的心生滅相，也就是指如來藏所現起的種子流注生滅，所顯現的如來藏自身的心行，以及七轉識…等無量生滅法運行的現象。這兩種的粗、細的心生滅相，都是由於無始劫以來無明熏習的力量而升起的；自無始劫以來，粗相的相應心——意識覺知心及離念靈知心——的生滅相，是由於熏習三界中的邪見，熏習三界中的貪愛而產生的。至於凡、愚等人的覺知心所不相應的細相，是由於對無始劫以來所不曾知道的如來藏的眞如法性——對這個第八識的眞實與如如的體性——從來不曾有所瞭解，所以在探索如來藏的過程當中，由於邪教導和自己的不如理作意思惟，就產生了邪見。學佛人不能證悟般若的原因，大多是由於邪師的錯誤教導，對於心眞如產生了邪見；有時則是因爲自己的不如理作意思惟，所以落入常見或斷見之中。因爲邪教導的錯誤熏習，和自己不如理作意思惟的力量，所以有了兩種的心生滅相：產生如來藏的種子流注不斷的心生滅相，以及七轉識心體的刹那生滅相。

但是這兩種心生滅相的無明熏習力所生起的兩種心生滅相，都是依「因」和依「緣」而有的。因是什麼呢！因就是不覺嘛！依於對實相不覺爲因，所以有了不相應心（第八識）的種子流注的生滅相，以及相應心的七轉識的生滅相。依於這個不覺悟本覺的無明爲因，加上緣於虛妄的境界爲緣，因此就會導致這兩種心的生滅相（但第八識心體仍然是不生滅相），自無始劫以前不斷的延續下來，一直到今生。「不覺」這個因如果滅了，流轉生死的緣也就滅了，這就是說，想要解脫生死的話，得要從根本去斷。斷煩惱的正確方法，並不是在枝葉上面一片一片去摘啊！你今天摘掉一片煩惱葉子！明天出生兩片給你摘；明天你摘去兩片，後天又生五片給你摘啊！摘不完的！

你得要從根下手才有用嘛！做事情和修學佛道都一樣！都要從根本去下手，不要在枝末上面去用心，那沒有用的。「因」既然是不覺，這個因如果滅了的話，緣就會跟著滅。怎麼說呢？這就是說，你如果知道自己有個第八識如來藏，如今接觸到祂、證實到祂了，現在能夠領受祂的眞實與如如的體性，也能少分的領受祂的功能差別了；不管領受的是多分還是少分，經由這樣的觸證與領受，你的智慧開始生起來了；智慧生起來以後，這個不覺的因就斷了嘛！不覺的「因」斷了以後，你就不會在那些虛妄的「緣」上面去用心，就永遠都不會再依文解義的了，就可以分證解脫與佛菩提智。

所以有些人佛學院還沒有讀完，來到這裡學法，破參明心了以後，他還想回去把佛學院的學分學完；可是當他悟後再把佛學院的教材拿起來讀的時候，他再也讀不下去了，爲什麼呢？因爲他無可避免的會發覺那些佛學院教材的作者，常常是胡說八道的；假使是依文解義的話，那還算是好的（就怕自作聰明的依自己的意思亂解釋）。那你說，他怎麼還能讀得下去啊？所以他沒有辦法再回去啦！本來是想說：「我來這裡破參了以後再回去讀，可以讀得更好。」結果卻是沒有辦法再讀下去了。這就是說，那些教材的作者，都還沒有離開不覺的無明境界，他明心後卻已經離開不覺的境界，所以那些書籍作者的錯誤，他大部分可以檢查出來，知道作者的說法不正確，當然就再也讀不下去了。

所以，你把這個不覺的「因」斷除了以後，那你就是始覺位的菩薩了！成爲始覺以後，再進修而轉入隨分覺。當你在始覺與隨分覺這兩個階位裡面，你會漸漸的離開輪迴生死的外緣；一切與解脫道和佛菩提道不相應的緣，你都會一分一分的開始離開，這就是緣滅；除非是新學菩薩，初學佛以來不過幾劫，慧力、決定力都還不夠。那麼「緣」滅的時候，也會有一個現象：不是只有在世間輪轉生死的我執的緣，會漸漸的除滅，而且在修學佛法上面的緣也會漸滅的，所以得要留惑潤生。

雖然菩薩們都一定會留惑潤生，所以在未來無量世中都是不離輪迴生死的；那是因爲想要成佛，也因爲依於增上意樂的大悲願而想要自利、利他，所以永遠都不入無餘涅槃；但是從此以後，世世的生死之中都不會再造作導致輪迴生死的業因，而是以願力去受生的，和凡夫並不一樣，這就叫做「緣」滅。如果導致生死的「緣」滅除了的話，那麼相應心的生滅相，也就滅了嘛！這也就是說，你這個離念靈知意識心的生滅相，以及和煩惱相應的生滅相，全都滅了。意識覺知心就轉變爲清淨意識，末那識就轉變爲清淨末那，這就叫做「相應心滅」，也就是與眾生染污心性相應的體性已經滅了。並不是把這兩個心給滅除掉了，而是把染污心的種子生滅相給滅除了；馬鳴菩薩所說「因滅則緣滅，緣滅故相應心滅」，就是這個道理。不覺的因全部都滅了的緣故，第八識不相應心的種子變易的生滅相當然也就跟著滅了。

論文中爲求精簡，所以省略掉某一些字。應該說：「因滅故，不相應心（第八識種子流注）的生滅相滅。」應該說：「緣滅故，相應心的生滅相滅。」因爲這一段是講心的生滅相，但是省略掉了幾個字。在古時候，印刷費用很貴，用字必須很精簡；又因爲大家文言文讀得不錯，所以這樣的省略是沒有問題的；但是到了現在末法時代，問題就跟著來了。因爲現在的人呢！文言文的根基普遍不好，所以就把它的意思給誤會了；這樣一來就誤解經論的眞義：「**因滅了，不相應心也滅**

了，那就是說第八識心體也跟著滅掉了。」就這樣錯誤解釋了。所以他們寫書註解此論的時候，往往都這麼寫啊！印順法師也都是這麼註解啊！所以他說阿賴耶識也應該要滅掉，所以他說阿賴耶識只是從意識覺知心上細分而出的，不是原來就有的心法。那你們說：大家該怎麼辨呢？所以他們都是誤解了論文的原意。

就好比有的經典裡面說：「阿賴耶識，阿羅漢位捨。」他就想：「那麼成爲阿羅漢以後，就應該要把阿賴耶識捨掉，所以阿賴耶識心體也是生滅相，所以祂是虛妄識。」所以他就把專講阿賴耶識體性的第三轉法輪的唯識系諸經所說的法，叫作「虛妄唯識法、虛妄唯識論」。你看！誤會這麼大啊！這些誤會唯識的人卻在廣寫唯識的書，卻在教人學習唯識，把增上慧學給導引到錯誤的方向去了，你們看，要不要命啊！所以，這段論文中說「因滅故，不相應心滅」，是講「因」滅的緣故，所以第八識不相應心的種子生滅變易相就跟著滅了；而不是講這個不相應心的心體滅了，並不是把第八識心體滅除了，不能把它給誤會了。請問：「相應心滅和不相應心滅——相應心的生滅相和不相應心的生滅相——兩個都滅了，這是什麼境界啊？」涅槃本際的不相應心的生滅相（種子流注變易相）雖然全部都滅了，但是心體並沒有滅掉啊！只是改名爲無垢識，還是在三界中繼續現行運作、利樂眾生啊！如果你說那個涅槃就是無住處涅槃，那就對了啊！所以這段論文中少放了幾個字進去，對不對？（大眾答：對！）

對啊！無住處涅槃，那就是佛地的境界啦！無住處涅槃為什麼叫作無住處呢？那是因為諸佛的境界相是不住生死、也不住無餘涅槃中的，所以叫作無住處的涅槃啊！這是佛菩提道的究竟果才能有的境界啊！那麼諸佛出現在人間時，明明有生死，怎麼又說是不住生死呢？諸佛來人間受生示現，都是為了感應有緣得度的人，所以才來人間受生的；受生以後八相成道，最後入了無餘涅槃，看來還是有生滅相的啊！既然還是有生死，怎麼又說祂們都沒有生死呢？因為諸佛在很早以前就斷了分段生死的見惑與思惑了啊！無量數劫以前就斷除阿羅漢所斷的見惑與思惑了啊！所以他們根本就沒有生死可言嘛！

那麼也許有人會這麼說：「**雖然已經沒有分段生死的見思惑，但是仍然還有變易生死啊！**」對不起！諸佛的變易生死也在很早以前就斷除了，所以祂們連阿羅漢所不能斷的習氣種子隨眠也都斷盡了，怎可能還會有生死？所以祂們只是來人間應化，而不是來人間修行的。既然分段生死斷了，變易生死也斷了，如何可以說祂們還會住於生死之中呢？所以他在人間的示現生死，只是一個示現，並不是祂們還有生死，所以諸佛是不住在生死裡面的。

那麼不知道妙理的人也許又說：「諸佛既然不住在生死裡面，那祂們當然就是住在無餘涅槃裡面的嘛！」對不起！諸佛也不住在涅槃裡面；因爲如果是住在無餘涅槃裡面，那麼諸佛的七識心王不就都斷滅了嗎？那祂們的成所作智、平等性智、妙觀察智又從哪裡生出來呢？大圓鏡智又如何運作呢？終於恍然大悟：「喔！原來諸佛在人間捨壽時並沒有入無餘涅槃。」諸佛一直都有莊嚴報身，還有個自受用法身，而且還有諸地菩薩所覲見的他受用法身呢！所以諸佛是從來都不入無餘涅槃的，無量劫以後也是絕對不會進入無餘涅槃的。

但是，又因爲不僅只是斷了分段生死的現行，也斷盡了分段生死的習氣種子，早已超過阿羅漢的涅槃境界，又進斷變易生死異熟果種和無始無明隨眠，所以雖然不入無餘涅槃界，卻也不能說諸佛沒有證得無餘涅槃；像這樣子不入無餘涅槃，常以分段生死的表相而示現於三界中生死度生，永遠利樂有情眾生、永無窮盡，但也不是住在生死中，也不在變易生死中，於生死與涅槃都無所住，那就叫做無住處涅槃。這樣子，無住處涅槃的意思都懂了！可是你出去要是問人家：「什麼叫做無住處涅槃？」他們可就口似扁擔，閉的緊緊的，不敢跟你說話啊！因爲他們不曉得嘛！將來他們讀了我的書以後，才會懂得這個道理啊！

言歸正傳，馬鳴菩薩說：相應心的生滅相滅了，不相應心的生滅相也滅了，這就是究竟佛地的境界啊！就是無住處涅槃的境界啊！這才可以稱之爲常、樂、我、淨。還沒有進修到究竟佛地之前，都不可以稱爲常樂我淨。因爲就算你是等覺菩薩，但是在等覺菩薩的第八異熟識裡面，還是有最後一分極微細的所知障隨眠存在，還是會有最後一分的煩惱障上的習氣種子隨眠存在，等著成佛時的轉變滅盡。換句話說，那個部分在將來成佛時，還是一定會再變異生滅的嘛！那個部分既然還會有變異轉易，顯然等覺菩薩的變易生死還沒有斷盡。那麼變易生死沒有斷盡，那他就很清楚的知道自己仍然未到佛地的境界啊！那麼他的不相應心的生滅相一定是還在的啊！既然是這樣，他的第八異熟識如來藏，怎麼可以稱作眞正的常呢？所以還不是眞常；不是眞正的常，那就當然還不是究竟的快樂嘛！還不是究竟的快樂，就是還有變異相的境界中的我，那就不是眞正的我啊！不是如實的我啊！而且他的異熟識也還不能與五別境心所法、善十一心所法相應，所以也不能稱之爲「我」嘛！這樣就不是眞正的究竟清淨嘛！所以太虛大師說「眞常唯心才是大乘佛教的究竟義。」

可是印順法師卻把他的師父太虛大師講的話推翻掉了，他說：「不對！眞常唯心是後人施設的，不是 佛所說的原意。」師徒的觀點相差這麼多！所以太虛大師才會責備他：「你這樣宣講佛法，是把佛法分割成支離破碎的了。」印順法師在他自己的書裡面也寫出太虛大師對他的評論。他說太虛大師這樣責備他，但他不承認自己是有錯誤的；他說自己的說法才是正確的佛法，認爲他的師父所主張的佛地的「常、樂、我、淨」的說法是不對的。那麼到底誰說的才對？現在我們辨正以後的結果，還是太虛大師說的才對啊！結果還是印順法師錯誤了啊！

所以，人眞的不可以太聰明，得要像我這樣笨笨的才好。我小時候就是被人家敲腦袋給敲到大的，我有一位哥哥常常罵我說：「你怎麼這麼笨啊！好東西都往外拿去分送給人家。」所以一天到晚敲我的腦袋，總是這樣敲（作出一個敲腦袋的動作），敲了以後腦袋就腫起一個包啊！但是我老實安分的學佛，卻是學得還不錯！所以學佛就是要老老實實、安分守己的一步一步去修，千萬不要亂打妄想；你如果沒有修證的時候，千萬不要說：「我這個就是悟，我這個就是什麼……境界。」千萬不可以這麼講。一定要如實的、確實的，有十成十的根據，你才可以說：「我現在這個境界是什麼？你那個境界又是什麼？」你才可以這麼說啊！不知道的，千萬不要自己意識思惟了就亂寫、亂講。所以太虛大師眞是値得讚嘆的，至於悟或未悟，那是另一回事；但是他在知見上面卻是正確的，正是引導眾生往正確方向走。所以他說**眞常唯心思想是大乘佛法的究竟義**，這是完全正確的；印順法師不應該推翻他師父這一句話，現在我們證明：他完全錯誤。接下來馬鳴菩薩又說：

論文：【問：「若心滅者，云何相續？若相續者，云何言滅？」】

講解：這一段問句，就是那一些誤會了經文義旨的人們所問的話。常常有人聽了菩薩所講的般若正理以後，聽不懂、誤會了，就會作出許多不如理作意的言論，誣指菩薩說錯了！避免有人以後亂質疑，所以 馬鳴菩薩乾脆就代替那些人發問：「**你說『因滅則緣滅，緣滅故相應心滅，因滅故不相應心滅』，那好啊！你把這些心統統都滅掉了**」，就像我說意識心是虛妄的，然後呢？喜饒根登就幫我登廣告——用釋性圓的名義幫我登廣告——質問說：「**你講意識心是生滅法，是虛妄的，那你意識心滅了以後，你還可以生活、講法嗎？**」他花了六百萬台幣登廣告，在報紙上問我這個道理，還眞問得振振有辭呢！可見我的書他都讀不懂欸！我說的是：「**你要用那個意識心去尋覓那個離見聞覺知的心眞如。**」我只告訴他們：意識心是虛妄的，應該否定祂，不該認妄為眞；可是我並沒有叫他們把意識心滅掉而求佛法啊！所以他的質問，名為非問。

那些被我評論為錯悟的大法師、大居士們，他們私下很用心在研究我的書，表面上卻都說不讀我的書；但是不管他們怎麼研究，就是沒法子研究出來；因為佛法不是用研究的，佛法是要你親自去體證的，研究是沒有用的。因為我們不斷的強調：「唯識增上慧學就是一切種智。」所以他們現在也有人聲明說：我們也學過《成唯識論》。但是，現在有誰懂得《成唯識論》啊？更別說是教人了！也沒有人眞的可以從某人那裡學得到眞正的唯識增上慧學，不管他們去跟誰學。我雖然精通唯識增上慧學，但我是自證自通的，不是跟別人學的。

這意思就是說：眞正的大乘佛菩提的了義法，你得要去親證了這個第八識，才算是親證啊！你沒有親證第八識心體的所在，永遠都不可能眞正懂得《成唯識論》的。說句老實話，在剛破參後的兩年中，我曾經讀過大正藏的《成唯識論》，但是我那時只讀了一頁，到第二頁中間時，我可就讀不下去了；沒辦法讀啊！我的古文底子還算可以，也破參兩年了，都還沒辦法眞的讀懂；他們那些人，古文底子既不好，又沒有破參明心，哪裡會有辦法讀得懂呢？沒辦法的。

那我後來想：「這樣子不是辦法。」所以就改從《楞伽經、解深密經、大集經、大寶積經、如來藏經、勝鬘經》先下手來讀。當時眞的好像是得到「佛法饑渴症」一樣，把諸經很用心的每日一直讀、一直讀、一直讀，每天至少讀十個小時；把這些經典讀通了以後，我也還沒有想到自己可能眞的懂得論意了；但是當時其實是已經懂了，所以，後來有人要求我宣講《成唯識論》時，我雖然當場答應，其實也還是沒有眞正的去證實自己確實懂了；但是，後來在宣講前的第四或第五天時，我再重新請閱《成唯識論》時：欸！我看懂了欸！眞的讀懂了欸！終於正式的宣佈開始宣講《成唯識論》。就是這樣子啊！也沒有人教我啊！我也沒有去參考諸方大師居士們的著作啊！

這意思就是說：大乘經典、論典中的佛法，眞正意思是很難理解的；二乘法就已經很不容易理解了啊！何況是大乘法呢？但是誤會菩薩論意的人質問說：「**眞如心如果滅掉了，那又將如何相續？那不是變成斷滅了嗎？你又說意識也是假的，那你把意識滅掉，不是也變成斷滅了嘛？**」其實不然，這只是末悟凡夫的誤會之後所問的邪問，他們誤以爲菩薩說的是「不相應心（心眞如）心體的滅相」。但是心眞如永遠不滅，所以他們又問：「**如果說這個心眞如是沒有滅的話，是相續**

不斷的話，那你就不應該說這個心會滅嘛！」他們眞的是誤會菩薩的論意了。所以 馬鳴菩薩對此不當的質問，就做一個答覆：

論文：【答：「實然！今言滅者，但心相滅，非心體滅。如水因風而有動相，以風滅故動相即滅，非水體滅。若水滅者，動相應斷，以無所依，無能依故。」】

講解：「實然」，你說的眞是不錯啊！我們不要一下就說他錯，先跟他們說：「你講的確實是有道理啊！」那他就會先認同你，就肯繼續聽你的話嘛！如果一開始你就說「錯了！」不論你接下來是講什麼法，他都會一直想著怎麼反駁你的話。眾生既然是這樣子，所以 馬鳴菩薩就先跟他說「實然」——眞的是這樣啊！但是話鋒一轉：可是我所說的這個滅，只是說那個心的運行的法相、種子的流注變異相滅了，並不是那個心的心體滅掉了！所以你講的是沒有錯的，我說的卻是另一個道理。這樣對方聽了就歡喜了。所以在「實然」二字以後，接下來 馬鳴菩薩說：我所說的這個心的滅，只是說這個心的運行時所顯示出來的「生滅相」被滅掉了，不是說心體被滅掉了。

心的生滅相，比如說「相應心」，相應心有什麼生滅相呢？我們舉個例子說明一下好了！「啊！這盆花好漂亮喔！這是誰插的？你幫我插一盆好不好？」哦！起貪心了嘛！對不對？如果有人對插花的人這麼說：「你這盆花如果改爲這樣插，會更好看一點兒。」「喔！你很會插花，那你自己來插吧！」起瞋了嘛！那如果有人看見那盆花的時候，心裡亂打妄想，根本就不知不覺那盆漂亮的花，那就是心無正念的痴嘛！對啊！人家插了這麼漂亮的花，竟然沒有看它一下，沒有爲插花的人隨喜一下。至少也該爲他隨喜一下：「今天這盆花插得眞不錯呢！」人家插花的人也會很高興嘛！心想：「我今天這一盆花供佛，不但是供佛了，還供養了這些菩薩啊！菩薩們都很欣賞哩！」他也很高興，對不對？這時心裡就起了喜受。如果當時心裡生起了苦、樂、憂、喜、捨的覺受，那當然就是心的生滅相存在著嘛！心的生滅相一直都繼續存在的時候，就表示心體是仍然存在著的，這是從七轉識上面來說心的生滅相；如果沒有了這五受，就說七識心的覺受、受陰範圍內的生滅相已經滅了（七識心尚有其他的生滅相）。

又譬如：阿賴耶識心體一直都存在不滅，所以才能有種子流注的生滅相一直現前，才能不斷的提供吾人所需的無漏有爲法上的種種功德，也才可能會有七轉識繼續不斷的運作，而有我們的五陰身心繼續住在人間，不斷的運行。阿賴耶識的這些種子流注而提供我們的所有需求，這就是一種心的生滅相；如果第八識的這些心生滅相都滅了，不再有這些心生滅相了，那就表示說：人間將永遠都不再有自己繼續存在了。因爲色陰將會跟著滅失了，識陰與受、想、行陰也都將會跟著滅失了，那就是無餘涅槃的無境界境界了，這就是從分段生死的層次上，來說第八識心的生滅相消滅了。但是第八識心的生滅相滅了的時候，並不等於心體滅了；心體仍然是繼續存在的，只是因爲不再流注出七識心王與有根身：等法，所以沒有了種子流注的生滅相，而心體卻還是繼續存在著的，這也就是四阿含諸經中所說的無餘涅槃的實際。所以，心生滅相滅了以後，不等於心體也滅了。

現在說「滅」呢，是滅這個心體運行的法相，而不是這一個心的本體滅掉。就好像水一樣，水因爲風吹，所以就有波浪相出現了啊！就有動相了嘛！可是風滅了的時候、風不再吹動的時候，水的波浪相就沒了啊！那就是心如止水、水平如鏡！但是水體還是繼續存在的，並不是說水的動相滅了的時候水體也跟著滅了。所以，水相滅的意思是說，水的動相滅了，叫做水相滅；因爲海水的相就是有波動相嘛！但是現在這個波動的相滅了，就假名爲水滅，不是眞正的說水體滅了啊！如果說：水體是跟著水的波動相滅掉的話，那麼水體滅掉的話，動相也就應該滅了、應該斷了啊！所以水體如果眞的滅了的話！水的動相就應該永遠都不可能再現起了。也就是說，今夜眠熟時心體滅了的話，明天早上就不可能再有心相現前了。

譬如見聞覺知心。見聞覺知心在今天晚上眠熟斷滅了，是說祂的生滅相滅了，但是見聞覺知心明天還會再現起啊！因爲你的見聞覺知心的種子還在嘛！有那個從來不生的如來藏執持祂的種子，使得這個覺知心明天又會現起。所以，心眞如譬如水體，動相譬如七轉識；所以，心眞如的動相滅了，意思不是說水體心眞如滅了啊！而是說心體種子流注出來的七轉識滅了，但是水體——心眞如——還是繼續存在的。水體繼續存在的緣故，風不吹動就不起波浪啦！所以水體不動啊！可是如果風又來吹動的時候，水體就又動起來了，波浪就又生起了啊！七轉識波浪就又現行了。馬鳴菩薩說的心生滅相，講的就是這個道理。

那麼，如果水體滅了的話呢？動相就應該永斷無餘。永斷無餘的時候，水體的這個波浪、這個動相就沒有所依了嘛！沒有所依，這個能依的波浪水相就不能生起來啊！這個水的波浪動相，一定得要有個所依的水體，才能夠有水的波浪現起，才能夠有水的動相存在。所依的這個水體不存在的時候，水的動相就不可能存在了啊！同樣的道理，心的生滅相（你這個見聞覺知心的生滅相）一定得有個所依的水體。也就是說：這個意識覺知心的種子必須是繼續存在著的。種子是體，現行就是動相，這就是生滅心的相續現起的道理。

不生滅心的心眞如，當然也是一樣啊！這個眾生不相應心——你的自心眞如——祂一直都有流注種子的現象存在。當然這個種子流注的現象——也就是說祂的作用——也得眞實證悟心眞如的人才能夠知道；這個心眞如的流注種子的動相，也是得要有第八識心的心體存在，才可能出現種子流注的心生滅相啊！如果第八識心的心體不存在了，種子流注的動相也就不可能存在啦！動相不在的時候呢，你就變成死人一樣了！根本就不可能會再有你的存在嘛！不可能還會有七轉識的你嘛！也不可能還會有你這個色身嘛！所以說水體，也就是心眞如本體如果滅掉了的話，動相就應該永遠都斷滅了嘛！那就成爲斷滅空的外道斷見了；因爲這個種子流注的動相沒有了所依的心眞如本體嘛！當然，所依的本體沒有了的時候，就不可能有能依心的出現與動相了嘛！所以，心相滅不等於心體滅，不應該誤會了 馬鳴菩薩的正法實義，卻反而提出本來不應該有的質疑問題來。接下來 馬鳴菩薩說：

論文：【以水體不滅，動相相續；衆生亦爾：以無明力令其心動，無明滅故動相即滅，非心體滅；若心滅者則衆生斷，以無所依、無能依故；以心體不滅，心動相續。】

講解：接下來說，由於水的本體不滅，所以才能夠有水的「波浪動相」相續不斷的現行運作。水體比如第八識心眞如，波浪動相譬如七轉識的現行與運作。同樣的道理啊！衆生也是這樣啊！由於無明的力量——一念無明——由於這種無明風吹的力量，所以使得衆生的相應心——覺知心與處處作主的意根——動轉了；又由於無始無明的力量，使得衆生的不相應心——第八識心眞如——也動轉了。那這兩個無明，如果都滅了，心體的動相也就全部滅除了。所以，一念無明滅了的時候，七轉識的動相就滅了啊！捨報就成爲無餘涅槃了啊！分段生死就斷盡了。如果是無始無明斷盡的話，變易生死也就斷盡了，那就成爲佛地的無住處涅槃啦！那也就沒有阿賴耶識自類種子的自心流注的變易相了，因爲佛地的第八識心體內的種子永遠都不再變異更易了。因此說，無明滅的緣故，那心體的動相就滅了。

但是這個滅，不是講心體的滅啊！而是講祂的無明滅盡了，以及無明所造的業種滅盡了，所以就沒有心的生滅相再繼續存在了。換句話說：是心的動相被消除掉了，而不是心體被滅掉了；是無明滅，而不是心體滅。如果說無明滅了以後，這個本體心也就跟著滅了的話，那眾生的解脫就會變成斷滅相了。也不必說到無始無明上面去，單只說一念無明的斷除就好：**當你把我見和我執斷盡了，斷盡之後取證無餘涅槃；入了無餘涅槃，五陰滅盡、十八界滅盡，統統無有，相應心體滅盡了，連不相應心體也不存在啦！**那不就是斷滅法了嗎？因為他們不承認有第八識心體，那就是說，無餘涅槃境界中，連不相應心體的第八識也不存在了，而十八界統統滅盡，那你解脫以後就成為斷滅了；印順法師與達賴喇嘛、宗喀巴的藏密應成派中觀，正是落在這個地方，正是落在這種斷滅見裡面。

達賴喇嘛、印順法師、昭慧法師，這三個人都是專門弘傳藏密黃教宗喀巴的應成派中觀邪見，以前他們對這個應成派中觀見，是很自豪的；但是現在他們很怕人家譏笑說：「**那你這個境界相就是斷滅境界嘛！**」因為如他們所說的見解，當他們入了無餘涅槃（假設他們真的能入涅槃的話），那就成為斷滅境界了嘛！這樣一來，佛入無餘涅槃、阿羅漢入無餘涅槃時，也將全部成為斷滅；這種斷滅見，算什麼佛法？你這麼一問，他們就另外施設一個說法：「**不！入了涅槃，滅了根、**

塵、識等十八界法以後，還有一個意識的細心永遠不斷的存在，所以無餘涅槃不是斷滅境界。」他們就這樣捨棄 佛說的可證的第八識如來藏，而另外建立一個新說，說有一個意識的細心永遠不會斷滅。然後你又問他們：「意識細心在哪裡呢？如何證得祂呢？」他們會說：「意識細心是不可知的，是不可證的，所以涅槃不可知、不可證。」那麼這樣一來，我倒想勸他們：「你不如改爲這種說法：『有個第八識如來藏常住不滅，但那是凡夫們不可知的，不可證的。』」這還講得通一些，因爲 佛有說第八識嘛！他們如果改口如此說，最多只是未悟的凡夫，卻不必承擔破法、謗法、毀佛而必須下地獄的大罪業。

可是他們讀經時讀不懂，又不肯承認自己還沒有證悟，所以就乾脆自己建立一個全新的說法，說 釋迦佛從來都沒有講過有第八識，說 佛也沒有講過第七識意根，這卻成爲謗法毀 佛的大惡業。所以，他們恐怕人家說是落於斷滅空，只好再另外建立一個 佛所未曾說過的「不可知的意識細心」，以這個新建立的「不可知的意識細心」（昭慧法師後來另設業果報系統之說，取代意識細心說），來連貫三世因果，來執持往世所造的一切業種，這樣來圓滿他們藏密應成派中觀所墮的斷滅空的過失。

可是他們這樣建立以後，問題跟著又來了：如果是不可知的，也是不可證的，那一定是子虛烏有的法，那就永遠不可能是眞正的佛法了。一定得是可知的，祂才是可證的；所以諸佛證得心眞如，我們照著諸佛的教導，同樣也可以證得啊！我蕭平實能證得心眞如，你們依著我的教導，也應該照樣可以證得啊！這樣才是眞實了義的佛法嘛！而且，眾生不相應心的第八識心體如果滅了，那眾生就成爲斷滅了。因爲這個第八識心體如果滅了的話，那七轉識與有根身……等法，也就都將沒有所依啊！如果是沒有了所依的第八識不相應心，那麼相應心的七轉識心的動相，也就沒有所依了，那麼七轉識就將永遠都不可能會再有出現的時候了！那正是斷滅境界！

不相應心的心生滅相，也就是指阿賴耶識心體的動相。阿賴耶識心體自身也有祂的動相啊！只是祂的動相不曾落在六塵中罷了！祂的動相當然也有個所依啊！也就是以阿賴耶識心體爲所依。

如果心體都滅了，那就沒有能依的相應心七轉識了，也沒有所依的不相應心了，因爲心體都滅了嘛！因爲能依與所依都不見了嘛！那就成爲斷滅境界了。如果依他們所說阿賴耶識也會斷滅的話，那麼七轉識心體，也一定會跟著斷滅；所以阿賴耶識如果也會滅斷的話，那就將會使得所有眾生都變成斷滅了。所以，相應心——覺知心與意根——的動相，都是依於不相應心阿賴耶識心體的常住而存在、而生起；所以，不相應心阿賴耶識心體的動相——種子的流注生滅——都是依於不相應心的心體常住而有；因此說：由於心體不滅的關係，所以才會有種種心的動相相續不斷。這才是究竟佛法的眞實義理。

所以有一些外國的佛學研究者，譬如日本的佛學研究者，他們是專作學術研究而不肯從事於佛法修證的人。他們爲了成名，爲了引人注目而另作新說，以求一舉成名，所以就寫書出來否定第八識的實有，創立新說；再以自己的錯誤觀點來否定如來藏：「你們講第八識的人，都是落在本體論中，同於外道的神我、梵我。但是本體論是錯誤的法。」可是：「如果沒有法界萬有的本體心，你們那些生滅心要從哪裡來？」他們都沒有證得這個本體心的事，且先不談它，先來個純說理論就好；這就好像說：「如果沒有這個色身，你在人間的見聞覺知心要從哪裡來？如果沒有這個地球世間做本體，你們的五陰要依附何處而生活？你是活在太空裡面嗎？」所以，一切法都有一個本體，這個本體才是一切法之所依，就是宇宙萬法之根本因。離開這個本體，一切法就將成爲斷滅了啊！涅槃也就變成斷滅空了。

所以不應該否定這個本體心，所以不應該說這個心體會滅，應該說：「滅」是滅心的生滅相。這樣才是眞正的佛法。

當他們否定了本體論的時候，爲了逃避斷滅見的一邊，所以不得不建立另一個新說：「無餘涅槃中是不可知、不可證的意識細心。」但是當他們這樣建立的時候，不也正是本體論了嗎？那不正是以自己建立的本體論來否定　釋迦佛所說的本體論？那不正是多此一舉了嗎？又何必去違背　佛說聖教而否定本體論？又何必違背　佛說可知、可證的第八識如來藏本體，而重新建立另一個不可知、不可證的意識細心本體？何必以自己新建立的想像的本體論，來取代　佛所說的法界中本有的，也確實可知可證的本體論？這樣的想像與建立，有何意義呢？又怎麼可以說是最勝妙的佛法呢？其餘法義，且聽下週分解！

（二○○○年十二月十九日開講起信論前，大眾依例同唸新的開經偈：「微妙甚深無上法，百千萬劫難值遇；我今見聞得證悟，願解如來究竟義。」）

自從我們把開經偈改成現在的偈文以後，到現在差不多一個月了（編案：共有五次了）。每一次唱念它的時候，我這個法座都會動，就像是經中所講的八種動相一樣，眞的很奇怪。我到台中講課時，也跟大眾一起唸這個開經偈，可是台中道場的法座卻完全不動；究竟是什麼原因？我不曉得！大概是所說法的層次淺深有別的緣故吧！因爲在那邊講的是初級班的禪淨的課，講的是入門的粗淺的法義；但是這邊講的不是初級班的課，講的是第一義的深妙法；可能是因爲這樣子，所以有一些不同吧！

我們繼續宣講《大乘起信論》。上週講的是，所謂的心滅，不是講心的本體滅，而是講這個心的眾生心相消滅了。眾生心相、動相滅了，所以說它爲「滅」，而不是講心體消滅了。可是很多人讀經論時，往往會產生誤解。譬如經論中曾說：「阿賴耶識，阿羅漢位捨。」有很多人——包括小法師、大法師、小居士、大居士——就解釋說：「既然成阿羅漢時就把阿賴耶識捨掉了，由此可見阿賴耶識是妄心。所以明心開悟時不應該是證悟阿賴耶識，而是證得另一個如來藏。因爲阿羅漢還要捨掉祂啊！」所以他們就誹謗說阿賴耶識是妄識，所以聖嚴與印順法師都說阿賴耶識是虛妄識，都說要把祂捨掉。

其實經論的義理並不是這個意思！經論中的意思是說：在阿羅漢位時捨掉了這個根本識的阿賴耶性，也就是捨掉了 馬鳴菩薩所說的七識心動相的意思。那麼阿羅漢位捨掉第八識的阿賴耶性，捨掉了祂執藏分段生死種子的能藏性之後，方便說他是捨阿賴耶識；而不是說，把這個根本識心體也捨掉。如果說把這個根本識捨掉以後，阿羅漢入了涅槃，十八界都滅盡了，那麼阿羅漢入涅槃時就成爲斷滅了，那麼問題就變得很嚴重了。所以「阿羅漢捨阿賴耶識」，不是捨阿賴耶識心體，而是捨阿賴耶識心體的執藏分段生死種子的體性，那個體性叫作阿賴耶性；捨掉了阿賴耶性，所以叫作捨阿賴耶識；可是這個識體還是存在啊！只改個名稱叫做異熟識、菴摩羅識。

如果迴心大乘別教法中，求悟實相心體的所在，悟後又繼續斷盡無始無明的一切上煩惱，因此成了究竟佛，也還是這個第八識心體，再改名爲無垢識，又叫作佛地眞如。所以這個識體是不能捨的，實際上也沒有人能捨掉這個識體。所有出世間聖者，都只能把十八界的自己捨掉，而不能把這識體捨掉；也沒有任何人能破壞阿賴耶識心體、斷滅阿賴耶識心體。不論是「全知全能」的上帝耶和華、阿拉，無論是什麼人，都無法毀滅祂，所以祂才是眞正的金剛心、實相心。

同樣的，馬鳴菩薩所說的「心滅」，不是講心的體滅掉，而是講心的執藏生死種子的體性滅了，所以說這個心的「心相」滅了；所以不是說心體滅，而是說心相滅了。在另一個譯本裡面還多了兩句：「**爲癡滅故，心相隨滅，非心自滅。**」

意思就是說：由於眾生在修學的過程當中，把煩惱種子斷了，把無始無明的上煩惱斷了，所以就說他的愚痴斷滅了。愚痴斷滅了以後，兩種無明都斷了，心在三界中運行時的生滅法相也就滅除了。

心的相，就是說眾生自無始以來，執著見聞覺知性的自己而去攀緣六塵相，然後於法界的種種眞實相不能如實了知。所以就有了兩種因緣，就產生了兩種障礙。由於被這兩種無明所生的兩種障礙所障的關係，所以眾生心的「心相」就不能除滅。由這個心相不能除滅的緣故，所以就不能成佛。因此說，心滅兩字其實是說心相滅，不是把這個心的自體滅掉。如果眞的像那些人所講的那樣滅掉心體，當心體滅掉的時候，心動相就不再出現了，就不會有種子的流注了，也就不會有七轉識的出現了，那麼眾生相應心的了別智、了別慧就都不可能存在了。當心的了別慧不存在的時候，那就不成其爲心了嘛！所以 佛所講的心相滅，是講祂的執藏生死種子以及執藏無明——執藏上煩惱隨眠——的體性滅了，這樣叫做祂的心相滅，而不是說這個心體以及祂所出生的七轉識的了別慧的自體滅了。接下來，下一段論文說：

論文：【復次，以四種法熏習義故，染淨法起無有斷絕：一、淨法，謂眞如。二、染因，謂無明。三、妄心，謂業識。四、妄境，謂六塵。】

講解：這一段是說熏習的道理。這個熏習，在佛菩提道上非常的重要，如果沒有這個熏習的法，那麼修道、聞法就將變成沒有作用、沒有功德。因爲能夠熏習，所以衆生才可以從凡夫地中把煩惱障、把一念無明斷盡，才能證得出離三界生死的解脫果；繼續再進斷無始無明塵沙惑，才能最後成佛。都是因爲可以熏習種種法，才能有這個作用。如果沒有「熏習」這個法，就不能成就這些善法的聞熏作用，也不能成就世間染法的聞熏作用。熏習的道理如是重要，諸位從熏習的這個道理的如實了知，也可以使你在未來證悟而產生實相智慧。不管你有沒有破參而找到心眞如，你也能用熏習的道理來判斷外面的善知識們：什麼人是有悟，什麼人還沒有悟。

這個熏習的道理，是因爲有四種法的熏習，所以使得染法和淨法的現起不會斷絕。那麼如何是染法的熏習呢？在世間五欲去追求，乃至於世間人在藝術上的追求，美其名爲提升心靈品質，其實也還是染法，因爲都不離於三界的有，都不離我與我所的煩惱執著。既然這些熏習都不離三界有，在這些法上的熏習，就必然會導致未來世的見聞覺知心，不能斷除對自我和對我所的執著，那就會使他們在世間法上的輪轉永遠不能停息。

至於世間善法的熏習，如果不是解脫道、佛菩提道的熏習，雖然是善法，但從解脫道上來看，也還是染法。譬如一神教說：「我要行善，以此求生天國！」那他生到了天國以後，照樣還是要輪迴啊！還是不離欲界天啊！他其實只是求生天國而享受欲界天的世俗樂果啊！求得了這個享樂之後，還是在三界之中。就算他眞的生天以後，福報享盡了，還是要回到人間，還是要生到畜生道去，永遠都離不開輪迴的，所以說，這種外道行善事而求生天的善法，在佛法中還是屬於染法，是善性的貪染之法。又如慈濟功德會的行善而不修解脫道，又如證嚴法師的誤會解脫道而行善，又因爲不信有極樂世界而不想求生極樂，也不想生欲界天，那就只好繼續輪迴在人間享樂及行善了，從眞正的解脫道來看，那當然還是染法，因爲她們永遠都沒有斷除我見的機會，甚至永遠都沒有斷除我所的智慧。

在佛法當中，說眞正的善法就是：解脫道以及佛菩提道這兩個法門的證境與行門。所以，這兩個法門在佛法裡面，被稱爲二大甘露法門。那麼染法和淨法這二個法，會在眾生身上繼續現起而沒有斷絕，就是因爲善、染種種法上的熏習所致。可是熏習的根本卻在於實有第八根本識上面，都是由於第八根本識能執藏七轉識所熏習成就的一切有漏法種、無漏法種而被熏習，所以使得心體中的一切無漏法種繼續不斷地增長，有漏法種不斷的被修除，所以導致出離生死輪迴，或是導致不斷的生死輪迴。

熏習，有四種法可以稱爲熏習。第一是淨法的熏習，也就是針對法界實相心體的心眞如的熏習。眞如，一般泛稱凡夫地到等覺、妙覺如來的第八識，都說這個第八識心體叫作眞如。簡單的說，就是第八識心體自身。你們每一個人，並不是只有前七識，而是都有第八識和前七識的你同在一起。因爲有這個第八識從來都不會斷滅的緣故，因爲祂從來都不曾有過一剎那的斷滅，所以才能成就熏習的業用和業果。如果沒有常住性的祂，那麼你熏習所有的法性以後，所熏習得到的那些種子要放到哪裡去呢？能熏習的七轉識又不能執持一切所熏習來的種子，所以，熏習的過程當中，一定要有一個非染非淨法性的心體，這心就叫做心眞如，又名阿賴耶、異熟識心體。

如果沒有這個第八識心體來幫你收藏所聞、所熏、所造作的種種的善業、染業的法種，那你的這些善染業種要存到哪裡去呢？你總不能這樣說：「我所造的這些業種，就由我七識心王自己來保存。」這個說法的問題很大的！譬如說，那些專門作奸犯科、殺人越貨、詐欺、無惡不作之徒，他去傷害眾生以後，他說：「我做了這些事，可是這些事的惡業種子我都不要執持著，我要把它們都丟掉；這樣子，我以後就可以不受惡報了。」可是在現象界中明明就可以看見他們正在受報啊！如果惡業種子可以由七識心王這樣來選擇而執持的話，那就不應該會有畜生道的眾生存在，也不應該會有地獄道、餓鬼道的眾生存在。

因爲他們過去世捨報的時候可以這樣子選擇：「那些惡業種子我不要，我把它們丟掉，我就可以自己作主，就可以免掉往生三惡道的苦果了。」問題是不可能行得通啊！所以就一定會有三惡道中的種種眾生受種種苦果。這正是因爲有另一個第八識來執藏一切善、染種子，所以你只要做了善、染業行，不管是善是惡，第八識心體都會一體收存；不管你未來世的業報將會怎麼樣，祂反正就是幫你統統收存了，七識心王的你沒有辦法拒絕祂的收存，因爲當你作任何善、染業行的時候，種子自然就會回到祂那裡去，法界中本來就如是。所以，一定是有這個識來收存一切眾生所造的、所聞熏的善、惡業種子，所以不可能由七識心王來決定要不要執持自己所造的業種。

如果有人說：「不必有這個第八識來持種啦！我們造了業以後，業就自然會存在嘛！就自然會存在虛空裡面嘛！不需要我們有第八識來收存嘛！」那這樣一來，問題就會更大了！如果我去殺人越貨，惡業種子是存到虛空中；那麼，未來世由你來倒楣受報：你就感應到那個惡業種，由你去受報，不一定是由未來世的我受惡報。但是，不可能有這個道理啊！所以，一定是要有一個眞如心體阿賴耶識來收存你所熏習的種種善、染法的種子。這些種子，各人所造的，由各人的第八識收存；不會說你造了善業種子而存到虛空中去給別人受樂報，我造的惡業種子存到虛空中來給你受苦報，永遠都不會有這種事！所以，因果如是歷歷分明，昭昭不爽；所以，這個第八識是必須存在的，而事實上、現量上，祂也是眞實的存在而可以被親證的。所以，在一切善、染法的熏習過程中，都必定有一個離善、染的，純客觀而中性的清淨法存在，那就是心眞如——第八識如來藏——阿賴耶識心體。

第二個熏習的法相，叫做染因。種種法的熏習都有個染因存在，才可能有熏習的成就。也許有人會說：「我現在來正覺講堂聽法，這是熏習淨因，怎麼會跟染因有關呢？」那麼就請你檢討一下：如果不是過去世有種種染法的熏習，使得你今生繼續在這裡輪迴，你哪能夠有五陰來繼續熏習這個善法呢？所以你熏習善法時，還是不離染因啊！

此外，「染因」還是有它的層次淺深的差別啊！譬如說阿羅漢，阿羅漢位的聖者，看來似乎都是無染的！可是他們的無染並不是究竟的無染，因爲阿羅漢們的無染，只是把煩惱障的現行斷除了，只是把一念無明的四住地煩惱斷除了，可是他的煩惱種子隨眠還是繼續存在著啊！只是斷了現行而已啊！所以阿羅漢都還會有瞋、慢的習氣種子現行啊！原因就在這裡。因此說「染」，你就算成了菩薩阿羅漢，那你未來世再繼續熏習佛菩提道，這樣漸次地在斷除無始無明的上煩惱，一分一分去斷除，在未來無量世行菩薩道的過程當中，你依舊會有無量的異熟生、異熟滅，未來無量世的一切異熟果，依舊會繼續現起。之所以會有這種異熟生滅，就是因爲你的染法（煩惱障上的習氣種子隨眠）還沒有完全斷盡。

所以，乃至到了八地、九地、十地、等覺，都還會有比阿羅漢更少的染污性存在，只是有淺深粗細的差別不同而已。如果成佛前沒有這種染法，就不可能會有八地以上菩薩的異熟生滅，就不可能再有後世的生死與學佛了；所以必須要有這個染法存在，菩薩們才能繼續世世受生而行菩薩道嘛！成佛前如果沒有這些微細的染法繼續存在，滅了異熟性，他就無法再度受生而行菩薩行了！無法受生的時候，他就不可能精進修學佛法而到最後成爲佛地妙覺如來啊！所以，成佛之前的熏習——只要是還有熏習、還能再熏習——就一定還會有一分染法的存在。所以染法，諸地菩薩是少分，阿羅漢是多分，眾生則是具足。只有諸佛完全沒有染法，因爲沒有染法，所以諸佛都不再有熏習了，所以無垢識心體是不再受熏的。所以，熏習的第二個條件就是一定還有染法的存在。染法就是指無明，而無明裡面的無始無明上煩惱，得要到究竟佛地時才能全部斷盡；至於煩惱障的習氣種子隨眠，也是要到究竟佛地才能完全斷盡的。這就是「熏習」這個法中的染法。

熏習的第三個法就是妄心，妄心就是指業識。業識就是能夠造業的識，能夠造業的識，就是我們的第六識跟我們的第七識意根，這兩識會共同的造業。前五識是不造業的，祂們所造的善、惡業，都是由六識、七識所指揮去做的；前五識本身是不造善、惡業的，本身是無記性的；但是祂們因爲跟著六、七識在業行裡面運作，所以就跟著有了不屬於自己所本有的善、惡業性，這就叫做「性境、現量、通三性」。換句話說，妄心當然是講七轉識，最主要的是指第六意識與第七識意根；因爲祂們能夠造業，是能夠造業的心，才會想到說：「我要去學習種種的法：

怎麼樣當郎中玩牌，輕易的騙人家的錢財。」這就是染法！因為有這個業識，所以才會想要去熏習種種善、染的法：我要怎樣去學布施、持戒、忍辱，乃至證解脫道以及證佛菩提道。這就是善淨法了！這也得六識與七識共同去做啊！

可是六識與七識如果離了前五識，那就沒辦法造作種種善、染的事了！因為既看不見、也聽不到、也觸不到、也嗅不到，那你要怎麼行善、造惡呢？所以能熏習的心，總共就得要有七個識。這七個識中，如果欠缺了一個、兩個，就稱為殘障人士。因為具足了七個識，所以就不叫做殘障者了。七個識這樣配合、和合運作，才能夠去造業——造善業或惡業——熏習善法或熏習染法，所以說「熏習」這個法中有四個法，其中的一個法就叫做妄心、業識。這個能造作學習善、染諸法的七轉識妄心業識，在一切種智中，又稱之為「能熏」，祂是能夠熏習種種法的眾生心。有能熏的心，當然就一定會另外有一個「所熏」的心——被七轉識所熏習的——那就是熏習四法中的第一個淨法（心眞如）清淨自性心體的熏習。

「熏習」的第四法，就叫作妄境。所熏習的一切善法、染法，如果沒有虛妄境的存在，你就沒辦法熏習了。你一定要住在六塵境裡面，才可能成就熏習的道理。但是六塵境界都是虛妄的境界啊！如果六塵境不虛妄的話，佛就不必從初轉法輪的阿含期到二轉法輪的般若期，乃至直到第三轉法輪的唯識方廣期，都告訴你六塵境界的虛妄，佛就不必這麼說啊！可是佛為什麼要前後始終而且是處處說六塵境界虛妄呢？因為六塵境界都是所生法，變異生滅，都不是實相法；如果你始終都不離六塵、不能了知六塵的眞實體性是虛妄性，那你就會落入六塵境界相中，生起對六塵境界的執著而落在我所之中，就會因此而輪轉生死，所以說六塵境界都是虛妄境。但是，不論淨法、善法、惡法的熏習，都離不開六塵中的虛妄境，否則就無法熏習了。

眾生在色聲香味觸法上面產生種種的貪染執著的時候，雖然都是執著虛妄境界，但是你在熏習佛菩提道或是熏習二乘解脫道的過程當中，其實也同樣住在六塵境界中來熏習；所住的六塵境界相，照樣都是妄境。只有向內返觀如來藏自住的那個沒有境界的境界，那個境界才是如實的、眞實的境界，所以心眞如——第八識如來藏——不是妄心。可是那個心眞如自住境界的內涵，卻是依第八識而立名的。沒有第八識自住的內涵，就沒有無餘涅槃境界，這個內涵就是第八識不輪迴生死的境界。

也許有人會這樣說：「第八識不是本來就沒有輪迴嗎？為什麼卻在三界輪

迴？」說得對啊！心眞如本來就沒有輪迴啊！可是卻被你拖著去輪迴。也正因爲祂一直都沒有生死、沒有輪迴，所以才會有十八界的你在生死、在輪迴；正因爲有你在輪迴，所以祂就跟著你輪迴。可是你在輪迴的過程當中，祂卻又不輪迴，因爲祂從來都沒有生死嘛！所以祂哪有輪迴？可是祂卻跟著你在三界六道中不斷的輪迴。還沒有證悟以前，聽我這樣說，總會懷疑：好像說得很玄、很難理解。等你證得如來藏的時候，你一定會說：「啊！眞的就是這樣！」可是你還沒有找到祂的時候，怎麼想也想不透這個道理。這就是說，不管是染法或是淨法的熏習，都是要經由妄境中來熏習的，如果沒有虛妄的六塵境界供我們安住、供我們的七識心王存在，我們就沒有辦法熏習一切染污的法、清淨的法。換句話說，你如果想要在未來成佛的話，你就得要在三界六塵萬法裡面熏習，出了三界之外，你就沒有辦法熏習任何一法，就沒辦法成佛了！接下來 馬鳴菩薩又解釋說：

論文：【熏習義者，如世衣服非臭非香，隨以物熏則有彼氣；眞如淨法性非是染，無明熏故則有染相；無明、染法，實無淨業，眞如熏故說有淨用。】

講解：馬鳴菩薩把構成「熏習」的四個條件列出來之後，接著就開始說明「什麼叫做熏習？」熏習的眞實道理，就好像是：世間的衣服本身並沒有臭味、也沒有香味，但是隨著眾生用東西去熏它，熏過以後衣服就有那個能熏的物質的香味。譬如有人在衣櫃裡面放茉莉花、放蘭花，那他穿出來以後，人家靠近他時就會聞到他所穿的衣服有香氣。

又譬如說，你如果吃素吃了很多年，你的衣服也沒有熏香過，保持在不香不臭的狀態，如果遇到有一個人剛從他的店裡面來，你聞到一個味道時，心裡面就想：「啊！這個人大概是個殺鴨子的。」「啊！這個人大概是個殺豬的。」或者說：「這個人大概是賣魚的。」因爲他的衣服已經熏到了那些味道，你從他的衣服香味聞到了。「如入鮑魚之肆」，不是「久而不聞其香」，而是「久而衣服受熏成香」啊！所以那個人衣服上就有了鮑魚之香味，那個腥味就被熏上來了。這意思就是說，被熏的衣物本身其實並沒有香臭，但是有能熏的物質去熏它了以後，衣物就有了能熏的物質的香味。

同理，心眞如的那個淨法也是一樣的道理；心眞如爲什麼是淨法？因爲心眞如——第八識如來藏——祂離見聞覺知，也離思量性，所以祂從來都不在六塵上生起一絲一毫的分別，也沒有一絲一毫的執著，所以祂不必處處作主；因爲不處處作主，所以祂的體性是清淨法！因爲祂本身是清淨性、是涅槃性的，所以祂是淨法。這個眞如清淨法，當你明心的時候，你眞的可以去證驗祂：確實是涅槃性，完全沒有貪染或厭惡性，所以祂眞的是淨法。可是這個淨法心體，本性雖然不是染污的，但是因爲被無始劫以來能知能覺、能思量貪著的七轉識無明所熏，就會有染污相，就會含藏著七轉識相應的種種染污性的種子。

正因爲祂本身是離見聞覺知性的，從來不分別善惡，所以祂是無記性的心。可是七轉識卻是有見聞覺知性的，所以是有記性的心；有記性的心當然是能熏的心，就譬如能熏衣服的物質；心眞如既然是無記性而不分別善惡美醜，則譬如是被熏的衣服，能被七識心的有記性而造作善染諸法所熏。七轉識造作了種種惡業去熏染祂，那些惡業的種子就由心眞如所收藏；所以心眞如的本性——顯現於外的心行雖然都是清淨性的——但是心體裡面則是含藏了一肚子七轉識所有的髒東西！可是祂自己在三界配合七轉識運行的時候，卻照樣不在世間六塵法上生起任何貪染或厭惡，所以從來都不曾思量與作主過。但是祂所出生的七轉識，卻會與祂所收藏的染污種子相應而不斷的貪染，因爲祂的肚子裡面含藏的七識心相應的種子內涵是髒污的。

如果是熏習善法的人，他的心眞如體性照樣還是清淨性的，不同於前者的是：他的心眞如肚子裡所熏習來的都是白業的種子，不是黑業的種子。所以他的心眞如中所生起的七轉識的心行也都是清淨性的，這就是內外都淨：心眞如自體是本來就清淨的，心眞如所含藏的七識心王的種子現行時也是清淨的。凡夫的阿賴耶識則是：顯現於外的心眞如運作是清淨的，但裡面所含藏的七識心王的種子卻是髒污的，所以說：清淨的心眞如裡面卻是一肚子壞水！可是等到你證悟了以後呢，你將會說：「原來我的心眞如也是這麼清淨，可是我自己卻這麼壞，那我得要確實轉依祂的清淨性，要開始斷除我自己的煩惱啊！」你就開始一分一分去斷；一分一分斷除了以後，心眞如所含藏七識心的你的種子就開始變清淨了！到最後就是內外俱淨，你就稱之爲佛。就是這樣！這也是簡單的說明「眞如緣起」的眞義，說明了佛地眞如境界是必須經由修行來淨除染污種子的，不是一悟就可以成就佛地的究竟清淨性的。

所以，一切有情都同樣有那個第八識心體，清淨性也都相同，但是祂們所內含的種子都不相同；因爲不相同，所以這個第八識：佛地的第八識也是清淨性的，凡夫的第八識也是清淨性的；可是到了佛地以後所生出來的七識心，卻和凡夫的七轉識大不相同，所以祂就被稱之爲佛，所以你就被稱爲凡夫，或者被稱爲菩薩、阿羅漢、辟支佛，就是這樣子。那麼《金剛經》裡面有一句很有名的話：「一切賢聖皆以無爲法而有差別。」講的就是這個道理啊！可是有很多人講《金剛經》的時候，講到這裡時只能照文字表面的意思去講，他講不出那個眞正內容來。爲什麼呢？正因爲他們對經文眞義不如實知。

眾生以無明來熏習心眞如，使得清淨性的心眞如所含藏的種子就變成染污相；這就像是一個很漂亮的黃金做的寶瓶裡面，裝的卻是糞尿一樣，這就是凡夫邪惡眾生的第八識。佛地的心眞如——無垢識心體——就好像是一個金瓶裡面裝著甘露水，就是有這種差別。所以說，本來清淨的心眞如，體性是永遠都不會被染污的，但是卻因爲七識心王的無明所熏習，所以祂的內涵就變爲有了染污相。所以佛地的心眞如，不會重複的在三界六道中受生；初地滿心以上的菩薩們也可以不必在三界六道中受生，但是有時候地上菩薩卻示現到畜生道、餓鬼道、地獄道中去度眾生，那是由於大願力的關係！那都是由於心眞如所含藏的功能差別有所差異的緣故。

至於無明，那就是指煩惱障的一念無明、所知障的無始無明，就是這兩個無明。無明和染法，其實都沒有清淨業，因爲無明與染法都是不清淨的。一念無明本身就是染法（四種住地煩惱，也就是二乘解脫道中所說的三縛結、五下分結、五上分結），會導致眾生在三界六道當中不斷的輪迴生死；無始無明則會導致眾生對法界的眞實相永遠無所了知，不能成就解脫與般若智慧功德；所以這兩種無明，都不是能成就清淨業的法，所以說它們其實都沒有清淨業。

無始無明愚痴，以及一念無明染污法，他們本身都沒有清淨業可言；但是由於清淨的眞如法性的熏習，卻會使得無明和染法在人間產生了清淨的作用。譬如說有一天你證悟了，發覺到：「七識心王的自我，是這麼卑劣、這麼污穢，可是我的第八識卻是這麼清淨。」那你就開始轉依這個第八識的眞如法性。你會要求自己：「我應該依第八識的體性來安住啊！」當你開始轉依第八識的眞如體性安住以後，你就會開始逐步的修正自己的卑劣性、污穢性、染污性，由於這樣修正的關係，就會使得你在三界染污法當中，產生了清淨自己心眞如中所含藏種子的作用。所以不退菩薩悟了以後開始轉變——身心都有轉變——因此他的功德力用，也開始增長，這就是說，由於心眞如性的熏習，開始有了清淨的功用。

在悟前以及悟的當下，你的七轉識都還是凡夫位的七轉識啊！可是當你悟到了那個自心眞如以後，你體驗祂的清淨性，然後你就會開始修正自己的身口意；修正了以後，凡是遇到一切的事情時，或者是有習氣現行時，你就立刻加以修正；修正以後祂的內容種子就變得更清淨了，就多增加一分的清淨性啊！兩次現行以後就有兩分的清淨。這樣不斷的累積、延續修正七識心行的過程，那就使得你的自心眞如所含藏的七轉識的種子開始變成更具清淨性，這就是以心眞如的體性回熏七轉識，這就是菩薩在證悟後所應進修的事業。但是，這個以心眞如的體性來回熏七轉識，說穿了還是你自己在熏習自己，正是因爲你本身有智慧了，知道實相的清淨性了，所以開始轉變自己；轉變自己的結果，就使得體性從來不變的心眞如的內涵，祂所含藏的七識心的你自己的種子變清淨了，因此就使得你有了染法上面的清淨力與作用。無明就這樣子一分一分的斷，三界愛就這樣子一分一分的斷，所以說眞如所熏的緣故就產生了清淨的力量與作用。這是講淨法的熏習，接下來則要開始說染法的熏習。

論文：【云何熏習染法不斷？所謂依眞如故而起無明爲諸染因，然此無明即熏眞如；既熏習已，生妄念心；此妄念心復熏無明，以熏習故不覺眞法，以不覺故，

妄境相現，以妄念心熏習力故生於種種差別執著，造種種業，受身心等眾苦果報。】

講解：染法的不斷熏習，會造成種種苦痛的果報！如何是熏習染法而不斷絕呢？也就是說，依於心眞如存在的緣故，所以生起了無明，所以眾生都是以這個無明作爲染法出生的因緣。譬如我們前面所說：因爲有不生不滅的緣故，所以才會有生滅。又譬如　佛在經中說：**生是不生之性**。所以禪宗祖師會質問剛證悟的學人，力促他們向上提升、斷盡我執：「**明知生是不生之性，爲何卻被生之所繫？**」同樣的道理說，由於這個心眞如不生不滅，祂從來沒有一剎那斷滅過，所以是眞正不生之法；也正因是不生之法，才會有依祂而生起的無明與煩惱。如果心眞如是有斷滅的、會斷滅的，那麼在過去世死亡的時候心眞如就斷滅了嘛！斷滅了就成爲無法，無法的時候就不可能有今生的你可以出生啊！可是爲什麼事實會有今生的你出生了呢？這表示過去世有一個從來不曾剎那斷滅過的心眞如一直都在。

這個從不斷滅的心眞如，帶著你無量劫來的無始無明塵沙惑，以及一念無明的見、思惑，以及過去世因一念無明所造的三界愛種子、業的種子，就這樣由祂從無量世以前帶到今生來，讓你繼續輪迴不斷。如果過去世心眞如曾經斷滅了，那你就不可能來到今生了，因爲滅了就是無法，無法則不可能再度出生此世的你；

正因爲祂沒有斷滅過，所以意根的你才能夠來到今生，才會有今世意識覺知心的你。爲什麼我們說「因爲祂沒有滅過，你才能來到今生」呢？因爲祂沒有斷滅過，所以過去世意根的你所造種種業種，和所熏習的無明邪見，就使你產生了投胎的事實，就導致你今世的出生。如果沒有祂，你就不能投胎，因爲你在往世所造的業種和所熏習的無明，都不曉得要跑到哪裡去了？還能有你來入胎出生嗎？

你往世的業種及無明，是消失了？或者跑到虛空裡去了？當然都不可能是這樣的，當然一定是存在你的第八識眞如心裡面。因爲無明與業種都存在你的第八識裡面，而第八識心體從來都不滅，所以依這個從來都不斷滅的心眞如，上一世死亡的時候沒有辦法入涅槃，就會有中陰身出現，因爲你的我執還在嘛！我執存在的緣故，就使得死後的中陰身再度出生了，意根和心眞如就轉到中陰身去了，意識就重新在中陰身上出生了。如果中陰身看到自己只有七天的生命，就知道這個中陰身不是好色身，就會趕快投胎去了。到那個時候，原來的配偶縱使很親愛，那時也管不得了，生死的事情還是得要自己去處理啊！配偶也沒有辦法代你投胎出生啊！所以你得要自己去投胎出生啊！那個時候，最疼愛的「金曾孫」也都只好放下不管了，只管自個兒投胎去了！因爲你的中陰身就只有七天的生命嘛！那可不好玩哪！只好趕快去投胎啦！

可是話說回來，爲什麼前世的你會去投胎呢？正是因爲你不肯把中陰身的覺知心自己消滅了：不肯把自己給滅了，所以就會去投胎再出生。如果能夠把覺知心的自己和作主的自己滅了，那就是無餘涅槃了！可是你不肯滅掉自己，就是因爲被無明、我執所遮蓋嘛！這個無明就使得你在中陰階段急著去投胎，以便再度取得人身，再度生起見聞覺知的心性。當你投胎以後，意根的你就一定會再度的來到今生了嘛！

所以，這意思就是說，由於有不斷滅的心眞如的緣故——依於心眞如阿賴耶識的永遠不斷滅——所以生起了心眞如中所含藏的無明，作爲種種染污法生起的因緣；如果沒有心眞如的從來不間斷，就不會有所含藏的無明與業種；如果沒有所含藏的無明與業種的話，就沒有種種染污法的出生，也就不會入胎受生而輪轉生死了。那這個無明導致眾生入胎受生而出生以後，又會回過頭來再以無明熏染心眞如種子的內涵。這種過程也就是「現行熏種子，種子又生現行」。這是理證上必然的道理，也是法界中現實的現象。

可是印順法師卻認爲「這個熏習的法理，是後來大乘法興起以後才發明出來的。」他的意思是說，佛在世時並沒有說過熏習的法。眞的是這樣嗎？不對！我們將來寫作《阿含正義》一書的時候，將會把它舉證出來，證明印順法師都是沒有根據的亂說一場。我們將會舉證：在阿含諸經裡面，佛是怎樣的說明「種子生現行，現行熏種子」的道理；我們將會把阿含諸經裡面佛所講的熏習道理舉證出來，證明熏習的道理確實是佛所親口宣講過的，絕不是印順法師所講的「佛沒有說過熏習的道理，熏習的道理是後來大乘法興盛以後才發明出來的。」佛在四阿含諸經中，曾說過熏習的法義，但是沒有像在第三轉法輪唯識經典裡面所講的那麼詳細，只是一個概略的說明。雖然只是概略的說明，但那也是佛親口宣講的啊！不待後來佛的弟子們來發明的啊！如果照印順法師的說法，是後來佛弟子所發明的法，那就是說，後來的佛弟子說法時可以講得比佛還要好，那麼佛就顯然還不是佛，應該後來發明熏習道理的佛弟子才是眞佛啦！所以印順法師的說法，眞是個大問題！

所以說，一切眾生因為往昔世的種種熏習，由於無明而有染法的熏習，由於這些染法的熏習又產生了業種，然後由於無明和業種等染法又去投胎，投胎以後出生了，嬰兒的階段大部分是種子生現行。種子產生了就有各種的心行現行啦！

所以小孩子剛出生不久，就懂得要搶別人的東西！他剛出生就懂得要膩著媽媽而不肯走開啊！這正是因他這一世還沒開始熏習種種善染的法嘛！所以這個階段大多數是屬於種子的生現行。

可是在種子生現行的過程當中，他又同時開始了現行熏種子的過程；在這個過程當中，他肚子餓了就想到媽媽，他想要出去玩的時候就想到爸爸，他常常會這樣想啊！因爲他熏習的過程就是這樣嘛！由於這種熏習的過程，就使得他產生了眷屬的貪愛，就會貪愛父母親。因此說，種子生現行，現行熏種子，是在一切有情眾生生存的當下就時時刻刻都存在的！這個過程，就是無明回過頭來又熏習了心眞如；既然已經開始熏習了，熏習以後就會產生妄念的心啊！

貪染，有一種是俱生的貪染，有一種是熏習而來的貪染。俱生的貪染，譬如說小孩子剛出生，就會貪愛六塵啊！不肯安分守己睡覺。有的小孩子，該睡覺時你叫他睡覺，或者哄他睡，他就是不肯睡，他就喜歡在五塵境當中保持五塵的了知。這就是說，由於五塵熏習的緣故，使得他的妄念心不斷的現行。

那麼學佛的人會不會有這種妄念不斷的熏習現行呢？照樣會有的！譬如你運氣好，遇到個善知識，他對你熏習善法；他的福德不足或運氣不好，就遇到惡知識，不斷的跟他熏習染污的法，還讓他以爲這個是眞正的能出離三界生死的妙法；讓他熏習常見外道法的時候，還讓他誤以爲是眞正的佛法；現在末法時代，這種情形是很普遍存在的。因此說，熏習了虛妄法而落入常見外道所說的常而不壞的覺知心以後，就一定會不斷出生妄念的心。打個比喻來說，那些落在常見外道見中的師徒們，都會這樣子告訴你：「你只要好好打坐，就是佛法的正修行啊！所以你只要能夠坐到一心不亂，那個時候就叫作清淨的覺知，這個清淨的覺知是不生不滅的啊！祂就是眞如心啊！這樣就是開悟啦！就是成佛啦！」哇！這樣的成佛也眞快啊！可惜的是，所成就的這個佛還是妄念的佛，不是眞正的佛。因爲這個叫做常見我、意識我、五陰我，並不是 佛所說的眞正無我法啊！經過大師跟你這樣錯誤的熏習過以後，你就每天認眞的打坐，坐得很高興：「我今天終於一念不生啦！那我現在已經成佛啦！」這個就叫做妄念！因爲佛果不是這樣成就的。

這就是妄念心！這個妄念心又會轉過頭來，對心眞如熏習無明，因爲你會不斷地告訴自己：「我現在已經成佛啦！」這樣不斷熏習的結果，使得你的眞如心中所含藏的無明種子更加不斷的增長，這就是「妄念心復熏無明」，使得你的無明根深柢固、無法拔除。有一天忽然聽到眞善知識跟你說明：「你這個一念不生的離念靈知心還是妄心啊！還不是眞正的開悟啊！」並且跟你開示了道理，也舉出經教中的證據來，可是你偏偏不信受他，因爲你已經被惡知識的邪見熏習太久了，一時難以改變知見。

或者說，某一個大禪師跟你印證了：「你現在開悟了！你已經成了大菩薩、成佛了！」自己已經當「佛」當了好幾年，突然現在被一個善知識否定說自己還不是佛，那可眞是受不了！沒辦法接受！因此說，這就變成「妄念心復熏無明」了；而這種邪見的熏習，會使得你的心眞如中所含藏的無明隨眠不斷的增長，你就更加的無法斷除了。這種情形很普遍的存在台灣與大陸各大道場中，當然，將來一定會有一些具有思慧的住持法師、居士們，漸漸的求證經教以後，開始漸次的轉變，但那將會是很多年、很多年以後的事情了！

有的人則是說：「意識是不生滅的，所以是常住心。」這就是藏密的宗喀巴的應成派中觀的邪見，公然的違反 世尊的聖教。但是有的人則會這樣說：「我們明光大手印所證的，是一念不生的覺知心，就是顯教佛所證的心眞如；我們樂空雙運所證的，是享受男女交媾時的第四喜大樂一念不生覺知心，那就是密宗報身佛的眞如心，絕對不是蕭平實所認定的意識。」這也是沒智慧的人，因爲經中已經很明確的解釋意識的心性了，離念靈知的體性，以及密宗的樂空雙運的享受男女欲樂的第四喜中的覺知心，完全與意識的心性相符合，沒有絲毫的差別。有的人比較聰明一些，他會跟你狡辯說：「**我所悟的心不是意識。**」怕人家知道他悟的是意識，但是我們把他詳細探究的結果呢，他所謂的眞如心，其實仍然是意識心。

有的藏密喇嘛則是故意的籠罩說：「**你們正覺同修會所證悟的是第八識、是阿賴耶識，那個太淺了！我們悟的是佛地的眞如。**」但是等他講出所謂的佛地眞如時，原來還是落在意識心中。有的人，我們告訴他說：「**你那個是意識，不對！要趕快丟了！免得大妄語業。**」他卻說：「**喂！意識是永遠不生滅的。**」就這樣說啊！還要跟我們辯個沒完，這就是密宗應成派中觀邪見的印順、達賴喇嘛、昭慧法師、宗喀巴等人的邪見。如果意識眞是不生滅的，那是不是 佛的法義講錯了？ 佛從阿含期到般若期，乃至到唯識期的第三轉法輪的方廣經典中，都開示說意識是虛妄心啊！在阿含期的諸經中更已經明確的開示說：「**意、法爲緣生意識。**」也說過：「**一切粗細意識皆意、法因緣生。**」也就是說，以意根和法塵作爲外緣，以裡面的阿賴耶識爲因，所以才會出生了意識覺知心，所以意識一定是虛妄的法嘛！

可是主張「意識常住不滅」的人一直都很多咧！達賴喇嘛是這樣，印順法師也是這樣，那個桃園的「大活佛」喜饒根登也是一樣，都是落入意識境界相中。喜饒根登不願用居士身的名義來攻擊我，就假藉釋性圓法師的名義來登報罵我，希望藉此取得佛教界的認同，這樣來跟我公開的爭執說意識是常住不滅的（編案：後來大陸的藏密上師索達吉，河北省佛學院的講師杜大威，也是一樣認定意識心常住不滅，並且公然違背 佛的開示而寫書反對 蕭導師。詳見《真假邪說》與正覺電子報第 14、15 期連載之辨正文）。如果他和印順、達賴所說的正確，那意思是不是說 佛說法時講錯了？是不是說 佛仍然未斷我見所以落在我見意識心中？以這些現成的例子看來，顯然這種情形是非常多的，但是沒有人知道那些人的說法是完全錯誤的；或者一直有人知道，但是無力、或不敢、不願出面指正他們的錯誤，直到現在才由我們出面來指正。

為什麼那些人會錯認意識心是常住的呢？正是因為 馬鳴菩薩所說的「以熏習故不覺眞法，以不覺故妄境相現」，因爲他們一直都被人家熏習說：「意識是不生不滅的、意識是可以從過去生來到今生的，以後還會去到佛地，永遠都不會滅壞的。」可是意識明明睡著就不見了，明明打一針麻醉藥時也不見了，安眠藥灌下去以後也不見了，祂是常常會斷滅的法嘛！是有時出現、有時消失的虛妄生滅的法嘛！也是依靠著別的因與緣才能使祂出生的有生之法嘛！怎麼可能是不生不滅的法呢？印順與達賴、昭慧⋯等人由於未覺悟眞法如來藏的所在，不能現觀如來藏的體性，又因爲被未悟的祖師論著錯誤熏習的緣故，所以乾脆否定祂，就產生了「意識心、意識細心、意識極細心常住不滅」的錯誤知見，追根究柢，還是因爲不覺一眞法界的緣故所致。

可是這種不覺眞法而產生邪見的原因，是從哪裡來的呢？其實是從虛妄的熏習而來的。因爲他們從初學佛時起，一直到現在爲止，都被熏習錯誤的知見，都認爲意識心是常住不滅的。印順法師則是自己從藏密書中去承接藏密黃教宗喀巴的應成派中觀的邪見，所以認定意識的細心是常住不壞的。藏密始從西天傳入時，就一直都是這樣傳法的，所以藏密四大派的所有祖師，包括蓮華生、阿底峽在內，都說意識覺知心是常住不斷滅的。西天的寂天與月稱「菩薩」（這個否定第七八識的人也能叫做菩薩？）也說意識覺知心是常住不斷的呢！所以，他們似乎都比 佛厲害： 佛說意識心會斷滅，他們卻都公然的說他們的意識不會斷滅，都與 佛所說的正好相反。這就是由於錯誤的熏習，所以導致他們無法去覺悟眞實心啊！

馬鳴菩薩又說：「**由於無法覺悟眞實心的緣故，就這樣繼續自我錯誤的熏習，**

把我見與我執不斷的回熏眞如心；因爲這種不覺實相法界的緣故，就產生了與虛妄境相應的妄心心相出現了；有了這種虛妄境的妄心心相出現了以後，就會以妄念心的熏習力的緣故，接著就產生了種種有所差別的執著。」

什麼叫做以妄念心來熏習呢？就是說眾生會誤認爲：「我這個見聞覺知的心是不生滅的，今天晚上眠熟時斷了，明天早上還會再生起；我死了以後，在中陰身上還是會再生起；入胎而使得中陰身壞了以後，未來無量世中還會再度時時生起。」他們總是這麼想的。這就是「妄念心熏習力故，所以產生了種種的差別和執著」。你告訴他們說：「佛明明告訴我們說『意根與法塵爲緣而出生了意識』，所以意識是虛妄的。」可是他們偏偏不信，繼續執著意識心；就因爲有這個執著，他就會依止意識，以意識覺知心爲中心；而意識覺知心與六塵諸法相應，所以就會落入六塵諸法中而生貪著，就會造作種種業。所以喜饒根登藉用法師的名義，在報紙上這樣子毀謗：「這個蕭平實是癩蝦蟆精變成的！」卻又寫另一篇文章來罵我沒有神通，說我沒有神通所以只是個凡夫。那我到底是有沒有神通呢？我這隻癩蝦蟆還能變成人身坐在這邊說法，還能以人身來寫書呢！想來我還是有點兒神通的喔！他眞的是亂謗一場！（編案：後來喜饒根登與其師義雲高，因爲多件騙財與性侵害案件，已被官方控告和通緝了。）

這就是說，眾生和當今的大法師們，由於對於實相的不瞭解，或者由於對蘊處界的無眞實我的自性不瞭解，所以會造種種惡業。又因爲自己的「見取見」作祟，認爲自己的見解才是最高超的，才是最正確的，結果突然間冒出一個正法來，說他的法義落在我見上面，成爲常見外道見；那還得了？所以他們就「以鬥爭爲業」，才會爲了鬥爭我而花六百多萬台幣幫我登廣告，公開主張意識不生不滅！那些大法師們才會以種種手段，私下無根誹謗我們傳授的 世尊正法是邪教外道法。但是誹謗我的大法師們，終究沒有一人敢寫書出來辨正法義，只敢私下無根誹謗，這就是「見取見」:「以鬥爭爲業」！這樣就是造了謗法及誤導眾生、無根誹謗賢聖的種種業了。現在 馬鳴菩薩說了:「**因爲妄念心熏習力的緣故而出生了種種差別執著，所以造種種業，就必須親受身心等眾苦果報。**」這可眞的不能隨便啊！

如果是誹謗錯誤的法，這個誹謗還有功德咧！這並不構成誹謗的條件。如果誹謗到正確的法，那可眞的是後果堪慮喔！這意思就是說，凡夫被邪見所纏，以邪見回熏心眞如裡面的七轉識種子，使他自己與染污的種種差別法一一相應，這叫做惡法、邪見的現行熏種子；被人家教導時，也是現行回熏種子。這樣熏習過了，未來世出胎以後，那個種子還在，自然就會生起這樣的想法：「覺知心的我是不生不滅的，是常住的法。」雖然長大以後看見有人老了、死掉了，覺知心當場滅失了，可是他會這樣想：「身體縱然會死，可是覺知心的我是常住不死的，最多就只是換個身體再來吧！」這就是種子生現行。

由於這種邪見的熏習，會導致很多錯誤的知見不斷的產生，那我們要怎麼樣藉著熏習的道理，來建立佛法上的正知正見？乃至你可以有能力檢異辨魔呢？我們接著就來說明一下熏習的道理。這個熏習的部分，從能熏和所熏上面來加以說明。能熏就是講我們的七轉識——我們能見、能聞、能嗅、能嚐、能覺、能知、以及能處處作主的七轉識的功能——就叫做能熏的識。所熏則是我們的心眞如——第八識阿賴耶心體——祂離見聞覺知、離一切的分別，祂不做任何的取捨，不管什麼樣的種子都送到祂那裡去收藏，祂就像一個倉庫一樣，專管收藏。但祂並不是沒有作用的心體，祂還有許多的作業功能神用，這些的業用，只有等你悟得心眞如的時候才能知道，我們不可以跟你明說；你只能期待去到禪三裡破參明心，再去體驗祂的業、用。那麼第八識心眞如是所熏，七轉識是能熏，能熏和所熏各自具有四種的體性。

這個能熏的心——七轉識——祂一定是有生滅性的心。因爲如果祂是不生滅性的，那就不能夠有六塵中的種種作用。正因爲祂是生滅性的，所以祂可以時時刻刻不斷的做種種的轉變，而有六塵中的種種作用，所以祂是必須具備生滅性的；七轉識正好就符合這些條件而沒有任何差異。這能熏的妄心是念念生滅的，意根雖然在睡著無夢的時候仍然不會斷滅，可是意根也是念念生滅的，祂只是念念生滅的現行連續不斷而已。

能熏的識還必須有勝用。有勝用的意思就是說，祂有特殊的勝妙的作用；也就是說，祂會很分明顯示出祂的作用，這就是勝用。也就是看見喜歡的事物時就會生貪，看見討厭的事物時就會排斥；祂有這種勝用，所以祂會造作種種的業行，所以說祂有殊勝的體用。

另外一個特性就是說，祂的心性在善、惡法上面是會有所增減的。能熏的心在善、惡法的體性如果沒有增減的話，那就不能成爲能熏的心啊！因爲祂會有善、惡性上的增減，所以熏習善法以後，祂的善法上的體性就會開始增長，惡法上的體性就會開始削減，所以說祂的體性有增減。

最後一個道理是說，祂必須和所熏的第八識同在一處——同一個時間同在一處——得要同時同處。如果不同時同處，那就沒有辦法熏習成功了！能熏的七識心王，祂要熏誰呢？祂如果只有自己存在，那要熏誰呢？如果說衣服不在了，只有能熏的玉蘭花，那這個能熏的玉蘭花要熏誰呢？不能熏任何人啊！所以這個玉蘭花一定要和所熏的衣服同一時間同在一處。如果說今天玉蘭花在衣櫥，但衣服不在衣櫥，就不能熏啊！如果明天衣服在衣櫥時，玉蘭花卻不在衣櫥了，那也不能熏啊！一定要與所熏同時同處。換句話說，這個能熏的七轉識，一定要和所熏的眞如心同一個時間同在一起，這樣才能熏習心眞如內含的種子啊！

所熏的心眞如，當然也相對的會有四種體性，第一就是堅住性。堅住性就是說祂心體是堅固而常住的，永遠都不會壞滅的，永遠是沒有生滅性的心體。換句話說，第八識眞如心，祂的體性一定是永遠不會斷滅的，不論什麼樣的狀況都不會斷滅，這就叫作堅住性，所以祂能夠常處於三界中而不曾刹那斷滅過。

所熏心體的第二個體性叫做無記性，也就是說，所熏法的心眞如不可以有善、惡性的分別能力，也不可以有善性或惡性的自性；祂如果有善惡性的分別能力，就會成爲能熏而不能成爲所熏，則熏習的道理與因果就不能成立了！造了善業以後，祂說：「你七轉識造了善業，我就幫你收存業種。」你如果造了惡業，祂說：

「這個惡業種子我不想收存，你七轉識自己收存吧！」可是你又沒辦法收存，那該怎麼辦？那就把惡業種子丟棄啦！如果眞是這樣的話，那就不應該會有三界中的三惡道眾生了！因爲大家都能分別好壞的業種，都想執取好的業種；如果你的眞如心是有記性的心，是能分別善惡的心，那你的眞如心一定不肯收存不好的種子。那每一個人都這樣子，都永遠不會收存不好的惡業種子，那就應該三惡道中都沒有眾生存在才是！看來這倒是好事！可是問題是：明明三惡道的有情都還存在啊！爲什麼他們都還存在？並且永遠都會有三惡道眾生不斷的輪迴！這表示他們的心眞如確是無記性的！所以那些惡業的種子無法丟掉，所以就會落入三惡道中受果報了。所以心眞如得要有第二種的無記性，這才能是所熏的心啊！

第三個特性是祂要有可熏性。可熏是說祂裡面是有位置讓你把熏習的內容放進去的。如果說你所要熏的東西是一塊玻璃，那你熏了老半天以後，水一沖、抹布一擦，又不見啦！熏不上去的！可是這個心眞如卻不一樣！不管你水怎麼沖、火怎麼燒喔！那個種子始終都存在不滅啊！你只要熏了祂，就一定會存在。換句話說，祂有這種可熏性，不像玻璃熏不進去，只能暫時附著在表面，一下雨，水一沖又不見啦！這就是說，祂必須是可以熏入心體裡面，得要有可熏性。

心眞如的所熏性的第四個體性，和能熏的七識心性是一樣的，祂必須和能熏的七轉識同時同處，這樣才能受熏嘛！如果祂不和七轉識在一起，那就不能受熏了。因爲能熏的七轉識在別的地方，而所熏的心眞如在這裡，兩個不相接觸，那要怎麼熏習啊！所以一定要同時在一起。可是因爲錯誤教導而產生的邪知邪見，並不是只有一般的凡夫眾生會有，乃至所謂當代的大修行者都一樣會有！今天我舉一個例子給你們看，這一本書是眾生出版社——也就是陳履安先生的出版社——所出版的《揭開心智的奧秘》，書中是記錄達賴喇嘛與一些西方醫師的對話。他們居然有智慧能揭開心智的奧秘！如果眞能揭開心智的奧秘，那也是眾生之福了！但是，書裡達賴喇嘛有一句話，他說**意識的細心就是有情眾生的根本，他不承認意識心是生滅無常的緣起法**，公然違背　佛的聖教；他又說這個意識細心不跟我們身心在一起，意思是離五蘊身心而在身外常住的。這眞是大邪見，陳履安先生竟然把這種公然違背　佛說的大邪見印出來流通，支持這些公然抵制　佛語的外道。我唸給你們聽聽看！他說：「**最細的層次則是獨立於身體之外的，我們的這種最細意識叫做明光、明光心。**」事實具在！

藏密行者修行的目的就是要證得明光境界，去取證明光境界當中的明光心——

住在明光境界中的覺知心。至於他們所謂的明光心，講的仍是意識覺知心，紅教、白教、花教裡面所說的明光心，都是一念不生的覺知心，都是不打妄想時的覺知心或覺知性，他們稱之爲「清淨的覺知」，說這個一念不生境界中的覺知心就叫做佛地的眞如。他們認爲：如果能夠打坐到一念不生、不打妄想，那就是明光大手印成就了，就是修成顯教佛果啦！他們說這個離念的覺知心就是如來藏。但是他們有時卻又說：如來藏是觀想成功的中脈裡的明點。

至於黃教，因爲寂天、阿底峽、宗喀巴、達賴、印順⋯等人一脈相傳下來，都不承認有第八識如來藏，所以不說如來藏；但是他們也主張這個明光心，說這個明光心就是意識的極細心啊！譬如印順法師，他主張有一個意識的細心是常住不壞的，和黃教的主張是完全一樣的；他們都建立意識爲常住不壞心，建立只能存在一世的意識覺知心爲三世輪迴的主體；又怕別人問他們有沒有親證意識細心、極細心，就說：「**意識的細心和極細心都是不可知、不可證的。**」印順在書中常常這樣說；對於西藏密宗，他只反對雙身法和崇祠鬼神的外道，但對密宗黃教的應成派中觀邪見，卻是完全認同的，所以說他也屬於密宗黃教的一分子。現在陳履安先生印出來的達賴喇嘛書中則說，**意識細心應該是在我們身體之外的**，不和我們的身心同在一起的。達賴所認定的萬法根本的意識極細心，既然不和我們的身心同在一起，那要怎麼樣去熏習祂？又如何能使祂內含的種子轉變清淨而成佛？當然就不能熏習祂了，那他們這個明光心裡面的這些染污種子就永遠不能轉變清淨了嘛！也就是說，煩惱障和所知障的一切種子、隨眠都將無法熏習轉變清淨，那就永遠不能成佛了啊！

既然如此，他們又不斷的在講成佛之道，與成佛之道完全背道而馳，又怎可能是眞正的成佛之道呢？印順法師既然在書中說：「這個意識細心是不可知、不可證的。」不可知也不可證的心，當然是施設法而不是實有法，那他根本就沒有辦法熏習祂嘛！既不能熏習祂，祂所含藏的七轉識相應的無始無明上煩惱隨眠、一念無明的煩惱種子隨眠，他又要如何去轉變清淨呢？他既不能把祂修行轉變清淨，那他又如何能成佛呢？這樣一來，他所說的修行成佛的種種說法，豈不是都變成空口白話了嗎？那他出來弘法利生的種種事與業，當然也就統統唐捐其功，都沒有目的了！所以說，能熏習與所熏習的心，一定都是可以知、也可以證的，這才是眞實心體；因爲祂是確實存在著的心體；有智慧的人確實可以親證祂，而不只是想像建立的唯名無實的法體，那才有可能接受熏習。

此外，熏習的成功，一定得要有這四種體性：能熏有四種體性、所熏也有四種體性，能熏和所熏必定是同時同在一處，這樣才能成就熏習的作用。能成就熏習的作用，他們才可能轉變自心眞如裡面所含藏的無始無明上煩惱隨眠，他們才能轉變自心眞如所含藏的往世的種種業種，以及煩惱障的種種起煩惱的種子隨眠。這些我見、我執（見惑、思惑）和塵沙惑，他們才能斷盡。如果根本心不跟達賴、印順他們同時同處，他們就無法斷除這些煩惱隨眠。既不能斷除煩惱隨眠，那他們修行佛法、解脫道，當然都會變成白費力氣了。可笑的是，達賴喇嘛竟然會說根本心是在我們身體之外，這樣一來就不能被我們七識心王的清淨行所熏習，就不能與我們互動了。

所以從熏習的道理中，也可以知道這些「大善知識」們，到底是不是眞的悟了、眞的有佛法般若上面的證量？由此就可以知道他們眞是錯得太離譜了！我們如果懂得熏習的正理，也可以從熏習的道理中幫助自己來做這方面的正確判斷。

上面一小段論文中，馬鳴菩薩的意思是說：由於無始以來熏習染法和無明邪見，所以就不斷的出生了能與妄念相應的覺知心；這個妄念心又把無明邪見熏進心眞如體中，這樣輾轉熏習增長而無法遠離的結果，就是妄取種種佛法上和世間法上的種種邪見，不能接受正知正見，所以就會生起種種不同的執著，就會造作種種有貪著性的善業，以及種種惡業，也會因為今世遇到眞善知識時所聽聞到的正理，與自己無量世以來從惡知識那裡所熏習的道理大不相同，所以就不能接受，所以造作謗法的大惡業，就會在捨報之後，生到三惡道中輪轉而受到種種苦楚惡報。接下來　馬鳴菩薩又開示說：

論文：【妄境熏義有二種別：一、增長分別熏，二、增長執取熏。】

講解：「妄境」就是前面所講的淨法、染因、妄心、妄境中的第四個法：虛妄境界！這個妄境的熏習的道理，也有兩種的差別。第一種就是「增長分別」的熏習。由於虛妄境界當中的種種分別的熏習，所以使得有情眾生對於種種法生起分別的體性，並且使分別性越來越增長。眾生不斷的在一切法上面分別：這是好人、那是壞人，這是清淨的法、那是染污的法，這個人對我有利、那個人對我不利；這樣不斷熏習的結果，喜歡作種種分別的執著性就會一直的增長，這就叫做增長分別的熏習啦！這種喜歡作種種世間法利害上分別的習性，會使他沒有辦法和佛法中所說的無分別智相應。

請問：無分別智的體性是有分別的呢？還是無分別的呢？（大眾回答：有分別。）當然是有分別的！如果是沒有分別性，那又怎麼可以叫作「智」呢？可是這個有分別的智慧卻又叫作「無分別的智慧」，那究竟是在講什麼智慧呢？你如果想要眞正的證知這種無分別智，那還是不能沒有世世對正法的熏習啊！

所謂無分別智，譬如說，七轉識妄心一定是能分別的，因爲祂是能熏的法；心眞如第八識則一定是無分別的，因爲祂是所熏的法。前七識——也就是眾生所知的心——是能分別的識，由這個能分別的妄心的你，來證得不分別的自己的第八識以後，你就會發覺到：這個第八識心眞如眞的是從來都不分別六塵萬法，不是因爲現在證悟了才開始不分別！是你還沒證悟以前祂就已經是不分別的啦！是你今生開悟之前的無量劫以來，祂從來就一直都是不分別的。能夠分別的前七識心的你，證知祂的存在，現觀祂的無分別性，所以懂得般若經中所說的智慧境界了——生起了懂得第八識無分別的智慧——這才叫作證得無分別智啦！

所以，無分別智，並不是像藏密那些「法王」、活「佛」們，叫你在那邊打坐一念不生、不起分別，妄說這樣不生分別時就是生起無分別智了，絕對不是這樣的。如果眞的是他們所說這樣的話，那諸　佛豈不是都變成白痴了嗎？或者諸佛都將會是有時有分別、有時無分別，那這種無分別智就不是恆、不是常的究竟法了，就成爲變異法了。所以，應該是你這個能分別的前七識妄心，去參禪而證得那個第八識無分別心，前七識因此而了知第八識心眞如的無分別性，所以能眞正的領受般若經中所說的實相智慧，眞懂佛法了，有實相智慧了，這樣才叫作親證無分別智。佛法般若應當如是修證啊！

但是卻一直有很多人因爲惡知識的邪教導，而生起錯誤的觀念：想要把這個能熏的前七識轉變成所熏的眞識——眞如心。這個問題眞的很大！但卻不是大家的過失，而是二百年來的惡知識不斷的作錯誤的教導所引起的，所以是惡知識的過失，不是學法大眾的過失。

如果能熏的前七識妄心，是可以經由像密宗所說的這樣打坐，然後在定中一念不生，然後要求你出定以後還要保持一念不生，說這樣就是開悟般若，就是成就顯教佛果。那麼「出定的時候一念不生，還不許生起分別」，請問你：出定以後，你這個覺知心是不是成爲白痴呢？（大眾回答：是！）是嘛！因爲是無分別性的緣故，所以看見了父母親也不知道是父母親嘛！看見了子女也不知道是子女嘛！看見了大和尚也不知道是大和尚，看見了徒弟也不知道是徒弟。那正是白痴一個嘛！

難道諸佛會是這樣的「聖者」嗎？那他們如果說：「這時候還是無分別的，因為心中並沒有語言文字出現，所以雖然對父母師長都能了了分明，很清楚的知道父、母、師、長、徒弟、子女，但這時還是無分別的。」這就好像有人說：「不具生子功德的石女能生孩子。」明明已經分別出父母師長了，他們又怎能強言狡辯說是無分別性的心？

所以，並不是心中沒有語言文字時就可以稱為無分別性的心，而是從來都不分別六塵萬法的心，自無始劫以來就本已如是的無分別心，這才是眞正的無分別心。佛眞的是很有智慧！佛一天到晚觀察這個人的根器與宿緣如何？那個人的根器與宿緣又如何？請問：當年 佛住世時是有分別？還是無分別？（大眾回答：有分別！）當然有分別！可是 佛卻有**無分別智**啊！就是證得這個**心眞如第八識的無分別性**，對心眞如的無分別性有確實了知的智慧，對無分別性心體的了知才能叫作無分別智啊！如果是不能分別萬法，像白痴一樣的話，又如何稱為無分別的「智慧」呢？如果已經分別父母師長子女徒弟了，還厚顏的說仍然是住在無分別而了了分明的境界，那是痴人所說的白痴話。

那些密宗的法王們常常這樣規定徒弟：「**你們來我這裡學法，第一期得要修六**

百座；每天要靜坐兩個鐘頭，坐兩個鐘頭算一座。如果六百天之中，有哪一天斷了沒有坐，就要從頭開始計算。這樣坐滿六百座，可以一念不生了，就算你開悟而成就顯教佛果了。」可是坐到最後的結果又是什麼呢？還是叫你出定了以後要繼續保持無分別。那麼請問你：出定了以後有沒有覺知心存在？（大眾回答：有！）有！既有覺知心，那究竟是有沒有分別？（大眾回答：有分別！）有嘛！不可能沒有分別的！只要覺知心一生起，你就一定會有分別性的嘛！

你們要是有人不信，我來跟你們做一個實驗好不好？你們坐在那邊，我這裡拿一個東西擋著一個物品，你們當然看不見是什麼物品，看不見這後面是什麼東西。現在我會把遮擋的板子快速的拿開一下子，讓你瞧一瞧是什麼！但是請你在瞧以前，以及瞧了以後，隨時都保持在一念不生的狀態下（蕭導師忽然把紙板拿開，又迅速的蓋回去。大眾瞧見了一個物件，立刻知道是什麼物件，此時已確實證明一念不生時還是能分別的，所以都笑了起來。導師隨即問道：）是什麼？（大眾立即回答：原子筆！）你看！你們一看到就已經知道是什麼了嘛！雖然心中仍然是一念不生的，仍然是在沒有語言文字的狀態中，卻已經很分明的分別完成了。所以覺知心一旦現起，就一定是有分別的，覺知心現起了以後怎麼可能沒分別？

這是因爲分別的自性正是覺知心的所有體性，覺知心的所有體性也就是分別六塵。

所以覺知心不可能沒有分別性的。你不可能說出定了以後看見了你的父母親時卻不認識他們，你既然在一念不生之際還是很清楚的認知是父母親、是師長，那你就是有分別嘛！這是很簡單的道理嘛！可是他們卻妄想要把這個本來就一直不能離開分別心的覺知心，轉變成無分別心；而且他們所說已經無分別的心，卻是仍然具有分別性的離念靈知心。就算眞的能把覺知心變成無分別心——當然那是不可能的事——就算是可能啊！那你的七識心，要不要像他們一樣變成眞正的無分別性？（大眾回答：不要！）我也不要啊！那樣一來豈不變成白痴了嗎？所以一定要依照 佛的教示：**有一個無分別心的第八識心眞如，和一個有分別性的覺知心同時並存**。這樣子，既有無分別智，也有能分別世、出世間法的有分別的覺知心；同時有一個無分別心，含藏我們所修集的一切善淨法種，將來可以由祂成就一切種智，這樣才能具足一切法，才能有無分別智，才能了知世、出世間一切法，這樣才是眞正的佛法。

佛教所說的佛法，一定是八個識並行存在、並行運作的，這樣才是佛法。不可妄想將七轉識妄心、覺知心，經由修定而變成眞心第八識；如果能夠把這個七識心變成**心眞如**第八識的話，那問題可就嚴重了，爲什麼呢？因爲你把妄心七轉識變成眞心第八識了，那就沒有七識心了嘛！因爲你的七識心已經變成心眞如第八識了嘛！那就只剩下不能分別父母師長的白痴心了，這問題可就很嚴重啊！你如果沒有了七識心，而只剩下第八識的話，那你就是住在無餘涅槃裡面啊！那等於說：你一旦成佛，或者成爲阿羅漢時，那你就會立刻進入無餘涅槃。這樣一來，諸佛就不能住在人間利樂眾生了！世間也將不會有阿羅漢住世了！如果這個七識心眞的可以轉變成第八識**心眞如**的話呢，那將只剩下一個心眞如，七識心都不再繼續存在了啊！悟後就立即進入無餘涅槃境界了！那你悟後還能出來弘法利生嗎？你沒辦法弘法利生了！那就顯然違背聖教，顯然違背經中的歷史事證了。

依照他們的說法，那麼每一個開悟的人都將只剩下**心眞如**第八識，而都沒有前七識了！都成爲白痴了！這個笑話可就鬧大了！所以說不應該像藏密法王或那些大法師們一樣打妄想：**妄想要把自己的七識妄心變成第八識眞心**，不可以這樣想。而應該是你這一個妄心繼續保有原來的分別智，以這個分別智去體證另外一個跟你妄心同時存在的、本來就已經是無分別的**心眞如**第八識；你證悟了祂以後，**心眞如**還是本來就存在的，在你還沒有證悟之前，祂也還是本來就存在著的。如果你是經由修定打坐而把這覺知心妄心變成眞如眞心，那你這個**心眞如**是變來的、修來的。因爲你在打坐以前本來沒有**心眞如**嘛！你是打坐以後把覺知心變成的眞如心嘛！那這樣你這個眞如心是藉由修行而變來的，變來的東西、修來的東西，在以後不繼續打坐——打坐的緣起散壞了以後——祂還是會壞掉的，又會重新再生起分別性，而又變成妄心了。

但是，**心眞如**並不是修來的，不是由妄心轉變出來的，祂是本來就現成存在的，是本來就在的；你證悟了的時候，只是悟得那個本來就在的眞實相，所以祂是本來就在的，是現成存在著的；不是等你修行之後才有祂的出現，也不是你不修行的時候祂就不在了；而是你沒有修行以前祂就一直都在，只是你不知道祂的存在，不能現觀祂的體性。這樣認知，這樣修行，這樣求證**心眞如**，這樣證得**心眞如**而現觀祂的本來就不分別的自性，現觀祂的能生萬法的自性，這才是眞正的**無分別智**，這才是眞正的佛法。

所以 馬鳴菩薩說：眾生由於不覺，所以產生了種種分別的熏習，這就是**增長分別熏**；又由於增長分別的熏習，在熏習的過程當中，會使得邪知邪見不斷的增長，而產生了見取見，堅認自己的邪見是正見，勝過別人的知見，所以不但不肯改易自己的邪見，反而會去破斥別人所說的正見；這種堅決執取邪見的熏習，就叫作增長執取熏。

凡夫們因爲落到「常見、見取見」裡面去了，執著自己的見解絕對正確，不許別人的見解是正確的，他認爲：「我這個覺知心坐到了無語言文字妄想的無妄念境界時，就變成了無分別性的眞如心。我這個觀念是絕對正確的，你們正覺同修會卻說『本來就有一個無分別性的第八識眞如心存在，與第六識覺知心同時同處。』那是虛妄的，是騙人的，我不信！」就開始公開破斥正法、抵制正法。這樣的執取邪見，都會由於不斷的熏習而增長，成爲見取見，而以鬥爭正法爲業，還自以爲是在破斥邪見呢！這樣不斷熏習的結果，又會增長執取邪見的心，所以又叫作增長執取心。那眾生在染法上的熏習，也會產生「增長執取熏」的現象啊！所以有的人輪迴了越多次以後，他對世間法或者邪見的貪著性就跟著越來越強；有的人則是輪迴越多次以後，他對世間五欲的貪著、對邪見貪著性越來越淡了；因爲他是個眞正有智慧的修行人，因爲他沒有見取見，而且又世世遇到眞正的善知識。所以，增長執取熏，在善法與染法上，也是有所差別的。接下來，馬鳴菩薩又說：

論文：【妄心熏義，亦二種別：一、增長根本業識熏，令阿羅漢、辟支佛、一切菩薩受生滅苦。二、增長分別事識熏，令諸凡夫受業繫苦。】

講解：「增長分別事識的熏習」，什麼叫作分別事識呢？就是七轉識：見聞覺知心和處處作主的末那識啊！這七轉識只要一現起呢，祂就一定會有分別。六識現起時，不可能會有不分別六塵的時候：眼識一現起就一定會分別明暗、青黃赤白，耳識一現起就會分別聲音大小、噪音、樂音、男聲、女聲：等等。乃至我們的意識一現起，就會分別種種的法。那你說：「睡著無夢的時候，只剩下意根，不是沒有分別性嗎？」請問大家：「睡著無夢的時候是不是就沒有分別呢？」好像是沒有分別喔！可是你睡著無夢的時候，你這個意根如果是眞的沒有分別，祂怎麼會懂得叫醒意識而生起見聞覺知性啊？所以祂一定也是有分別性的嘛！所以唯識一切種智裡面說：五別境的心所法中，意根只和五別境心所法的最後一個**慧心所法**相應，但是祂對**慧心所法**也只有極少分的相應。慧心所的功能就是了別六塵萬法，但慧心所的所有功德，意根末那識並非完全相應，因爲祂的了別慧很差。

爲什麼祂的了別慧很差呢？因爲祂一直都是在六塵上以及其他一切法上，做普遍的執取和認知，所以祂的了別慧很差：祂既要執著和認知所有的法，當然分別性就被分散而不集中，不能像意識覺知心一樣可以集中在某一法上作了別，所以意根的了別慧就變得很差了，所以祂必須要藉意識來分別給祂了知！當意識還沒有生起來之前，祂也是有很微細的分別性啊！可是祂的分別能力很差，所以眠熟無夢時的境界若不是由於重大的變化，祂就不會有特別的舉動，祂會讓你繼續睡覺——使意識不會出生——繼續沒有意識六塵見聞覺知的狀態。一直到你的身體疲勞消除了，體力恢復了，祂才會生起意念：「可以醒來作事了！」然後意識覺知心的你才會再度出生，那就稱爲「醒過來」，不然意識覺知心的你就永遠都醒不過來了，所以末那識意根還是有分別性的。

但是，因爲意根末那識沒有證自證分；當然，對於地上菩薩所證的道種智來講，則說祂還是有證自證分的，但是那個境界相太微細了，一般人是聽不懂的，我們暫時不去說他（編案：蕭導師曾私下對極少數人宣講「八識心王各自的四分」），所以對於一般人來講，則說祂沒有證自證分；正因爲沒有在六塵中的證自證分，所以祂不會返觀自己的心行，所以正在眠熟無夢的時候，祂並不曉得自己正在睡覺，所以睡覺的時候你並不曉得自己當下正在睡覺；你如果知道自己當下正在睡覺，那你就不是正在睡覺，就是意識心還存在不滅。所以作夢的時候，你往往也不知道自己在作夢嘛！除非你的修行很好，否則，當你知道自己正在作夢的時候，你已經快離開夢境了；正因爲那個時候你沒有生起證自證分，所以不知道自己正在作夢嘛！但是地上菩薩作夢，他知道那是在作夢啊！甚至於夢境的相分，他也可以去加以轉變啊！那些大神通的外道與鬼神都不能了知這種境界，所以說諸地菩薩異於凡夫啊！

增長分別事識，講的就是增長七轉識的貪取與分別性，主要就是在講前六識。這六個識一旦生起、一旦出現，就在種種六塵事相上面廣做分別，所以祂們就叫作分別事識。這個分別事識，經由熏習，會使得祂的分別性特別增強，所以你希望祂打坐時不要去分別一切的聲塵時，祂偏不！你想讓祂不生起分別性，祂偏不！祂會一直不斷的分別：這個聲音是車子的聲音，這個是汽車、飛機的聲音。你努力的叫祂不要分別、祂卻沒法子不分別。就是因爲六轉識不斷的在分別事相上面熏習，所以無始劫來漸漸的增長了祂分別事相的體性，這就叫作增長分別事識熏。

這個增長分別事識熏，講的就是分段生死的現象啊！就是眾生第八識心體含藏的分段生死種子所導致的阿賴耶性，所以眾生的第八識就稱爲阿賴耶識，就不能單稱爲異熟識。凡夫眾生在阿賴耶識位當中去輪迴生死，也就是因爲有意識與意根現行而對六塵事相有諸熏習，熏習的結果使得我所的執著越來越強，就無法遠離六塵萬法的貪愛，就會輪迴生死。佛法修行者也一樣，因爲錯悟大師們所給與的邪教導：「能見、能聞……能覺、能知之性就是眞如心，就是佛性，就是實相如來藏。」相信這種邪教導而不斷熏習的緣故，就使得我見和我執越來越強；因爲不斷熏習的結果，我見我執越來越強，所以他就無法把我見和我執給斷除掉，不論眞善知識怎麼開示六識自性的虛妄，他都無法轉易原有的邪見，因此就會使得這些被誤導的凡夫們，受到業和惡見的繫縛，就不斷輪迴而受種種痛苦，這也就是一念無明的煩惱啊！大乘法中稱之爲煩惱障。所以煩惱障講的就是在三界輪轉生死的煩惱，也就是我見和我執的無明，世俗人則包括我所的執著。

第二個部分就叫作增長根本業識熏。什麼叫作根本業識？根本二字是指一切有情眾生的根本，就是第八識，所以稱爲根本識。那祂爲什麼又叫作業識呢？因爲祂含藏了一切眾生所熏習的無量無數種子在裡頭，所以使得這一些種子現行，眾生就因此而去輪轉生死，所以祂被叫作根本業識。增長根本業識的熏習，就是講所知障上面的熏習啊！可是關於所知障，有好多人誤解了！像我今生的師父說：「所知障，就是因爲世間的知識知道太多了，所以被障礙了！」這還是名聞四海的大法師、大禪師說的呢！這還是他在這二、三年中才印出來流通的書中所講的呢！可是這種嚴重誤解所知障的狀況，實在不應該在他這種大法師身上出現的。

如果是在家居士犯這個過失，那還情有可原；因爲畢竟他們不是眞正的修行人，只是客串弘法的人嘛！（我如今已經不是客串的，我現在可是專業的呢！我退休下來就是專心在這上面用心啊！我眞的是無業游民、不事生產，也不賺錢啊！我也不養家活口，但卻是專心在弘法利生啊！所以我算是專業的了！）但是他既然出家了，而且又是中華佛學研究所的所長，主持佛學研究所二、三十年了，不應該還會有這種錯誤啊！因爲所知障是大乘佛法中很基礎的知見啊！所知障的眞實意義，是說由於對法界的實相所知不足，所以進修佛菩提道時就被障住了，就無法知道大乘佛菩提道的見道內涵了！就無法了知成佛之道的內涵與次第了，這才是所知障啊！是對實相所知不足而被障礙，不是說**在世間法上所知太多、知識太多了，所以障礙你的修行**，不是這樣的！

但是我這一世的師父，他那本書還是二年前或三年前出版的（編案：這是二千年時所說的話），所以說末法時代想遇到一個眞正的善知識，還眞的是很難！可能有少數法師早就悟了，但是他們躲著還沒有出來，他覺得說現在還不是我出來的時候，也可能有這樣的人啊！我們不能隨便否定啊！既然還沒有看到眞悟的人出世弘法，所以我們說現在還沒有人悟。如果將來看到眞悟的人出世弘法，我們就在那時再加以修正吧！也許有人心裡面想：「等蕭平實去把正法的天下底定了，然後我再出來弘法，這不省事多了嗎？」那我也就認了！因爲居士本來就是要護持正法嘛！這是很正常的事嘛！所以我只好捏者鼻子苦幹啊！自己一個人去拼啊！好在如今有你們大家支持，所以現在也沒什麼問題啊！

那爲什麼說所知障會增長根本業識的熏習？由於對佛菩提道的見道、修道，有種種不如實的理解、種種不如實的熏習，使得根本業識被邪見熏習，因此而增長了邪見種子。這是說，那一些已經走過分段生死，還沒有離開變易生死的大修行者（這些人才是大修行者，不是講西藏密宗那些「大修行者」，那些人都是凡夫！沒有一個人證得解脫道！也沒有一個人證得佛菩提道，因爲他們那些祖師、大師們，都落在意識覺知心上面。聲聞初果人就已經不會落在意識覺知心上面認以爲眞了，結果藏密四大派「法王」以及漫山遍野的活「佛」們，都是妄認意識心爲眞如），說那些已經證得解脫果而過了分段生死階段的三乘無學位的聖人們，也就是說阿羅漢、辟支佛、通教四果菩薩和一切的菩薩們（一切菩薩就包括還沒有證得解脫果的人，而分證的賢位菩薩也包括在裡頭，但不包含凡夫位的），換句話說，這一切菩薩當然包括你們這些人當中已經明心的人在裡頭；還沒有破參明心的人不算在這裡面，等你禪三破參了以後，就算在這裡面了。怎麼說呢？因為你如果明心了，也就同時分證解脫果了嘛！七住位的明心菩薩們至少也是聲聞初果啊！並且智慧超越聲聞初果。聲聞初果不知道你的智慧，你卻能知道聲聞初果的智慧境界，所以這就表示你已經分證解脫果了。

那麼這一些菩薩們，從明心開始，乃至初地、六地、七地、八地都包含在裡頭。那為什麼阿羅漢已經出三界了，辟支佛也出三界了，初地滿心菩薩也可以取證慧解脫果而不證，三地滿心菩薩可以證俱解脫果而不證，一直到六地滿心才不得不證滅盡定，卻仍然故意保留最後一分思惑而不成為俱解脫的聖者，那麼 馬鳴菩薩為什麼說「六地以上菩薩跟阿羅漢、辟支佛一樣會有這個增長根本業識的熏習」呢？正因為對於所知障還沒有打破或者還沒有斷盡的緣故。也就是說，無始無明的過恆河沙數上煩惱，他們還沒有相應，或者還沒有斷盡；因為還沒有斷盡，所以他們還會有增長根本業識熏。有增長根本業識熏，就會使得他的根本識裡面，也就是第八識裡面的變易生死的種子隨眠繼續變異，既有這種上煩惱的無始無明的隨眠繼續變異，就表示他還有變易生死。因爲還有變易生死，所以他還會有異熟生，有異熟生當然就會有異熟生死的體性存在嘛！因爲異熟的體性存在就會有異熟生，有了異熟生就一定會有異熟果嘛！有異熟果的時候，就跟我們一樣會有五陰在人間存在。

所以，也許有一天你走路不小心撞到一個人，你說：「對不起！對不起！」結果那個人說：「沒關係！沒關係！」根本不在意的就走了。也許那個人就是個八地菩薩也不一定喔！也許是個辟支佛、阿羅漢也不一定喔！不過目前我們還沒有看到有這種人，因爲世間如果眞的有這樣的人，他想要藏起來的話，那也很難啊！爲什麼呢？你們看看：現在台灣眾多佛弟子，大家尋求佛法若饑若渴，假使眞的有那麼一個大菩薩，我告訴你：就好像一支錐子藏在口袋裡面，遲早都藏不住的，他一定會穿出口袋來，別人一定會看到他的！而且當他看見諸方大師盡皆誤導眾生，多在陷害眾生同犯大妄語業的時候，一定會出來說誠實語，救護大家，教大家趕快改正、懺悔大妄語業，這時候，你會這樣想：「欸！這個人講話不同喔！」因爲講話不同，你就會跟他討論啊！討論佛法知見的時候，一下子就會發現：「這個人的修爲眞的不得了！」雖然他獨自住在山上的茅屋裡面，人家也會把他請出來弘法。但是目前我們還沒有看到有這種大善知識出來弘法。

那麼阿羅漢、辟支佛、一切菩薩所受的生滅苦，就是這個變易生死的種子生滅。因爲有變易生死的生滅，所以他還得要繼續在人間入胎、住胎、出生、修學佛法，這樣一世一世的努力用功。所以，因爲這個變易生死而使得他能夠在人間天上示現分段生死；他們的生死，從表面上看來，和我們似乎沒有差別，這個就是增長根本業識熏。這個熏習如果完全斷了，那他的根本業識裡面——阿賴耶識這時改名叫作異熟識——他的異熟識裡面就完全沒有了種子的變異生滅；種子不斷的流注而廣利眾生，但是都不再變異了，那就稱他爲佛，佛的第八識就改名爲無垢識，因爲已經究竟清淨了，裡外俱淨了，這才是眞正的佛地眞如。

佛地的眞如法性，是這樣證悟後漸修而次第成就的，不是生來就具足顯現佛地功德的，所以我們說這個叫作佛地眞如的緣起門啊！所以《華嚴經》裡面說眞如非緣起、非非緣起。非緣起呢，是說祂心體本身的眞實性以及心體恆不生滅（心眞如這個心體是本來就有的，不是你去修來的，所以祂不是緣起法），但是祂所含藏的染污種子——兩種無明的種子或隨眠——卻要透過你世世努力的聞、思、修，然後去證得一切種智佛法、證得解脫道而轉變，才能成爲佛地的眞如心。但是修到佛地時，仍然還是這個心體：由這個阿賴耶識心體而顯現出佛地的眞如法性，改名爲無垢識，因此又說祂非非緣起：非緣起當中還是有緣起。這樣的非緣起、非非緣起，所以佛地的眞如仍然稱之爲中道。

一切法都不離中道。那你說：「我如今還在因地呢，那我這個眞如算不算中道？」算啊！怎麼不算？永遠都是中道。中道才是眞正的法，不管你在佛地，也不管你在因地，統統是中道。怎麼說是中道呢？因爲因地時的阿賴耶識心體恆住不滅，所以非斷嘛！但是絕不間斷的心體當中卻有生滅性的種子在生滅，所以才能夠讓你在世間出生和聞熏修道啊！那麼，既然不生滅當中有生滅，有生滅就不能稱之爲常，就是非常嘛！而祂心體常住、不生滅、不間斷，所以非斷嘛！既然雙具非斷與非常，這不是中道嗎？所以放心！因地的你還是中道的。這就是說，分別事識熏與根本業識熏的增長，是有所不同的；這兩種的熏習，產生了兩種不同的果報。

增長分別事識熏，就是在世間法上分別你我、分別好壞、起各種的貪染厭憎，這叫作增長分別事識的熏習。也就是六轉識的不善性的熏習，使得第七識產生了執著性——於依他起性上面產生了遍計執性——這叫作增長分別事識熏。因爲有這種熏習，所以使得眾生有了三界生死苦的惡業繫縛的苦果。這個二乘菩提中所應修證的解脫道如果完成了，接下來，就是要把佛菩提道完成，也就是斷除煩惱障中的習氣種子隨眠，和斷盡一切的所知障隨眠啊！也就是要斷除你對於法界實相更微細部分的不如實知、不盡知。到最後，全部斷盡了，這個增長根本業識熏就完成，就不再繼續熏習了，就是斷盡根本業識的熏習了，這樣才能稱爲已經離開了變易生死。如果能修到這個地步，阿羅漢、辟支佛以及一切菩薩就不再受變易生死的生滅苦；這種生滅苦，也是行苦中的一種。

沒有了種子變異生滅的苦，那你的**自心眞如**含藏的一切種子就會完全沒有變異性；沒有變異性，就不會再有種子變換轉易了，那就沒有異熟生，就是沒有變易生死了，這樣就稱之爲**成就究竟佛**。所以，這個證悟後修行成就佛地眞如的過程，就是**眞如緣起門**啊！所以**眞如緣起門**才是眞正的佛法。不要像那些錯悟的人、對佛法一知半解的人，一聽說**眞如是緣起門**，就誹謗說：「那個法一定是錯誤的。」但是我公開的告訴各位：**眞如緣起門**才是眞正的佛法。但這個**眞如緣起門**裡面，卻是依於**眞如性相本有的非緣起性**而有的。所以佛地眞如的**緣起門**也是**非緣起門**，如是成就中道義。

論文：【無明熏義，亦二種別：一、根本熏，成就業識義。二、見愛熏，成就分別事識義。】

講解：上一段講八個識的熏習，這一小段講無明熏習的道理。馬鳴菩薩說無明的熏習也是有兩種的差別，第一種無明的熏習，就是根本熏，也就是說，這種熏習會熏入第八阿賴耶識心體中，使得末那識養成流轉生死、攀緣一切法的習性；正因爲這種熏習的結果，會熏入根本識而成就不斷流轉生死的業果，也就是說，會使得意根不斷與俱生我執相應，成爲我執習氣，導致我執不能斷除，所以就會有分段生死的現象不斷的現行。正因爲這種熏習會成就意根末那識的我執習氣，所以這種熏習，就會使得初果、二果、三果人，在捨壽時想要滅掉十八界法的自己，卻仍然無法滅掉，使得三果人還得再出生到五不還天去，在那邊壽盡捨報時，才能取無餘涅槃；更何況是二果與初果人？當然更無法如阿羅漢一般的現生取證般涅槃。然而這類我執種子是很難修除的，只有長時間修足四禪八定，而使這種俱生我執已經完全被定力所降伏，才能在斷除我見的當下就能取證無餘涅槃；這就是古時已具足四禪八定的外道們，當他們聞　佛說法而斷我見時，就當場證得俱解脫果而成爲聖弟子。由此緣故，才說增長根本業識無明的熏習，能熏入根本識的種子中，使得意根具有我執而難以修斷。

這種根本熏，也會使得阿羅漢、辟支佛、諸地菩薩都或多或少的會與煩惱障中的分段生死習氣種子相應，所以導致還不能成佛；原因就是因爲這種無始劫以來在法界實相上面的無明熏習，都會熏入第八識心體中，而在無量世以後的現在，使得末那識被熏成內恆執取第八識無漏有爲法功德爲我的習氣，所以阿羅漢、辟支佛們，在忽然覺知腳上有一條蜈蚣的時候，立即會不加思索的振腳抖落牠；但是八地菩薩就沒這麼激烈的反應，因爲他們的習氣種子的隨眠已經很少了，諸佛則都不會有二乘聖人這種激烈反應、或如八地菩薩的較輕微的厭惡反應；因爲諸佛的習氣種子都已經斷除淨盡了，根本識的這種無明熏習造成的習氣種子已經不復存在了。

這就是說，無明的熏習，會使得種子根深柢固的成爲習氣隨眠，境界現前的時候，就會直接的，似乎是不經分別的反應出來；因爲已經熏入根本識中，所以就會成就三界受生的業行、業果。也正因爲這種緣故，所以阿羅漢、辟支佛、諸地菩薩，都可以藉著這種無明熏習所成就的習氣種子，而可以繼續有異熟生的存在，繼續受生於人間，顯現出和凡夫眾生完全相同的異熟果，這也是根本熏。

第二種無明的熏習，是說眾生對於自我的貪愛，對於我所的貪愛，對於見聞覺知心自我、作主心的自我，被人作了錯誤的教導，而產生了我見，所以對自我起了貪愛，而不肯讓自我消滅以入無餘涅槃。這些我見上面的一念無明惡見熏習，以及貪愛自我、貪愛我所六塵境界的熏習，都是屬於意識層面的熏習，不會熏成業識種子；都是屬於現行上面的事相，所以都只是與意識層面相應的貪愛法，所以就稱爲分別事識的熏習。

這種熏習，都是屬於我見與我執，以及我所的貪愛上面的三界中六塵事相上的事，所以都與意識層面的見解有關。譬如台灣有一位大禪師公開教導大眾：「能聽的一念心，能知、能覺、能說法的一念心，就是眞如佛性，是不生滅性的，是常住的不生滅法。只要常常保持一念不生而清明的繼續安住，不起念記掛自己存在不存在，也不起念貪愛任何的世間法，保持能知能聽的一念心常住不亂，就是證得佛性，那就是見性成佛了。」這就是不斷我見，而又自以爲已斷我見的大師的說法。但是，佛在初轉法輪的阿含期時，已經早就開示說，這是眼識、耳識……乃至意識心，稱之爲五陰我、識陰我；又說這就是常見外道所自認爲常住不壞的心體，是常見外道見；又說這種覺知心都是因緣所生法，所以說：「眼、色爲緣，生眼識。……乃至意、法為緣，生意識。」所以又稱為六識身、六想身、六思身、六行身，都是從六識身而衍生出來的我；但是眾生愚痴，迷於多年營造的大法師表相，所以就一味的信受邪說，導致我見常住不斷。

由於我見常住不斷的緣故，所以就會對意識相應的六塵境界生起貪愛，就會不斷的在三界有為法的種種事相上，生起無量的分別，不肯暫捨一切分別，因此而對六塵境界生起貪愛，落入我所之中，流轉生死無量，這就是藏密宗喀巴「大師」堅稱意識心常住不壞的原因。因為如果意識心是如 佛所說的因緣所生的緣起法，那麼他們藏密主張雙身法中的四喜淫樂稱為俱生樂，就沒有立足點了。因為這樣一來，就顯示出一項事實：四喜淫樂的境界只是意識心的我所境界罷了。這就顯示藏密四大派中心思想的雙身法，所說的即生成佛理論，都是落在我所上面；尚且不能斷離我所，何況是斷離我見？尚且不能斷我見，何況能成就已斷我執的二乘聖人所不能成就的佛菩提果？

承認了這一事實，認清了這一事實，那就必須離開意識心相應的四喜淫樂境界，那麼西藏密宗的無上瑜伽、喜金剛、大樂光明……父續、母續、不二續等雙身法，號稱「更勝於顯教的、能夠使藏密行人當生成就報身佛果」的「無上法門」，就充分的顯示確爲緣起生滅法。雙身法中的第四喜淫樂覺知意識境界，既然是意識境界上的我所法，當然就絕對沒有弘傳的正當性了，也沒有任何勝妙於顯教的根據了。雙身法所求證的四喜淫樂境界，既然完全是我所，當知就是三界中最粗重的貪愛，當然必定是與意識心相應的邪法；既是與意識心相應的邪法，只是在分別事識的熏習上面起作用，不像根本識熏的我見與我執一樣的會熏入根本識中。所以有智慧的人，沒有深貪淫樂的佛弟子們，一聽到我這麼說明的時候，也就有能力立刻分辨清楚，而立刻離開藏密的雙身法邪見和貪人妻女的邪淫貪愛了。這就是說，邪見與貪愛我所的熏習，都是意識層面上的熏習，都是只能成就分別事識的熏習，而不能熏入根本識中，不會使末那識養成深愛淫樂的習氣，這就是成就分別事識熏的義理。

上一週講到無明的熏習道理有兩種差別：根本熏和見熏、愛熏，也就是講增長根本業識熏和增長分別事識熏。接著就開始宣說和無明顛倒的熏習，是反過來講淨法的熏習：

論文：【云何熏習淨法不斷？謂以眞如熏於無明，以熏習因緣力故，令妄念心

厭生死苦，求涅槃樂；以此妄心厭求因緣復熏眞如，以熏習故，則自信己身有眞如法、本性清淨；知一切境界唯心妄動，畢竟無有。】

講解：什麼是熏習淨法而不間斷？上週講的是熏習無明、熏習污染的法不間斷，現在則說淨法的熏習也可以是同樣的不間斷。一個人從修學三乘菩提開始，就有了淨法的熏習；而這種淨法的熏習，比較有作用的，比較有成績的，是從三乘菩提互有不同的見道開始。

這個熏習淨法爲什麼也說是不間斷的？ 馬鳴菩薩說，是以**眞如法性來熏習無明作爲開始的**。那可奇怪了！爲什麼熏習淨法，會從無明開始？也就是說：眾生在無量世的無明熏習過程當中，有時升天享樂，有時在禪定境界安住，享受禪定之樂；有時則在人間生活而苦樂參半。但是更顚倒的是，常常有人因爲一時憤怒，或爲了一時的面子，就忍不住而造作了殺人越貨、或因瞋而造殺人乃至謗法毀 佛等惡業，結果就墮到三惡道去了。這就是由於染法的熏習，而導致受苦。

受苦的時候，心裏面自怨自艾，過了一段時間，總是突然會有一念自我檢討：**我到底是做了什麼樣的惡業？今生淪落到鬼神道、地獄道、畜生道？究竟是什麼道理？如果有好因緣，就會有智者跟他說：「你因爲過去世造了惡業，所以今生淪**

落到三惡道。」因此他知道：「我如果不能脫離三惡道生死的話，這種無明的熏習因緣力，還會繼續使我淪落三惡道的生死苦。」所以無明（或者說一念無明，或者說無始無明；有的人是無量世以來想要求解脫，可是解脫從來不可得，因爲他的福報確實很單薄，薄到連遇到能教授聲聞解脫道的眞正師父都沒有）（大眾聽了都笑了起來），諸位不要笑，不要說「哪兒會有這種人？」我告訴諸位：現在學佛的人，一萬個人大概有九千九百九十九人正是這樣的。不信？你們去看看那些所謂的當代大阿羅漢們，所謂的證得三果、四果的那些「聖人」們，以及台灣、南洋專教解脫道的法師、居士們，看他們所講的解脫道是怎麼說的，都是告訴你：「要證得一念不生境界，要正念分明；當你一念不生、正念分明的時候就是涅槃。當你老死的時候，就保持一念不生、正念分明，那時就能進入無餘涅槃。」不然就是教你放下一切，把自己也放下不執著，讓覺知心不執著自己而保持正念分明的存在著，說這樣就能證得無餘涅槃；其實還是落在意識心想像的境界中，連我見都還沒有斷除。你們看！聽來聽去、學來學去，都是這種常見外道法，都想用意識心進入無餘涅槃中安住；這正是 世尊所常常破斥的十八界法當中的意識界，生滅性、常會間斷的意識界，怎能進入絕無生滅性的無餘涅槃境界中？

你們看！這樣的「阿羅漢」，這樣的「阿那含、初果、二果」的法師、居士們，來教你這種與解脫相違背的解脫道，這算是解脫道嗎？當然不算！所以說，要遇到一個眞正讓你如實證解二乘涅槃的大師，現在也找不到了，那不正是眾生福薄嗎？哪像諸位？諸位算是有福氣的，這麼多的親教師來教你們斷我見，證初果解脫，甚至教你們親證大乘勝義法門的正確知見；靠著他們二年半的辛辛苦苦來幫你們栽培，所以你們有幸參加禪三時才可能破參明心；如果沒有那二年半的正知見的熏習，想要破參也眞的是很難。所以說眾生無量劫以來，一直在熏習一念無明，也就是熏習我見與我所上的貪愛。但是你們來到正覺講堂，只要不離開，長久的共修下來，大多能夠破無始無明；在打破無始無明的當下，也就同時把一念無明的三縛結也破了，這是何等的福報？所以不可妄自菲薄。

但是眾生在這種無明上面熏習的因緣力，所熏習的無非就是兩種無明的熏習，那就是一念無明及無始無明的熏習。由於一念無明的熏習，所以輪迴生死不斷；如果無量劫前，老早就遇到一個能夠眞正傳你聲聞法的師父，那你在很早以前就已經證得解脫果的初果了；因爲依二乘菩提而言，現觀我見的虛妄，絕對不是難事。如果你無量劫前就遇到眞師的話，怎麼可能還會無量劫後又來到今天，連二乘菩提的初果都還沒有證得呢？假使很多劫以前就遇到聲聞法的眞師，那不是老早就斷我見了嗎？斷我見了以後，最多就是七次人天往返，也一定會出離三界生死了嘛！現在也就看不到你們了，可是爲什麼你們還在這裡呢？這表示說，過去世所熏習的解脫道知見，都是錯誤的：或者是遇到了外道，或者是遇到了佛門中說錯聲聞法的師父，所以你們現在還在這裡輪迴。

另外有一種人，是過去無量劫來一直在探討：究竟什麼才是法界的實相？想要去瞭解它，可是始終弄不清楚，因爲沒有福德去遇到眞正的善知識，就只好往哲學方面去走。但是後來又因爲哲學都只是思惟辯論，談不上實證，也都無法講出眞正的實相來，所以根本就沒有辦法讓人信受；所以後來只好又回到佛法裡面來，希望這一世、未來的無量世，有一世可以遇見教導眞正解脫道的師父、眞正教導佛菩提道的師父。可是現在我們看到的是：眾生不斷的修集福德，護持三寶，不斷熏習佛法知見，但是始終無法打破無始無明，也始終不能打破一念無明，所以都落在兩種無明的熏習當中。

終於來到今生，你的福德因緣具足了，遇到了義的勝妙正法，應該慶幸。有些人跟我抱怨：「蕭老師！你怎麼不早一點出來弘法？這麼晚才出來！你知道我們跑遍多少道場？布施多少錢出去了？如果早知道的話，直接來這裡護持三寶，豈不是未來世的福德會更大？」我說：「話不能這麼講，我出來弘法，也得等待時節因緣。佛、菩薩安排我出來弘法，就是這個時節因緣。我不能提早出來弘法，我要是提早出來弘法，在以前那種封閉的社會環境下，早就被人暗殺幹掉了。因爲我的個性就是這樣：對就對，不對就不對，不通商量，也不賣人情。像我現在這樣子弘法，在以前那種社會環境下，早就被人幹掉了；所以一定得等到現在這種開放性的社會出現了，大家都容許有發表言論的自由，而且都能夠尊重別人的發言權，這時才能出來弘法的。話說回來，你們以前如果沒有在那些道場去種福田，你們的福德也不會具足的，就不可能有我出現在佛教界來弘法的因緣；所以那些福田種了以後，還是沒有白種的，也是應該種的。」只是說現在遇到眞正的大福田，你就對正法道場多多少少的隨分再種一點──要隨分而不要賣了家產來護持；現在經濟景氣這麼壞！也得維持你自己和家人基本的生活條件，對不對？

這意思就是說，眾生爲什麼會在無量劫以來，不斷的在熏習這兩種無明呢？就是因爲他沒有因緣去遇見眞正的了義法；即使連粗淺的眞正二乘解脫道的法，他都無法遇見，所以才會世世斷不了我見，所以世世學佛卻只好不斷的生死輪迴，一直來到今生，仍然斷不了我見。所以，只要有因緣遇見勝妙於二乘的正法，永遠都不嫌晚。有的人說：「**我已經這麼老了，現在才遇見。**」請不要這麼想，只要遇到了，那就是福氣；好好去用功，三年、五載，雖沒辦法一定能見性，至少能明心，那也很不錯嘛！明心以後，不但是別教菩薩的第七住位，可也是聲聞教及大乘通教中的初果人啊！可是你的解脫智慧與般若智慧，都不是聲聞初果所能知道的。如果你說：「**我只要明心也就夠了。**」那也不錯！明心後放逸的過日子也沒關係，只要不謗正法、不謗賢聖，最多也不過是經歷七次人天往返，你也可以成爲阿羅漢了嘛！這樣子快快樂樂的經歷七次的人天往返享樂，漸漸的捨離三界愛，而在最後成爲阿羅漢，還有比這更妙的好事嗎？再也沒有了！

但是外面的人如果聽了我這些話，他們大多會罵：「**哎呀！這個蕭平實眞是臭屁。**」但我知道「我不是臭屁」，我說的都是實話。你們禪三明心回來以後，把《阿含經》請出來印證，《阿含經》講的只是解脫道，你現在明心之後，**是不是斷了三縛結？**可以很清楚的印證出來。大乘法中的了義經，也請出來印證一番：**你現在是不是通了般若？**也是很清楚可以證明嘛！所以我說的這個證量，是沒有辦法用籠罩的方式去永遠騙人的，等到你被印證明心了以後，就可以立刻從經教中證明法的正確或虛妄了！

所以說，眾生爲什麼會想要學佛呢？爲什麼要學佛菩提道和解脫道？正是因爲過去世兩種無明的熏習，導致世世的生死輪迴，就有種種的痛苦讓人受不了，就會想要學佛。如果每一世都生在欲界天上，你就不會想學佛了；可是所有人都一定不可能永遠生在天上的，因爲你如果生在天上享樂，你就會放逸，放逸以後就會下來人間；如果在人間再求放逸，譬如貪求雙身法中的四喜淫樂，那就會墮落到三惡道去受苦，因爲那是大妄語業和破法業。因此在三界六道中的無量世，其實是有時受樂、有時受苦，在受苦的時候是苦中求樂，受樂的時候也是樂中有苦，就這樣子輪迴生死。

有一天，突然想到：「**這樣子渾渾噩噩過下去，也眞不是辦法，我得要想個辦法，怎麼才能夠出離三界？**」由這個緣故，所以使得 佛出世以前的外道們的妄念心，開始厭生死苦、求涅槃樂，才開始有外道的種種出家修行人。可是你們不要被這個涅槃樂的字面所迷住了哦！「求涅槃樂」，那麼涅槃境界一定是有很大快樂的，所以大家會願意捨棄世間五欲之樂，而辛苦的修行追求它；但是我跟諸位報告：「**涅槃境界中，既沒有快樂，也沒有痛苦，涅槃離一切六塵境界。**」只因爲那個境界是離開生死的苦，才稱之爲樂，實際上，它沒有苦樂憂喜捨，統統都沒有；因爲什麼境界受都沒有，所以涅槃不在受陰之中。只因爲不必再承受生死輪迴的痛苦，所以才說這個無境界的境界叫作涅槃快樂。

那麼衆生由於這個妄心覺知心的厭惡生死以及追求涅槃寂滅的快樂，由於這種厭與求的因緣，就以心裡所想像中的眞如法性，反過來回熏心眞如第八識心裡的種子，這又變成根本熏了。所以，淨法熏裏面也有根本熏，可以回熏到心眞如第八識裏面去。熏習了一世以後，下一世遇到人家說眞如與佛性時，你又會對這個法相很有興趣，這就是已經熏習到你的心眞如第八識裏面去了，心眞如中的淨法種子就會開始增長，這也就是淨法熏習的根本熏。那麼這個眞如法性的熏習，既然復熏了心眞如，就會由於這種熏習的關係，而使得你自己會有具足的信心：相信自己本身一定確實有個眞如法存在。既然相信自己有眞如法性，那就要想辦法去找尋它、求證它。

也正因爲這種淨法熏，不但在這一世，到了後世，也會相信自己的心眞如本性是清淨的；因爲如果不是清淨的法，祂就不可能讓你依憑祂而出離三界生死苦；祂如果是染污的法，或者以前曾經是染污的法，那你證得祂以後，照樣還要輪迴三界；因爲祂所含藏的種子曾是污染的，是藉著修行的因緣而清淨祂的種子，才變成裡外都是清淨性的；這樣子，心眞如自體的自性是本來清淨性的，但是含藏著七識心的不淨種子，得要經由修行的過程來淨化祂所含藏的七識心不淨種子，這才是眞如緣起的眞實義。

但是末法時代的今天，到處看得見大法師、大居士們，都是教人要把本來染污的妄心修行變成眞心；這其實是變異法，由本來不淨而轉變成後來清淨，這是經由修行的因緣所導致的清淨性。可是這樣一來，將來也會由於修行因緣的散壞，使得祂又回復到染污的狀態中。比方說，今天你努力修行，說我這個覺知心現在不幹惡事，也不想壞念頭，那你認爲「現在這樣狀態下的覺知心就是眞如」；可是同樣這個覺知心，既然祂會想要清淨，會變成清淨的法；那祂有時也一定會想藉染污的法來放逸享樂一下，所以有一天突然又想起染污的法來，又開始攀緣起來；那你這樣子，不是就變成有時是眞如，有時又變妄心了嗎？這樣的修行方法，正是變異法，當然不是眞正的大乘佛法，而是修來的法，不是大乘法中的本住法。所以說，一定得要是本性清淨的，本來就住於清淨性中的法，不是修行以後才變成清淨性的，才會是大乘菩提的本住妙法。如果有人告訴你說：「你就把自己修行清淨，清淨以後你的覺知心就變成眞如。」你就告訴他說：「這個不是本性眞實清淨，這是修行而後變清淨的。這樣不是佛法，它不是現成的，那就是因緣所生法，不是常住法，不是本住法。」

修學大乘般若佛法，妙就妙在可以撿現成的，不必很辛苦的控制覺知心遠離語言文字妄想，弄得每天勞累得要命：又不許想這個，又不許想那個。眞正的大乘菩提，不是這樣修行的，所以禪宗六祖有一句很有名的話：「**慧能無伎倆，不斷百思想；對境心數起**，菩提恁麼長。」所以，般若的證悟，不須辛苦地與語言文字妄想對抗，而是在語言文字不斷當中，去覓取從來離語言文字的第八識眞心；但是語言文字不斷的人，定力很差，很難悟入，所以我們施設無相念佛，幫助你降伏煩惱、制心一處而容易參禪明心，目的並不是爲了與妄念、妄想對抗。所以修行是應當要快快樂樂的修行，輕輕鬆鬆的撿現成、撿便宜，這樣才對！我當年是被這一世的師父所誤導，被教錯，他沒有給我正確的知見，反而給我錯誤的知見與方向。所以我自己摸索開悟的意涵，摸索得很辛苦、很痛苦。不想讓大家那麼辛苦，現在我把路開得好好的，你們照著道路走去就是；只須輕輕鬆鬆的健行去，而不是像爬山那樣的辛苦。我當年則是披荊斬棘的爬山，你們現在則只是健行，不須像我當年那麼辛苦了。

所以佛法應該是現成的，如果是需要很努力、很奮發的、很辛苦的去把它轉變來的，那都是變成的，不是本來有的；既然是變成的，那就是從緣而生的所生法；從緣而生的法，將來要是壞了──修行的緣壞了──它當然就會跟著又壞掉了嘛！所以大乘佛法的般若修證，一定是要撿現成的，是要找到原來就存在的、本來就無念、離念的不在六塵中起貪厭的心。你們要是眞的有福報的話，你就撿現成的：「**這個是我的心眞如。**」可是撿到那個現成的心眞如時，你說：「**我這個心眞如也不是撿來的，而是我本有的，是自己的。**」這就是說，你悟得的東西一定是本有的，是本來就具足眞如法性的，是本來就清淨的「自識性」，而不是修行加上去的「**他自性**」，這樣才是眞正的大乘般若佛法。

佛弟子們經由這種正知見的心眞如法性的熏習以後，使得自己心裡相信自身確實有眞如法存在，而且相信這個眞如法是本性清淨的，不是修行以後才變成清淨性的，這就是唯識增上慧學中所說的：「**心中立少物，謂唯識實性**」。有了這樣的正確觀念之後，你就可以知道：其實一切的三界境界，都是唯意根、意識妄動而見，既然都是唯心妄動而見，那這個妄動的覺知心當然就是虛妄心嘛！若是妄心的唯心妄動而見一切境界的話，則覺知心動而看見種種法相中的覺知心自己，當然就不會是常、不會是恆，也不會是永遠都清淨的法；所以眞正的法是現成的，是本來有的，是本來就清淨的，是親證這種本來性、有自性性、本來清淨性、不生不滅的涅槃性，而不是修行以後，才把心體由不淨轉變成清淨性；這樣的見道，才是眞實的大乘見道的絕妙佛法。

論文：【以能如是如實知故，修遠離法，起於種種諸隨順行，無所分別無所取著，經於無量阿僧祇劫慣習力故，無明則滅；無明滅故心相不起，心不起故境界相滅；如是一切染因染緣及以染果心相都滅，名得涅槃，成就種種自在業用。】

講解：這一段是淨法熏習的後半段，是在說明前半段所講的從無明的熏習導致受苦，由於苦的關係，所以這個妄念心討厭生死的苦，想要追求涅槃的寂滅樂；然後這種妄心的厭求以及熏習解脫道、佛菩提道的因緣，又因此而回熏心眞如，成爲根本熏；這個熏習導致自己相信自身確實有眞如法、本性清淨；有這樣正確知見的如實知（這個如實知，就包括如實的證知）：現前觀察自己五陰十八界的虛妄性，如實現觀五陰、十八界的一一陰、一一界都是虛妄性的時候，你就不會像那些大師們再去執取意識覺知心作爲恆常不生不滅的心。

譬如說西藏密宗四大派的法裏面，有紅、白、花教三大派，他們都承認有如來藏。但是有個問題：他們都把意識錯認爲如來藏，或是把觀想所得的中脈明點錯認爲如來藏（編案：詳見《狂密與真密》書中舉證）。他們認爲只要覺知心修行到一念不生的時候，這時如如不動的覺知心就是眞如心了，而且認爲這就是佛地的眞如心。像這樣子，諸位！很簡單！你們來這裡學無相念佛，學了兩、三個月以後，會無相念佛了，那你只要把憶佛的淨念捨掉，變成一念不生，依照藏密的說法，就可以恭喜你成佛了。密宗就是這樣修成顯教佛的。那麼雙身修法且不提它，他們的明光大手印就是這樣子修成的。

至於藏密的黃教，他們以什麼作眞如？黃教應成派中觀的弘傳者，譬如達賴喇嘛、印順法師、宗喀巴等人，都是這樣子傳；天竺晚期「佛教」的月稱「菩薩」也是一樣，他們是認爲說：「你入無餘涅槃時的十八界都滅了以後，還有一個意識細心不會滅；因爲有這個意識的細心不滅，所以不落斷滅空中。」他們把這個意識細心稱之爲「不可知、不可證的意識細心」。宗喀巴、達賴、印順、昭慧…等人都是這樣弘法的。但是這樣的主張，問題很多，我們且大略說一、兩個問題吧：

首先，意識依四阿含諸經來講，或者依般若諸經來講，乃至在唯識經典上來說，都說祂是以一法（如來藏）**為因**，三和合觸（五色根、意根、法塵三法和合相觸）**為緣**而出生了意識。既然意識是因、緣所生法，不管祂能夠細到多細，祂終究還是意識心，還是緣起法；如果是緣起法，祂就一定是虛妄法；既是虛妄的緣起法，當然不可能執持無明種子、善業種子、惡業種子，怎麼可能會成為因果的主體識呢？又怎麼可能會成為涅槃界中的本際呢？

如果祂可以成為涅槃的本際，那麼問題接著又來了：法塵也應該是涅槃的本際，意根與五色根也該是涅槃的本際。這樣一來，涅槃的本際裏面應該有四個法：第八識心眞如暫且不說，至少會有意識、意根、五色根、法塵。像這樣的涅槃，就一定不可以叫作寂靜境界，因為既有根、塵、識三法存在，就一定會有法塵的存在，怎能說是絕對寂靜的境界呢？所以他們的說法是嚴重違背三法印的。可是我不曉得月稱、寂天、阿底峽、宗喀巴、達賴、印順、昭慧……等人，怎麼會這麼迷糊呢？

還有個問題：如果說意識的細心「是不可證、不可知的」，那麼 釋迦佛應該也不可能證得，才能說是不可知、不可證的。如果連 佛都沒有證得，那麼 佛也不是眞的成佛了，那就不必來人間弘法了。而這個印順所謂的不可知、不可證的意識細心，也就成爲戲論了；因爲眞正的佛法必定是可證、可知的，不可證也不可知的法當然是虛妄想所出生的「性空唯名」法——只有語言名相而無實法。其餘的許多問題，我們就不說它了。所以他們這種**建立相**，裏面的毛病非常多，自相衝突的矛盾很多的；但是這些自認爲很有智慧的人，竟然都不知道；而我這個自認爲沒什麼智慧的人，卻會曉得這裡邊的許多問題。由此可知，世間法上的聰明，在佛法的修證上面，是不一定能派上用場的；所以說眞實的佛法應該是要如實知、如實證的，而不是光靠佛學研究、佛學教育就可以成功的；因爲佛法是世出世間法的實證，而佛學則是未悟的世間凡夫對佛法所作的學問研究，只是意識層面上的知識，不是眞正的佛法。

佛法上的修學，得要如實了知解脫道——十八界虛妄的道理；得要如實知佛菩提道——一切種智的內涵。可是如實知是很難的，光說這個解脫道、五陰、十二處、十八界，眼前可見的南傳、北傳、顯密大師們就都弄錯了；他們連意根的意涵也弄錯了：意識的根就是第七識，祂是心法末那。他們對此也都弄錯了，所以應成派中觀師，如月稱、寂天、阿底峽、宗喀巴、吐觀、歷代達賴喇嘛、印順

「導」師、創古仁波切、昭慧法師，他們都不瞭解意根是什麼，他們異口同聲的否定第七識、第八識的存在；但是他們每日運作及使喚七、八識，卻是日用而不知。如果你說沒有第七識，那六根裏面的意根是心，識蘊裏面又有六個識，也是心，就已經有七個識了——十八界中就有七界是七個識了——何況是識蘊尚未出現時，入胎位中識緣名色的識，那不是第八識又是什麼？（編案：詳見《真實如來藏》之細述。）

所以說這些大師們對二乘法裏面的十八界，都還無法如實知；連這個粗淺的解脫道的正義都不能如實知，對於甚深的實相般若，那就更無法如實知了。所以說如實知是很困難的，你如果有好因緣、好福德、有善慧力的話，才有可能如實知。如實知的時候是什麼樣的狀況？這個二乘的解脫道，十八界的現觀，在你們二年半的禪淨班共修過程完了之前，你們各班親教師都會教你們五陰、十八界的法理，幫你們拆解清楚，讓你們如實的聞熏，然後回家以後可以自己如實的現觀：爲什麼我的意識是虛妄性的？爲什麼我的意根是虛妄的？假使能夠如實的現觀，還沒有去禪三道場，你就可以先把我見斷掉，先證大乘通教初果功德。

如果要去禪三道場參加禪三以前，你的我見還斷不掉的話，去到那邊，就算是幫你破了參，找到了如來藏，你也不敢承擔的；因爲你的我見斷不了，所以就在那邊不敢承擔那個心是如來藏；到那時候，可要辛苦我了：我得要不斷對你開示解脫道的正理，這樣一直拖、一直拖，拖到最後你才不得不承擔起來，那眞是累人！所以解脫道的如實知，很重要，它是佛菩提道的基礎；有了這個斷我見的如實知的基礎，然後再來證得佛菩提道——讓你明心——打破了對法界實相的迷思；你終於弄清楚：**原來這個阿賴耶識正是實相**。此時般若就開始通了。

所以說，能夠經由這個斷我見與明心的過程，能如實知的緣故，你就能夠修遠離法（修遠離法當然有些層次，剛開始你不會管遠離、不遠離的），等你破參明心回來的時候，這部經典放不下手，那部經典也放不下手；以前讀不懂的經典文句，現在突然間讀懂了；一讀懂，你就放不下手了，讀到三更半夜你還是放不下，半夜十二點、一點了你還在讀，也許你的先生（太太）氣得要死：「**怎麼還不睡覺！明天還要上班！**」你不得不、老大不情願的才去睡覺，會變成這樣子。在那段時間中，並不是你故意的遠離世間五欲…等法，而是你自己自然把它們忘了；因爲你覺得自己現在眞正的悟了，這個般若實智的漸次深入而轉更勝妙，這才是最重要的事，而且現在讀經是很有興趣、很有味道的事，它變成你的興趣了，讀經已經不是苦思不解的苦差事了。

當它成爲一種興趣的時候，學佛就已經不再是痛苦的事，而是快樂的事了；在這種不知不覺的狀態當中，你就漸漸遠離世間法的貪著了。如果你這樣悟後漸修而到了另一個層次以後，已經不是初行菩薩了；甚至於有人會因此而發起初禪而有一些禪定的證量，所以能進修二禪，使心更清淨，就能常常在三昧裏面看見一些往世的事情：有時候撞進哪一世的情境中，有時候又撞進另一世的情境中。就可以知道那幾世曾經幹了什麼事，結果導致今生有了什麼樣的結果；又有一世做了什麼而導致什麼樣的結果。這樣常常在定中看見許多往世的事情以後，看多了，把它們貫穿起來，你就會現見今生根本就是做夢一場——正是一場人生的大夢——和過去世的生活修道猶如夢境一般，根本就沒兩樣，十迴向滿心位菩薩道如夢的現觀就完成了；此時自然就會想要遠離世間法的貪著了，並且還會生起大慈大悲的心，會開始放不下可憐而又愚痴的眾生了。這時的你可眞是中計了——你放不下眾生——當你觀察眾生的時候，你會覺得眾生眞的是可憐喔：想要修個解脫道、出離生死，也會被人家誤導，眞是有夠可憐的。然後你就一直等待，希望有一個人能夠趕快出來破邪顯正、救護眾生；但是等來等去，等到後來都沒有人出來救護被誤導的眾生，忍不住了，你就自己跳出來救眾生，就是這樣。

這就是說，由於有如實知作為基礎，你才能夠修遠離法，自然而然的遠離世間人所追求的有為法上的境界，結果就會「起於種種諸隨順行」，就漸漸的生起種種隨順解脫道和佛菩提道的身、口、意的行為。這就是說，在證得解脫道或者證得佛菩提道之後，開始進入「無所分別」以及「無所取著」的狀態之中，也就是對於是否與自己的利益有損害，已經不關心了，所以就不想在利害上面去分別、去取著了。這樣漸漸的、次第的進修，但並非一世、二世就解決了；因為你修的是佛菩提道，佛菩提道函蓋了原始佛法的解脫道；所以，你如果在解脫道上面很精進用功，即使是很遲鈍的人，四生也可以成為阿羅漢；如果是很利根的人，而且很精進，在捨壽前這一世中就可以成為阿羅漢了。

但是佛菩提道不同，得要經過無量阿僧祇劫慣習的力量，才能夠滅盡無明；由於無始無明所攝的上煩惱，其數無量無邊，超過恆河沙數，所以必須經由無量阿僧祇劫的修行，才能把這塵沙惑斷盡。至於一念無明的種子隨眠，也就是煩惱障的習氣種子，同樣也要經過無量阿僧祇劫的慣習力，才能夠全部滅盡。噢！有的人聽我這麼一說，那可不得了，得要無量阿僧祇劫苦修，就嚇壞了！那些定性聲聞的阿羅漢們，就因爲聽到要歷經三大無量數劫的生死以後才能成佛，所以害怕，不敢迴心而入大乘法中。

可是 佛又告訴我們，在《解深密經》裡有說過，說有的人所修的三大無量數劫是以一劫爲一劫，那是既遲鈍、又懈怠的菩薩們，沒辦法縮短啦！可是有人卻以一生爲一劫，以一年爲一劫，或者說以一個月、一天、一個時辰爲一劫，這樣來過完三大阿僧祇劫。所以 釋迦佛雖然後於 彌勒菩薩發心，卻在 彌勒菩薩之前成道，這就是超劫精進，把長劫作短劫——也就是把長劫變爲短劫。有的人則是把短劫作長劫，那就眞的是無量無數的阿僧祇劫了，因爲眞的是無法計算的劫數了。你如果能夠懂得怎麼樣修除性障、修集福德、熏習解脫道、熏習佛菩提道，用功精進去修行，當這些因緣都具足的時候，你就是以一天爲一大劫，乃至有的人以一分鐘爲一個大劫，就這樣過完三大無量數劫；這也是過三大無量數劫，就看你怎麼過。

這意思就是說，佛菩提道的過恆河沙數上煩惱隨眠，以及解脫道的無量煩惱障習氣種子隨眠，都是要靠悟後不斷的去修除它，這樣阿僧祇劫的慣習力量，才能夠使兩種無明全部滅盡。無明滅除了的緣故，分別世間法上對自己有無利害的分別心相，以及貪著世間法的心相，就不會再一直生起了。這個「心相不起」不可誤會，「心相不起」說的是眾生的心相，而不是講佛地的心相，或者聖人的心相。換句話說，阿羅漢所修證的解脫道是要入無餘涅槃的，但是佛菩薩所證的佛菩提道以及所證的解脫道，是不入無餘涅槃而取證無餘涅槃的。

怎麼說不入無餘涅槃又能取證無餘涅槃？眞奇怪吧！但事實確是這樣，因爲入無餘涅槃的境界是斷分段生死啊！但是佛菩薩經由努力的精修解脫道而斷盡習氣種子，精修佛菩提道而究竟了知實相一切種子，三大無量阿僧祇劫之後，不但斷了分段生死煩惱障的現行，而且把煩惱障的習氣種子隨眠也斷盡了；又把上煩惱隨眠全部斷盡，變易生死都斷盡了，那你說這兩種生死都斷盡，不是無餘涅槃，那又叫作什麼呢？所以說諸佛菩薩都是不入無餘涅槃而實證無餘涅槃的，因爲諸佛菩薩未入無餘涅槃時，就已實證無餘涅槃中的境界了：現觀無餘涅槃中如來藏獨存的境界。這就是說，諸佛菩薩都是不滅七識的，讓七識心王恆時現行而不斷絕，來利益廣大眾生，但是卻能時時現觀無餘涅槃無境界的境界相。可是西藏密宗的喇嘛與法王們都不曉得，他們誤會了，就亂學佛菩薩的說法，就跟著亂說「輪涅不二」的法，其實都是意識心的生死境界；反正他們對經典都是一知半解，又創造許多僞經與密續，看到佛菩薩的境界，他就砍一段經文來，說那個境界就是他們所證的境界；可是人家諸佛菩薩修證的基礎、過程、內容，他們統統都沒有，就截取一個佛法名相來，往自己臉上一貼，就說自己是十地、法王，或者顯教佛的證量，這就是西藏密宗的本質。

這就是說，無明滅的時候，無始無明隨眠和一念無明的習氣種子隨眠全部滅盡的時候，它並不就是進入定性二乘所入的無餘涅槃當中；而是八識心王都已經成爲《楞伽經》中所說的清淨句了，由於八識全都成爲清淨句的緣故，所以諸佛的八識心王具足圓滿一切的功德法，絕對的清淨，這樣就稱之爲「眾生的心相滅了」；而這個眾生心不再現起了，所以「錯執境界相爲眞」也就滅了。轉依心眞如而滅除染著的種子以後，一切的染污因緣——染因和染緣——以及染污的果，這些心相就全部都滅盡了。

什麼是污染的因呢？一念無明即是染污的因，無始無明也是染污的因；染污因的一念無明就是自心的俱生分別我執，以及俱生的分別我見，凡是意識心所有的都叫做分別所生，凡是意根所有的都叫做俱生，就是染因；這種分別而有和俱生而有的我見、我執，加上後來所熏習的邪教導等，以及分別而生的我所貪著，這些都是染緣。你一出生，就有五蘊爲緣：色陰爲緣，覺知心爲緣。那就一定會有這個分別生的我見與我執，就一定會有俱生的我見與我執。再加以後天熏習的邪教導的緣故，導致你這個我見、我執、法執，全部都會現起而難斷（譬如被人印證說：**你這個離念靈知心就是眞如**），因此就會導致染污的果報——執著離念的覺知心自己爲常住不壞法而不肯斷離——就導致我見我執現前而輪迴生死，因此說這個叫做染污的果。

如果你能夠像前面所說的這樣，如實知而修遠離法，然後對眞正解脫的無境界的境界，對佛菩提的眞實智慧境界，都生起種種的隨順行，所以對世間法無所分別、無所取擇，這樣無量阿僧衹劫的慣習力，到最後無明滅盡的時候，這些染因、染緣、染果的心相就不再出現了，此後所出現的全部都是清淨因、清淨緣、清淨果的心相，但那已經不是眾生的心相，這樣就說你已經證得涅槃了，這個就是講佛地的無住處涅槃，不再入住眾生凡夫的愚癡當中。但這是不入無餘涅槃，可是卻又不離無餘涅槃本際的，這就是菩提道的究竟果——成佛。

如果有人修證佛菩提道，還沒有到達佛地的境界時，他也可以有種種的自在業用啊！只是不如佛一般的具足罷了！這個自在，於初地菩薩來說，已經有一分自在了；初地滿心菩薩不會怕死，這是他的特性；他有一分的自在，因爲他有慧解脫，只是他故意不斷盡最後一分的思惑而不取證無餘涅槃而已。三地滿心又多了一分自在，因爲三地滿心菩薩的無生法忍不同於二地、初地，他又加上了意生身和輪寶，也有能力隨時取證滅盡定，隨時捨壽入涅槃，所以他又另外獲得一分自在。三地菩薩在三界中，到處都自在；因爲他有四無量心，當他具足四無量心的時候，又加上四禪八定及五神通，可以實證漏盡通而不取證（隨時可以成爲俱解脫的大阿羅漢菩薩，無妨在三界中處處應供），但是他不這樣自許。因此他可以三界中隨處來去、自由自在，所以三地更有這種自在業用。當他證得四無量心圓滿具足的時候，他想要去夜摩天當天主也可以，所以說他得到了「自在業用」。

如果是七地菩薩所證的念念入滅盡定，那當然更自在了；八地菩薩於相於土變化自在，他可以只要有作意——不必加行——念頭一動就可以變生諸法了，那不是更自在了嗎？他又加上一個如幻三昧的意生身，又得到更大的自在，九地又多得一個「知諸法法性意生身」，又能於一切法而得自在，所以有四無礙辯，不論是到哪個世界去說法，他都可以自在無礙。這個四無礙辯，不是只有在人間說法無礙，那佛地當然就更自在了。這些都是「自在業用」。但是這個「自在業用」，都是要由佛菩提道和涅槃果的修證而得，不是憑空能得的；所以並不是像藏密法王那樣：自己隨便想像一下，妄想一下，說我現在一念不生，那這樣就是涅槃了；又說這樣不滅盡十八界法，也不需證得涅槃本際的如來藏，就可以是輪迴與涅槃不二了。

這麼簡單啊？如果這樣眞的可以叫作輪迴與涅槃不二的話，那我今天絕對不敢說宗喀巴大師一句話，可是我卻常常把他掛在嘴上、跟他嘮叨；但我爲什麼敢對藏密黃教的「至尊」這樣作呢？正因爲他根本只是個凡夫嘛！一念不生的時候就可以叫做輪迴涅槃不二，那是何等大的笑話！而這種笑話弄出來以後，還被愚痴的藏密法王奉爲至尊，稱他爲「至尊宗喀巴」。我跟你講，他這個不叫至尊，他捨報之後得要下地獄的，因爲這是大妄語，這哪裡叫做證得輪迴涅槃不二？這種輪迴與涅槃的虛妄分別，都是意識我見的境界，連我見都還沒有斷除，連意根的所在都還弄不清楚；對意識之根都還弄不清楚，所以根本就沒有斷除我見，像這樣還可以叫作證得涅槃輪迴不二，眞的太荒唐了！他們藏密祖師都還沒有眞實成就種種自在業用的時候，絕對不可以在經上隨便擇取一個名相就往自己頭上一套，就說他已經證得了，這是不對的。接下來說：

論文：【妄心熏義有二種別：一、分別事識熏，令一切凡夫二乘厭生死苦，隨己堪能，趣無上道。二、意熏，令諸菩薩發心勇猛，速疾趣入無住涅槃。】

講解：妄心的淨法熏，是怎麼樣熏習的？妄心熏習上面的淨法熏習有兩種，第一個是分別事識的熏習，也就是指意識對清淨法的熏習；第二個妄心的淨法熏則指意根對清淨法的熏習，叫做意熏。意根與意識都是妄心，但是意根與意識都可以熏習清淨法；意即是意根，分別事識即是意識。

分別事識的熏習——意識在清淨法上的熏習——可以使得一切凡夫與二乘人厭惡生死的苦惱，因此隨著各人能力之所堪能而進趣解脫道或佛菩提道。趣就是往前面一步一步的前進，這叫做趣；進趣無上道，這個無上道在這裡是講二乘菩提的解脫道。二乘菩提從諸菩薩在佛菩提道中來看，往往都不當它是一回事，都不說它是無上道。但是這個二乘菩提所證的解脫法門，對一般凡夫、外道，對二乘人來說，它是眞的無上道，因爲只要你證得二乘菩提而成就無學果，那就成爲應供；應供就是說，三界一切有情眾生——包括二十八天之中的二十四天所有的天主（因爲無色界沒有天主，所以只說二十四天天主。其實應該是十天的天主，因爲色界天只有四個天主），以及一切人主，都應該供養你；因爲你已經成就無學果的時候，就是證得解脫道的初果乃至究竟果阿羅漢，所以叫做應供。爲什麼你是一切人天應供？因爲你能殺賊的緣故；你殺了什麼賊？殺了煩惱賊！所以你是一切人天所應供養的人。

當你成爲能出三界的聖者（乃至有的慧解脫、俱解脫的大阿羅漢，你看他不小心跌傷了腳踝，因爲痛的緣故，走路不得不一拐一拐的）眾生只看表相，愚痴無智，就誹謗說：「這算什麼大阿羅漢？他還不是照樣會痛！」眾生因此就看不起你，但是雖然沒有神通境界，卻仍然還是應供，因爲你殺盡了煩惱賊，捨報時可以出離三界。或者雖是三明六通的大阿羅漢，可是當你沒有顯現神通的時候，表面上看起來仍然像個凡夫一般沒有差別：冷了照樣要穿衣服，熱了照樣要扇子一直揮，生病了照樣會難受，跌一大跤時照樣暈倒，但卻是眞實的人天應供。這意思是說：修學二乘法的人，或者說凡夫來修學解脫道，進入二乘法當中，只要斷盡了思惑煩惱，就是成就解脫果、成就能出三界生死的二乘無上道，這就是證得有餘涅槃，和有沒有神通不相干。也就是說，隨著各人自己的堪能性而去修證解脫之道。

有的人眞的是無堪能性——他沒有這種堪能性——你告訴他：「好好修菩提

道，不要貪著世間法，不要貪著有爲性的神通。」可是他連聽都不想聽。有的人聽了，願意修行，你告訴他：「不要一天到晚發脾氣。」他說好，可是轉眼又發脾氣，連我所煩惱都斷不掉，這就是沒有修習菩提的堪能性，習性非常的重。堪能性也是靠過去世的熏習累積成功的，譬如有的人在佛菩提道上面有堪能性，有的人卻沒有；於佛菩提道有堪能性的人，聽到有人可以教人家明心見性，心裡就喜歡；沒有堪能性的人聽到時，會說：「我算老幾？我怎麼可能明心見性？」這就是沒有堪能性。

有的人，你告訴他說：「菩薩道第一個最重要的行門就是修布施行，所以你要懂得供養三寶。」他聽了說：「什麼三寶？他們出家人也不過是一個人，跟我還不是一樣？只不過換了個衣服而已，憑什麼我要供養他們？」這個就是沒有堪能性的人。有的人有堪能性，你跟他說要供養三寶，他聽了，馬上就信了，遇到師父時就趕快奉上紅包供養，這就是他有菩薩行的堪能性。

有的人沒有堪能性，聽到聞所未聞的妙法，就說道：「這種法從來都沒有聽過，沒有人講過，我看這個法可能有問題。」聽了就怕了，因爲他從來沒有聽過任何人講過這種勝妙法。這有現成的例子，我們常常這樣講：「佛菩提道的修證——般若的開悟——就是在你的見聞覺知妄心存在的當下，同時有一個離見聞覺知的眞心，要去證得那個與妄心同時存在的眞心；證得離見聞覺知的眞心時，就是悟入般若正義中。」可是外面那些人，大部分人聽了這個正理，都不能信受，都是說：「我們這個妄心只要清淨了，能夠一念不生了，就變成眞心；只有蕭平實一個人說眞心與妄心同時存在，我們師父和諸方大師都不是這樣講的，只有蕭平實一個人這樣講，這是有問題的。而且他的書又寫得這麼深，使人看不懂，無法辨別他的法義對或不對；所以他這個說法有問題，佛經裡面好像也沒有像他那樣講過。」其實經中與論中早就講過了，只是大師們讀不懂，或者根本就沒有讀過，所以他們的四眾徒弟也跟著不相信眞心妄心並行的道理。這就是說那些大師們與徒弟們沒有了義勝妙法上的堪能性。

所以，對解脫道正理的堪能性，和對佛菩提道正理的堪能性並不一樣；解脫道的堪能性是能夠厭惡生死輪迴，能夠接受五蘊無常、十八界無常、十八界中的意識與意根都無常，那你就有修習眞正解脫道的堪能性了。剩下的只是你有沒有福德因緣遇到一個好的善知識，教導你眞實的解脫道，不會落入意識心的無量變相境界中而自以爲已斷意識我見；並且能如實現觀意識心的種種變相及無常性，不會落在意識心的變相中而自以爲不落在意識變相中，才是眞正的實證解脫道。可是菩薩道大不相同，你還得要加學佛菩提道，你得要具足很多種的堪能性：布施、持戒、忍辱、精進、禪定、般若，這些你都能夠統統接納，而不落入外道見、常見見中，才算是有了佛菩提道的堪能性，才算是有了菩薩般若的證量。

如果光是修學六度波羅蜜中的一度、二度、三度乃至五度，仍然是不能進入佛菩提道的大門；雖然布施到禪定等五度都完成了，四禪八定都具足了，那也還是外門廣修六度萬行，還不是在內門中修習六度的菩薩。就算布施了幾千萬億，加上禪定具足了，也還是凡夫，因爲還沒有熏習實證般若正義。有的人說：「我有四禪八定，都具足了，我幹嘛還要跟你學佛法？」他覺得自己很了不得，可是佛說：「從無始劫以來，一切人天眾生乃至螞蟻畜生，下至地獄道的眾生，沒有一個眾生不曾具足得過四禪八定的，但仍然不免生死輪迴，都是凡夫眾生。」你看！佛這麼說。所以就算你今生證得四禪八定具足了，照樣還得去輪迴生死；得要證得解脫道的盡智或者無生智，才能出三界生死，這是二乘解脫道的修證。

如果要成爲菩薩，你還得要聞熏般若正理；聞熏了般若之後，再透過四加行而斷我見，不犯佛門大師們的大妄語過失：落在意識心的變相境界中而自以爲已斷我見、已離意識境界；然後參禪，當你證得眞心如來藏的時候，你才知道說原來法界實相是這樣子的，隨即依各人善根與慧力的差別不同，或多或少懂得般若系列的經典密意。這樣才是眞正懂得「知恩、報恩」的人。

你看！佛這麼說：要眞正的了知佛恩並不容易，要報佛恩又更難。可是你要報佛恩之前得要先知佛恩；報佛恩就是出來破邪顯正，讓 佛的正法可以延續下去，不會被常見⋯等外道見所取代，使正法不會滅掉，這就是報佛恩。可是在報佛恩之前，先得要知恩；知恩就是你要先去證悟實相境界；證悟以後對 佛所講的微妙甚深無上大法，你能夠如實知、如實領受、如實觸證、如實體驗，這才叫知恩。所以說，想要眞正的知恩還眞的是不容易。這意思就是說，菩薩所要具備的修習佛菩提妙法的堪能性，要有很多的條件；但是二乘的解脫道的堪能性，則只要一個條件：就是厭惡意識我與六塵，厭惡有我繼續生死；因此我執斷除的時候，一心想要取證無餘涅槃，所以到了中陰身的階段就會滅除中陰身的意識心與意根而成爲中般涅槃，這就是慧解脫。

如果是俱解脫，那就不是只有這個分別事識熏，還要加上意熏（但這個不同於後面講的菩薩意熏）。也就是說，你如果想要在捨壽時獲得現般涅槃，而不是像一般慧解脫者的中般涅槃，那你先得要現生證得滅盡定；因爲滅盡定的修證之前，你先得要具足四禪八定；而修證四禪八定的過程當中，你就已經把意根的我執——俱生相續我執——已經揉伏了嘛！揉伏了意根我執的時候，你取證滅盡定而把意識的自己滅捨了，也把意根的部份心行斷了，只剩下意根的「觸、作意、思」三個心所法而入了滅盡定，這樣的話，你就有能力可以隨時取無餘涅槃，捨壽的時候一定是現般涅槃；但這個現般涅槃的證得，得要加上意熏，也就是二乘解脫道中的意熏。這比較不容易證得。

但是，如果你想要取證這種現般涅槃，你們明心的人聽清楚了：如果你是想要取證中般涅槃成爲慧解脫的行者，只要有分別事識熏就夠了；熏習完成之後，我執已斷，接下來在捨報之前得要做什麼呢？只要隨緣隨分度化眾生就行了，到了捨壽後，中陰身出現時再把自己捨了、滅了，就成爲中般涅槃，這樣就出離三界了，這就是二乘法中所說的成就無上道，這是二乘法的極果。

接下來再說第二種妄心熏習的「意熏」。意熏也就是說：菩薩的修道，難於解脫道很多、很多，因爲菩薩的修道不是只有在分別事識熏上面，如果單單只有分別事識熏的話，你最多是勝解、勝行，但是進不了聖位的，最多就是在習種性上安住；還只是在性種性、道種性之下，還是進不了聖種性中，所以還無法進入初地中。你想要進入初地的話，一定得要有意熏的過程。

那麼意熏是說由於這個第七識——意——的熏習，使得好多好多的菩薩能夠發心而且很勇猛，能夠很迅速的趣入無住涅槃。前面說：經無量阿僧祇劫的慣習力，才能使無明滅盡；現在又說意熏可以使菩薩們速疾趣入無住涅槃。不知道正理的人就會說：「哼！這《大乘起信論》中 馬鳴菩薩亂說一氣，剛剛還說成佛得要三大無量數劫那麼久，現在又說速疾趣入無住涅槃。」

在解說這一段之前，我們可得先略說無住處涅槃，大家才容易理解。無住處涅槃的意思，是說不住在三界生死中，也不住在出三界的無餘涅槃中，這就叫作無住處涅槃。我們也常常講，說涅槃是本來就在的，不是修來的，但也不是不修而得。現在諸位之中有許多人已經瞭解了涅槃的道理，或者親證了涅槃的非修、非不修的眞實義，現在我們來說佛地的無住處涅槃；由於無住處涅槃的境界，不但像二乘無學聖人一樣的把煩惱障的現行斷了——也就是把分別事識熏完成了，我執的現行已經斷了；而且也在三大無量數劫當中把煩惱障的習氣種子隨眠也斷盡了，所以完全沒有煩惱障中的習氣種子存在了。所以，諸佛不但沒有下煩惱—

——沒有「起煩惱」——也沒有習氣種子隨眠在第八識中了。

阿羅漢們都還有習氣，諸佛卻已經完全沒有習氣；大阿羅漢把煩惱障的現行斷了以後，就已經過了分段生死，諸佛同樣也斷了煩惱障的現行，所以同樣也有有餘及無餘涅槃的證境；但是諸佛更進兩步：第一步，諸佛更進一步把煩惱障現行的習氣種子的隨眠也斷盡了，當然比大阿羅漢的斷分段生死更究竟，所以諸佛不只是和阿羅漢一樣的超過分段生死而已；第二步，諸佛不但親證第八無垢識——這是大阿羅漢所不能證知的——又在成佛之前把無始無明中的過恆河沙數的上煩惱——也就是塵沙惑——也全部斷盡，所以祂沒有變易生死，這更是大阿羅漢所無法臆想的智慧境界；所以諸佛的第八無垢識一切種子都已究竟清淨圓滿了，所以諸菩薩論中說佛地眞如心的無垢識：「唯帶舊種，不受新熏」。佛地的心眞如所含藏的一切種子，一切功能差別，一切法界，統統不再變易，因爲祂已經具足清淨，究竟圓滿了；具足清淨、究竟圓滿的時候，還要熏習什麼呢？當然不必再受熏習了。

既然永遠都不再接受熏習了，祂當然就不再變易內含的種子了，那就是不變異的法，所以諸佛都是超過了變易生死境界；諸佛既然都過了變易生死境界，又在無量數劫之前就過了大阿羅漢所過的分段生死境界，當然是更究竟的涅槃。可是佛地究竟涅槃，雖然不是諸大阿羅漢所能臆知，但是諸佛卻不入住無餘涅槃裏面；而且由於兩大無量數劫以前的初地所發的十無盡願所持的緣故，所以諸佛世世奉行十無盡願，利樂眾生永無盡期；這樣一來，當然就得在三界各世界中來來去去的利樂有情，所以就不住在無餘涅槃裏面，當然就得在十方三界中處處受生利樂有情。可是雖然不住在無餘涅槃裏面，卻又不住在生死裏面：因爲諸佛早就斷盡分段生死了，又進斷大阿羅漢所不能知、不能斷的變易生死了，所以又是不住在生死之中；這樣不住在三界生死中，而又不住在無餘涅槃中，一無所住，這就叫做無住處涅槃。

「意熏，令諸菩薩發心勇猛，能夠速疾趣入無住涅槃」：是說菩薩由於妄心意根在淨法上面熏習的緣故，能夠很迅速的往無住處涅槃前進，乃至最後証入佛地的無住處涅槃，都是由於他們在因地時的發心很勇猛的緣故。菩薩的發心勇猛，並不是一般人作得到的，一般人都會因爲恐懼而不敢做護法正行；一般人如果聽到別人恐嚇說：「喂！你出這本書，人家會把你殺掉，你可得小心了！」只要這麼一句話恐嚇，就害怕了，晚上睡覺都睡不好，他心裡很掙扎啊：「我很想出這本書，因爲眾生被誤導而有很多人犯了大妄語的地獄罪，很可憐啊！可是，我如果出書辨正法義，人家又要殺掉我。」心裡可眞是掙扎得很哪！

那你們如果問我：「你有沒有掙扎過？」沒有！我沒有掙扎過，我早就是「吃了秤鉈、鐵了心」，我就是要出版——捨命也要出版；人家說捨命吃河豚，我們是捨命也要把它們出版，爲什麼呢？因爲你出版了這些書以後，就算是你的身體被殺而死了，但是這些書所傳遞的佛法正義會繼續留存，眾生的法身慧命就有救了；它們將會一直流傳下去，它們將會繼續存在，他們無法把你所出的書全部都收回來燒掉，總會有人收個幾本嘛！各圖書館也會收存一些書嘛！等到未來世遇到哪一個人在這些書裡獲得佛法上的大利益，他很喜歡這些書；也許未來世的我又看見這些書，我將和那些未來世得到這些正法書籍利益的人一樣，又把它拿來大量翻印，這都是很可能的，那麼眾生的法身慧命就得救了，這就是捨命救眾生。你得要發心勇猛，要能不怕死，道業才能迅速增進；但是先得要有這個「意熏」，才能作得到。換句話說，不是只在意識的熏習上面，還要熏入你的意根裡面，得要使你的末那識的習性轉變——你的末那識很確定自己一定要這樣子做——是很堅定的、很勇猛的去做；這樣才能說你的熏習叫做意熏——熏到你的意根去了。

當初我們出版《護法集》的時候，那個時節，正好碰上劉邦友縣長的滅門血案；有好多人跟我說：「**老師啊！我們出版了《護法集》，得罪了佛教界中的大勢力，會不會有人仿效暗殺？你看！連縣長都被幹掉了。**」我說：「**安啦！安啦！有兩個原因，第一、就算是有問題也要出版，不出不行；第二、臺灣的學佛人眞的『程度不俗』，迷信的人固然還有，但是大部分的人都蠻有正見的。**」但是，這還得要歸功於那些專門在印經典的人——譬如白馬精舍…等。我爲什麼會讚歎他們？正因爲他們印出了很多的大藏經，所印的祖師的東西不多；他們就是很用心的印《大正藏》，又都是以成本價流通，不賺錢，這個功德很大；因爲是成本價，很便宜，所以能夠流通很多部，變成有很多人手上有經典可以直接求證、對照，那我可就不怕了！

爲什麼呢？因爲有些人一直想從我的書中找出我的毛病，那他們當然要找經典來比對；結果找出經典翻出來一對，偏偏蕭平實又對了，心裡面就想：「**原來是我們自己誤會經典的眞義了。**」就這樣子，最後漸漸就信了我的正法。有一些人則是死要面子，死不認錯；但是經典大量流通的結果，他們也無法籠罩別人。所以說白馬精舍印經的功德是很大的，千萬不要小看說：「**哎呀！他們也沒有悟，只是印經典，有什麼用？」其實不然，經典的繼續存在人間，非常、非常重要，因爲經典能夠護持眞正證悟的再來菩薩，能夠讓有智慧而不被師徒情感所遮障的佛弟子們，在眞善知識出世弘法的時節，漸漸的回歸正道，消除大妄語業；所以他們印經典，以成本價大量流通的功德是非常大的。

我們的意思是說，菩薩的大悲心、大願心，不是無因無緣而得成就；這就是說菩薩如果想要能夠發心勇猛而能速疾趣入佛地無住涅槃境界的話，那就一定要努力的熏入到你的意根裏面去。不知道的人會說：「哎呀！這位菩薩這麼執著、這麼固執，他就非要出那本書不行；我怎麼勸都勸他不動，他說寧可死也要出版，眞執著！」但這不是執著，因爲執著是針對自己的利益——色身和世間法上的利益——而執著；在利益眾生而不利自己的事項上堅持去作，這絕不是執著，反而是大悲與大願心的成就，就表示這位菩薩的意熏已經完成了。如果你能夠這樣的話，才可以說自己的意熏已經熏習得差不多了：「我大概可以在這一世中進入初地心。」乃至說以後可以有希望觀察因緣，幾年後也許有希望能入二地、三地也未可知。這就是你說：要有那個勇猛心，眞的要熏習到你的意根有了極大的轉變，而不是只有意識的熏習轉變而已。但是有很多人雖然在意識熏習上面有了很大的轉變，心裡會想：「對啊！這件事不作不行，因爲這是利益眾生修證法身慧命的事。」可是眞正要做的時候，又因爲環境的壓力太大而不敢作了，就退縮了。接下來說：

論文：【眞如熏義亦二種別：一、體熏，二、用熏。體熏者，所謂眞如從無始來，具足一切無量無漏；亦具難思勝境界用，常無間斷熏眾生心；以此力故令諸眾生厭生死苦，求涅槃樂，自信己身有眞實法，發心修行。】

講解：前面所講的「分別事識熏」是意識的熏習，「意熏」是末那識的熏習，這兩個熏習都屬於妄念心在淨法上的熏習；現在換一個角度來說，說第八識眞如心本身怎麼樣來熏習眾生心呢？我曾在《楞伽經詳解》中寫到這個部分：不思議熏。似乎是在第四集或第五集、第六集吧！反正我是已經寫過的了；因爲第六集也是老早就寫完了，等候時間到了就出版。「不思議熏」講的就是這一小段論文的內容，也就是專講這個心眞如的熏習。心眞如的熏習爲什麼又叫作「不思議熏」？因爲當你在熏習祂的過程當中，眞如看起來似乎並沒有受到熏習，而是你的妄念心意識和意根在熏習；但是當你的意根和意識熏習淨法的同時，你的心眞如裏面的種子就開始在轉變了，這就是眞如的熏習。

所以，眞正證得心眞如的人，瞭解到心眞如所含藏的種子——功能差別——法界性：等等的人，瞭解到妄念心和眞如心非一非異的人，能夠親自現前觀察到「妄念心是從心眞如中出生」的人，他才可能眞正的開始去修道；菩薩的道是應當這樣子開始漸修而成功的。如果沒有這種現觀的智慧，他始終會這樣想：「我這個妄心怎麼樣去修行清淨？但是妄心終究還是妄心，永遠都不可能變成眞心的；既然是這樣，我修正祂的心行又要幹什麼？反正永遠都是妄心嘛！修了還不是白修了？」可是你如果也證悟了，親自現前觀察到所有證悟者的觸證領受實相的境界以後，就會自己如實的瞭解：當我修正我自己的妄心心行的時候，就是在修正轉變心眞如所含藏的妄心種子：意識和意根的修正觀念和心行，將會把「無明」修除，「明」就現前了，這就是在熏習眞如啊！這就是在轉變心眞如中的種子，可是這種轉變卻是在六識與七識的分別事識熏和意熏的過程當中去完成的，而眾生是無法知悉這個道理的，只有證悟了的人才能現觀這個事實，所以說眞如的這個熏習就叫不可思議熏，只有證悟的利智菩薩們才能眞實了知這種不可思議的熏習。在《楞伽經詳解》第五集或者第六集印出來的時候，你們讀到了就會曉得，那裡面所講的就是這個體熏的眞實道理。

這個體熏——眞如熏習的道理，也有兩種的差別，第一種是在心體自性轉依上面的熏習，第二種是在性用上面的熏習；也就是說，菩薩悟後假借諸佛菩薩與眾生等外緣的作用，以體熏的正義來熏習眾生及自己，令眾生普得證悟佛道，也使自己漸次成就究竟佛道。

那什麼叫做體熏呢？這是個大題目；體熏就是說，眞如從無始劫以來，祂本來就具足了一切的無量和無漏，也是從無始劫以來就具足了難可思議的勝妙境界的作用。什麼叫做具足一切的無量、無漏？也就是說祂的圓滿性（眞如心有祂的圓滿性），這個圓滿性是說眞如本身含藏了種種法、無量法在裡頭；不管是染法、淨法，不管是世間法、出世間法，不管是有漏有爲法、無漏無爲法、無漏有爲法，統統都具足；而且在心法或是色法上面，也都圓滿具足，才可能變生萬法，這就叫作無量、無漏，這樣才能稱之爲大圓滿。但是密宗所講的大圓滿，講的是什麼呢？都是意識的境界，都還沒有牽涉到意根的層次，更不要說是親證第八識的境界了。眞正的大圓滿就是眞如含藏了無量的、種種的法，這一些法在你修學佛法以及悟後修道的過程當中，它們讓你漸漸的一分一分的現起與證知，了知心眞如的種種功能差別；可是這些一分一分現起與證知的眞如心的功能性，都不是你修來的，它們都是本來就有的；但是因爲眾生心中無明的垢藏，使得它們不能現行、證知；所以到達究竟佛地的心眞如的種種威德，其實都是本來就具有的，而且是無量無限的，這才叫做無量。

「無量無漏」的「無漏」，就是講四種涅槃的本來自性清淨涅槃；由本來自性清淨涅槃的緣故，所以才會有有餘涅槃的證得。已經破參明心的人，親眼看見一切有情眾生都具有這一種本來自性清淨涅槃；還沒有破參的人，雖然還沒有證得這個性淨涅槃，但是，其實你的自心如來藏也是本來常住於涅槃中的，所以這個涅槃不是修來的，所以稱爲本來自性清淨涅槃；如果有餘涅槃、無餘涅槃、無住處涅槃都是修來的，那麼這三個涅槃將來一定還會壞掉、還會失掉；但因爲這個本來性淨涅槃並不是修來的，所以其餘三個涅槃證得的時候也就不會再壞掉了。

但是，本來性淨涅槃雖然不是修來的，卻也不是不修就能證得的；但如果是修來的，那又落在一邊了；若是不修就得，這也落到另一邊去；所以涅槃是中道：非修得，亦非不修而得。

在你還沒有破參以前，你所說的「我本來就有本來自性清淨涅槃」，就是不修而得的法，不修而得則是落在一邊；那我請問你：「你的本來自性清淨涅槃在哪裡？」你並不知道，因為你無法現觀本來性淨涅槃的現量境界；不知道的話，你就得要修行。修什麼行呢？參禪！等你破參明心了，終於證得了，那還是修嘛！但是修得這個本來性淨涅槃的時候，這個涅槃是你修來的嗎？不是！它是本來就存在著的，只是等你去證得它罷了！當你證得了以後，你發覺根本就不必、也不用去修它，它根本就已經存在那裡，你只是去證實那個久已存在的事實而已。所以涅槃是中道法，不是修來的，也不是不修就能證得的。

當你證得這個本來自性清淨涅槃以後，現觀第八識眞如心體的本來就有自性、本來就已清淨、本來就是涅槃以後，你就轉依心眞如的清淨自性，把自己的煩惱障的現行斷除掉，那就是證得有餘涅槃了。那這個有餘涅槃是你修來的嗎？可以算是修來的，但也不算是修來的；因為當你把煩惱障的現行修掉了以後，其實還是原來的第八識眞如心的本來自性清淨涅槃；所以當你捨報的時候把自己滅了，十八界都滅了而不再生起任何一界的時候，就變成無餘涅槃境界了；但是，其實無餘涅槃境界還是原來的本來性淨涅槃；所以，你其實並沒有進入無餘涅槃，因為你已經滅失了——十八界都滅光了——但是第八識眞如心卻是本來就涅槃，是你的祂本來就常住涅槃之中，而你入無餘涅槃的時候，蘊處界的你已經完全滅失了，所以，你其實並沒進入無餘涅槃；所以，若有人說自己證得無餘涅槃，那個人就是還沒有證得無餘涅槃的人。所以無餘涅槃也不是修來的，它是本來就有的；但是你若不修——不把煩惱障的現行斷了——那你還是不能證得無餘涅槃，所以說無餘涅槃、有餘涅槃，都是非修、非不修的。至於佛地的無住處涅槃，那也是基於這個本來自性清淨涅槃而來的，所以本來自性清淨涅槃正是其餘三種涅槃的根本。

這裡說的體熏、所講的無漏，就是在講這個涅槃性；因爲見聞覺知的十八界的你，有生以後不過幾十年、百餘年，然後就有死；可是你的自心眞如第八識如來藏，祂卻是本來就不生不死，從來無生也永遠無死；不生不死就是涅槃。你出生了以後熏習善法就會有清淨法，熏習染法就會有污垢法，可是心眞如自己的體性卻從來都不垢不淨而不改變，不垢不淨就是涅槃、就是中道，這就是祂的無漏性。祂從來都是這樣的，無量劫以來就是這樣的；你一出生以後就開始分別人我：「這身體和覺知心是我，這是我的父親，這是我的母親。」但是祂卻從無量劫以來一直都不分別人我，這個無分別性、無取著性，就是祂的無漏性，這就是講祂的涅槃性。所以說祂是從無始以來就具足了一切的無量、具足了一切的無漏。

祂也具足了難可思議的勝妙境界作用。你聽了就說：「哪兒有？我現在明明有眞如心，但是我卻還是沒有神通，想要變現個什麼事物也變不來，哪有什麼難思的勝境界用？」但是，你現在沒有，並不代表你過去世也沒有。你們每個人在過去世都曾證得四禪八定，也都曾修證過四無量心，也都得過五神通，就是只差一個漏盡通沒有得到，有誰沒有得過這些勝妙境界呢？乃至賤如螞蟻的微小眾生們，從理上來看，牠們與我們都是平等平等的，而牠們個個在過去無量世之前也都曾得過，只是今天業力所拘束而成爲螞蟻；眞是可憐，你只要一不高興，手一揉就把牠揉死了，但不代表牠們過去無量世以來不曾得過四禪八定、五神通。所以，這種難思議的勝妙境界神用，有一部分是大家都曾經有過的，就是四禪八定、五神通所顯現的這些功能性，每一個人從無始劫以來都曾經有過，只是不能像諸佛菩薩一樣的究竟勝妙罷了；但是這些曾經證得的禪定與神通境界，因爲藉著神通而造惡業、干預因果…等等，所以下墮惡道而在世世輪迴生死以後又失去了。

這些世間外道所證得的境界相，你如果再經由努力的修行，它們又會漸次被你重新得到；如果不能把握住善心與善行，又藉神通和禪定的威德繼續干預因果，又會再度下墮惡道而失去禪定與神通的證境，所以，這些世間法上的勝妙境界與威德，大家在無量的過去世中都曾經證得過。但是自從無始劫以來，你在破除無明方面卻始終得不到，得要遇到眞正佛法的善知識教導時，才能將之破除；然後依照佛道的次第，地地進修，到三地滿心位時就又會輕易的擁有，八地時會出生半數以上的勝境界用；最後到了佛地的時候，那個難可思議境界的作用才會具足圓滿的被你所用，因爲你第八識心體中的垢藏究竟除盡了。但是在垢藏究竟除盡之前，這些修行的過程當中，初地菩薩以及三賢位的菩薩也都個個有他們自己的難思議勝妙境界用的現前，各人並不同。

有人也許會問：「你不是說，要到三地滿心才具足四禪八定和五神通嗎？那麼三賢位怎麼可能會有這些殊勝的境界用？」可是諸位要瞭解：佛法並不是一加一等於二，也有可能零點零零一加上一點九九九而等於二；佛菩提道是有很多變化的，正因爲眾生心性千差萬別，所以見道、修道、見修道，是有許多種不同的。有的人是見道時就斷盡思惑煩惱而出三界生死苦，有的人是見道以後再修道，再斷盡思惑煩惱才出三界；有的人是見道以後不勤斷思惑煩惱，得要歷經七次的人天往返受生以後，思惑煩惱才能斷盡，才能出三界生死。這樣子，光一個解脫道的二乘法，就有這些差別了，所以才會有現般涅槃、中般涅槃、生般涅槃、上流處處般涅槃等差別；因此，並不是每個人修解脫道以後的結果都一樣，只有到了最後究竟的無餘涅槃果報時才是一樣的。

佛菩提道也是一樣，有的人走的是大乘通教菩薩的路；通教菩薩在二住位就已經證得初禪了，在四住位就證得二禪，六住位就證得三禪，六住位就可以修證神通了。雖然三禪中修神通，不像四禪中修神通那麼容易，但比起沒有禪定的人來說可就容易多了；譬如有的通教菩薩是俱解脫的大阿羅漢菩薩，可是他卻始終無法進入大乘別教中的第七住位，正因爲他屬於通教菩薩，而通教菩薩的無生法忍果就是到達辟支佛果。雖然他因爲慈悲度眾脫離生死而永遠不入無餘涅槃，所以算是菩薩，但是從此世到無量世以後，照樣還是只能修到這裡爲止，別教七住位菩薩所證得的般若他還是不曉得的。

如果是慧解脫的二乘無學聖人迴心大乘別教法中，求證法界的實相心如來藏，但因爲他從來沒有布施過、沒有修過福德資糧，那就像是托空缽而還的大阿羅漢一樣；所以當他迴心來修菩薩道時，他得從別教十住位中的初住位開始修——先得修學布施行，累積福德資糧。布施行修學滿足後可以跳過持戒這一度，因爲持戒這一門上面他沒有問題，他已經是阿羅漢了，只要深入理解菩薩戒，發起菩薩性就可以了；然後再修忍辱、精進、禪定，最後再來熏習般若；所以如果他剛剛迴心大乘別教時，那也只是菩薩初住位的行者而已，縱然解脫果已經相當於六地滿心菩薩了，但是在別教中的位階仍然只是初住位而已，因爲他的布施…等行尚未滿足的緣故。

所以說佛道行門次第有很多的差別，正因爲眾生的根性千差萬別，而迴小向大的菩薩們又有種種差別，所以說，俱解脫的三明六通二乘無學聖人，在剛剛迴心而入大乘別教三賢位中的時候，也許正是樂善好施的人，往世已布施了很多很多資財和解脫道法財給苦難眾生了，而且他原本就已是俱解脫的聖者了，但是當他迴心修學大乘時，雖然他還只是在第六住位的賢位中，還沒有進入第七住位——因爲還沒有破參明心而仍然沒實相般若的智慧——但是無妨也有難可思議的勝妙境界神用。這是說，因爲他的五神通由於漏盡通的增益故，所以不是一般凡夫所證得五神通境界所能想像的；但是他這個勝妙境界神用，還是得要從心眞如中出現，並不是由他的意識、意根自己心中出現的；而是以意識、意根的作意，把它們從心眞如裏面現行而已，因此說心眞如也具有難思議的勝妙境界神用。

這個難可思議的勝妙境界神用，也是常而不間斷的在熏習眾生的心；這個「確實有眞實不壞自心」的熏習，就是指每個眾生都有第八識心眞如在時時刻刻的自心流注，而出生了有漏有爲法、無漏有爲法；就在有漏和無漏的有爲法中，顯示了無漏無爲法，這種熏習是無始劫以來就常而不間斷的；聽聞的熏習卻是常常有間斷的。爲何說是常無間斷的熏習？那就是在講一切種智裏面說的所熏法的堅住性。既然是所熏的，就一定是持種的；既是持種的所熏法，一定要具備堅住性，也就是常住不壞、堅固不壞性，所熏習的種子才不會失去而成爲熏習無功。如果過一世、二世就會壞掉的法，祂就不是堅住性；假使不具備堅固常住性，那你對祂所作的一切熏習都將是無用的熏習；因爲熏習完了以後祂就壞掉，所熏的功德就不復存在了。

譬如你要熏香一件衣服來穿，一定是那件衣服熏香了以後還一直存在，才能使得香味繼續存在衣服上，讓你可以穿好幾天而不會失掉香味；如果熏香了以後，衣服馬上壞掉了，那你會去熏香它嗎？一定不會！所以同樣的道理，所熏的眞如心一定是堅固而常住的心，能熏的七識心（意識與意根）則是有變易性的，所以祂們能產生作用來熏習眞如，也可以使得祂們的善惡習性因爲熏習而日漸改變、增長；但所熏的心眞如一定是堅住而永不壞滅的。

正因爲心眞如——阿賴耶識心體——永不壞滅，才能夠成爲所熏，如果用一念不生的意識覺知心作爲所熏的眞如心，你在一切種智上的熏習就講不通了，一定經不起考驗；因爲從一切種智來說，這個所熏的心眞如一定是恆常堅固不會壞掉的心；可是一念不生的覺知心，你只要一睡著就不見了、斷了；去到醫院動個手術、打麻醉針，你又昏昏沉沉的睡著、斷滅了，所以祂不是堅住性的嘛！這個所熏的本體眞如心是有眞實堅住性，才能是被熏的心；堅住性就是常，常就是不間斷，這個眞實心必須是常而不間斷，才叫作眞實心；若是會間斷的心，只要有一剎那會間隔斷滅，就不是眞實心。第八阿賴耶、異熟識，正因爲心體常住堅固而無間斷，才能有自心種子堅住的熏習，才能常常無間斷的返熏眾生的七識心；由於有這種體熏的力量故，所以使得眾生厭惡生死的苦惱、苦痛，而去追求不生不滅的涅槃寂靜的快樂，讓他們能夠相信：「**我一定有一個眞實法是常不壞滅的，是不生也不滅的涅槃性。**」

常見外道修行者的立論本來是正確無誤的，但是他們的問題出在「將妄心錯認爲常住不壞的涅槃心」；斷見外道的立論則是理論錯了，導致行門落於誹謗、撥無一切法，落入一切法空之中；常見外道則是理論對，但行門和實際的修證錯誤了。斷見外道譬如藏密應成派中觀見，他們是理論錯了，落入一切法空的斷見中，但修證上倒是反而有一點接近，怎麼說呢？他們說一切法都是無常、苦、空、無我，依這種理論而努力去斷煩惱，表面上看起來倒很像是對的；但是由於修證不到眞如而妄說一切法空就是眞如，妄說滅相不滅就是眞如，又說涅槃是不可知、不可證的，說是只能意會而不能言傳的法；又否定第八識，將第八識如來藏誣攀爲外道的神我、梵我，認爲「**堅決否定如來藏就是否定外道神我、梵我，就是護持正法。**」

這樣子聽起來卻是很像佛法的，初機學人、還沒有證道的學人、初證道而沒有大善知識攝受的新學菩薩們，都很容易會相信他們的說法；因爲佛法中一直不斷的告訴你「緣起性空」，而他們的說法很類似，令人幾乎無法分辨出他們的說法與眞正的佛法有什麼地方不同。但是他們其實都不曉得：佛所說的緣起性空是依第八阿賴耶識心體的常住而說緣起性空，是依有分識而說緣起性空，是依無餘涅槃的本際、實際、如，是依初入胎位「名色緣識」的識而說蘊處界及所生所顯一切萬法都是緣起性空。他們不知道這個道理，把這個前提、把這個佛法的根本丟棄，然後單取世間現象界的蘊處界萬法的緣起性空來說，所以說：當今達賴、印順法師……等人所弘傳的藏密宗喀巴、阿底峽、寂天、月稱的應成派中觀見，屬於斷見外道論；因爲他們所說的涅槃都是無因論的涅槃、都是落於斷滅空的涅槃。

密宗紅、白、花教也都私下評論說黃教的中觀見是斷見論，但是因爲黃教的政、教勢力很大，一直掌握了西藏地區所有的政治與佛教界的勢力，所以各大教派不得不俯首稱臣，不得不在表面上認同應成派中觀。但是在本質上，他們都曉得那是斷見論。可是這個斷見論很容易迷惑學人，因爲他們所說的都是「緣起性空」的教義，把阿含經請出來讀，到處都是講緣起性空：苦、空、無我、無常。初聽時都不會發覺到他們的問題所在，所以就會有很多人相信他們的邪說。但是阿含四大部諸經裡面，其實都有一個很重要的大前提，那就是以涅槃的本際——眞我——而說蘊處界…萬法都是緣起性空，而說五陰無常、苦、無我；所以佛在阿含裡面許多處說到：「色蘊非我、不異我、不相在」，受、想、行乃至「識蘊非我、不異我、不相在。」所以，蘊處界的無常、苦、空、無我，乃是依此涅槃的實際——眞我——而說的，不可將此眞我第八識如來藏抽離而單取蘊處界無我，否則即是將原始佛法割裂成支離破碎的破法者。

既然苦、空、無常、無我的五蘊十八界是與「我」不一不異的，當然這個我一定是常住不壞法，當然這個我是一定存在的，否則怎能說「五蘊非我、不異我、不相在」？　佛既然這麼明言開示過了，當然一定是有這個眞我存在的；而且在實證上，也確實可以證明實有這個不壞的我；這就是第二轉法輪般若經典所說的「菩薩心、不念心、非心心、無心相心」，因爲這個「我」沒有五蘊見聞覺知和思量的體性，所以名爲非心之心；也就是第三轉法輪諸經所說的第八阿賴耶、異熟、無垢識，就是如來藏。外道所說的常住不壞的神我、梵我，只是第六意識心，他們不知道第六意識的無常性、依他起性；而　佛所說的這個常我、眞我，卻是第八識如來藏，是與第六意識並存的心，絕非印順法師…等人所誣指的外道第六意識神我之心。眞我是第八識，外道神我、梵我則是第六意識，怎會相同呢？

而且，印順法師……等人所說的「常住不滅所以是輪迴主體」的意識細心，卻正是意識心，正是外道的神我、梵我。他們自己落在外道的神我、梵我之中，卻反過來指責　佛在二、三轉法輪經中所說的第八識是外道的神我、梵我，難道不是指鹿爲馬、顚倒黑白的說法嗎？所以，　佛在四阿含諸經中所說的這個不滅不壞的「我」，當然就是心眞如——第八識如來藏；所以滅了五蘊十八界以後，絕非斷滅空，也絕對不是印順老法師所講的「滅相不滅即是眞如」；而這個　佛所說的「非我、不異我、不相在」的「我」，也就是無餘涅槃的實際、本際。二乘菩提的緣起性空，都是以這個眞我爲前提來說的；否則，一切法空後的無餘涅槃將同於斷見外道境界。

我們現在就是把這個眞實道理說出來、寫出來、印出來，我們希望所有佛學院的院長、教授、老師們趕快修正；如果我們都告訴他們了，他們也知道印順法師所弘傳的應成派中觀是斷見論、無因論，是完全違背傳統佛教教義的，卻還要繼續用《妙雲集》的邪見去教導學生，那就只有兩個可能：第一就是他們是愚癡的，我舉證及解析了那麼多 佛說「名色緣『識』、蘊不異『我』」的那些法，他們仍然讀不懂；第二就是居心叵測，爲了面子寧願繼續去誤導學生，繼續破壞 佛的正法。這兩種情形都是很嚴重的事情，我們希望在我們這個年代就能夠把那些常見、斷見論，全都驅逐到佛門之外去，讓佛門正法可以回歸到 世尊所說的如實、純淨的法當中，回歸到印順法師的師父太虛法師的傳統佛教正見中，這就是我們現在所作的事。

意識心不論是世間人所知道的粗心，或是印順與達賴…等人所說的細心，都同樣是意識心；既然同樣都是意識心，而且常識上及現量上都證實確實是有間斷的；這個意識覺知心既然是有間斷的心，不論祂是如何微細的心，最細也不過是非非想定中的意識細心，永遠都是意識心，永遠都是能熏的心，而不可能成爲所熏的心，怎麼可能由意識心就能單獨成就能熏與所熏的熏習道理呢？既然不能成就熏習的道理，祂就不是常無間斷返熏眾生妄心的眞如心了嘛！如果這樣的話，在佛菩提道的修證以及二乘解脫道的修證上來看，當然就完全無法取得證量，因爲必定會落到十八界當中，必定落入印順…等人自己所主張的苦、無常、空等現象界中，而不能實證五蘊苦、無常、空、無我背後的實相。所以那些人都成了斷見論、無因論者，都不信自己身中有一個眞實常住法。

譬如印順「導」師所講的：蘊處界都會壞滅，當十八界都壞滅而進入無餘涅槃以後，這個蘊處界消滅後的「滅相」是不會消滅的，因爲「滅相不滅」所以不是生滅法，所以叫做眞如。滅相：滅了十八界以後，還會有滅相存在嗎？我們應當知道：滅相是依蘊處界有而施設的，蘊處界虛妄，所以滅相也是依虛妄法的蘊處界而施設的，所以滅相也是虛妄法啊！然而滅相這個名相，說穿了其實就是無、就是斷滅空。像這樣子，印順老法師說「蘊處界的滅相」可以稱之爲不滅，這樣叫做眞如，其實是以斷滅空的無法認作 佛所說的眞如心，這種妄想的說法也可以說是佛法嗎？我不信這種說法可以是佛法！因此說，像印順老法師這樣的人，聽了《起信論》的妙義，他會相信「我身中有眞實法」嗎？會相信「我能發心修行常住不壞法」嗎？不可能！所以他們遲早都會對自己的想法與說法產生懷疑的。

但是印順法師所說的否定涅槃本際的緣起性空，無因而有緣起性空的法，一般初學佛法的人是不會覺得有什麼問題的；既然是這樣，剛開始跟印順法師學法的人往往不會懷疑他的法；但是學久了以後，終究有一天會懷疑；特別是把五陰十八界自我執著統統滅盡了以後，他會想：「**我把十八界都滅盡了以後，將來入無餘涅槃時是不是斷滅？**」他們遲早會探討這個問題，所以阿含部諸經裏面才會有這樣的史實記載：**焰摩迦比丘說如來滅後是空無，阿羅漢滅後也是空無。**因此，舍利弗尊者才會去跟他說法，但是他不信，後來 舍利弗尊者去跟 佛報告：「**有個比丘說如來滅後是空無。**」於是 佛就召喚焰摩迦比丘來，爲他開示：如來滅後非有、非無，因爲涅槃中無蘊處界我，所以非有；但是卻有本際——眞我——不壞，所以非無；所以如來及阿羅漢滅後非有亦非無。焰摩迦比丘依此開示而深入觀行，後來成爲阿羅漢。所以，應該這樣才是眞正的原始阿含佛法。

不可以說十八界都滅盡後就是統統空掉的無——沒有一個實體本際存在——

連心眞如都沒有。像印順與達賴…等人所說的這種「佛法」，我不認爲是眞正的佛法；因爲四大部的阿含諸經中已經說得很清楚：蘊處界我無常、無我，但是有個非蘊處界所攝的「我、本際」實存，這樣才是眞正的佛法。因此說，學習大乘佛法的人也好，學習二乘解脫道的人也好，都一定要「自信己身有眞實法」，這樣才能發心修行；不然的話，你把意識我見和意根我執斷了以後，一定又得回到凡夫的境界來了，爲什麼呢？因爲你會這樣想：**我這麼勤苦修行，遠離五欲；三界愛，我都不貪，結果卻變成了斷滅，那我倒不如跟人家去吃雞、吃鴨、吃魚、吃肉、喝酒、跳舞作樂去，還來得實際一點。**

所以我們以前有位師兄，後來相信藏密的應成派中觀以後，就落入一切法空的邪見，他就跟人家講：「**你們那些錢不要去布施了，不如去圓環吃魯肉飯的好。**」結果就會變成這樣，他就是中了應成派中觀的毒，落入斷滅論、無因論、一切法緣起性空的邪見中，而不信自己確實有眞實不壞法的存在。所以應成派中觀，修學到最後就會歸結出一個結論而變成這樣，所以他們很怕人家說他們是斷滅論、無因論，只好再去建立一個「不可知的意識細心。」（編案：後來昭慧法師另外發明一個新名詞「業果報系統」）來成立三世業行種子實現的因果主體；但是意識細心（業果報系統）既然是不可知、不可證的，那當然就不是佛法；因為佛法一定是現成的，一定是可知也可證的：只要你悟了你就知，只要你明心了你就證得。如果是不可知也不可證的法，那就是說：你跟他修學的佛法永遠都是玄學而不可實證的，是永遠都沒辦法使你成佛的。永遠沒辦法成佛的法，永遠無法進入見道位的法，怎麼叫佛法呢？

所以，大乘學人一定要「自信己身有眞實法」，這樣確信了以後，你才知道：既然有這個眞實法存在，那我所有的善業、淨業的熏習，全都會進入這個體熏——本體的熏習——當中，那我所修的一切功德全部都收藏在我的自心眞如，含藏在自己的本體、眞我裏面，功不唐捐；所以我絕不可作惡，萬一我造了一點惡業的話，這一點點的惡業種子就一定會落到我的八識心田裏面去。所以，菩薩畏因，正是這個道理。能這樣認知而修佛法，就是眞實能夠發心修行的人。接下來又說：

論文：【問：「若一切眾生同有眞如，等皆熏習，云何而有信不信者從初發意乃至涅槃前後不同、無量差別？如是一切悉應齊等。」】

講解：因為前面論文中既然從熏習上面來說：有妄念心的熏習淨法，也有眞實心對妄念心的淨法熏習；別人當然會起疑問：「如果像你所說這樣，一切的眾生同樣都有眞如的話，同樣都是平等的在熏習眞如，那爲什麼有的眾生會信有眞如？有的眾生卻不信有眞如呢？」這也問得有道理。

眼前就證實一定會有這種不信的人：諸位都相信自己一定實有眞如有第八識，但是藏密應成派中觀的邪見者卻不相信；整個藏密黃教中人都不相信，所以達賴喇嘛、印順、創古仁波切、宗喀巴…他們都不信有眞如心體的存在；古天竺的月稱還寫了《入中論》，公開的否定第七識、第八識。如果一切眾生都有眞如，也都同樣的熏習，爲什麼會有的人信？有的人不信？

這倒是問得好！既然是這樣等皆熏習，爲什麼許多人在從初發意一直到涅槃的過程當中，會有前後不同的熏習狀況？爲什麼這些人同樣的熏習，都是無始劫以來就在世間有種種的熏習，爲什麼在這個熏習過程中會有無量的差別呢？如果像你所講的這樣，應該是一切眾生都整齊的、平等的熏習到眞如才對；如果有一人成佛，大家就都應同時成佛，應該這樣才對啊！因爲「等皆熏習」，同樣都有這個眞如法的緣故；所以這個問題倒是問得很有道理。爲什麼會有人這麼問？這是因爲現見宗喀巴、月稱、達賴、印順、創古等人，他們都不信有眞實法的眞如心。

這個眞如心，其實並不是像印順「導師」所說的：本來　佛講阿含經典的時候是沒有講眞如心的，大般若系的經典是在　佛滅後五百年才結集而成的，第三轉法輪的經典是更後來才由佛弟子們長期集體創造出來的，所以般若經與方廣唯識經典，都是後來的佛弟子們共同長期創造而寫出來的，而般若經裡面都是在講一切法空。其實般若經絕對不是講一切法空，般若經所講的是法界中的實相主體，是宣說無心相心、不念心、菩薩心、無住心、非心心，哪裡是講一切法空？而是依實相主體來說一切法空，說實相主體是一切法空的根源。印順又說：唯識的經典是到後期大乘時期才結集創造出來的，所以八識心王的說法在原始佛教的阿含裏面是沒有的，阿含期的經典中只說有六個識而已，第七識是由於後來唯識學的發展，然後才建立起來，本來是沒有第七識的；第八識當然更是第七識建立以後才由第七識再細分出來的，所以本來沒有第八識，是後來佛弟子創造的大乘經典中始創的法。

在他的《印度佛教思想史》，他的《妙雲集》諸書裡面，到處都有這種片面的、主觀的論斷；但自從我們共修以來，我列舉了很多《阿含經》中的聖教證據，讓大家瞭解：阿含裏面到處都說到有八個識，只是文句艱澀難懂，他沒有讀懂罷了。

所以經典的涵意甚深極甚深，難知難解，不是只有佛菩提才這麼難懂，在二乘法解脫道的聲聞菩提的阿含諸經裏面，就已經這麼難懂！但是我卻認爲很簡單：初入胎位的「識緣名色」四個字，就已經很明白告訴你有八個識存在了。這是很簡單的道理，但爲什麼他們讀不懂呢？其實道理是很淺顯的，但是它淺顯得太過於明白，所以印順法師與達賴、宗喀巴、阿底峽、寂天、月稱等人都不明白。

因爲十八界裡就已經有六根、六識、六塵了，六識就是眼識和覺知心等六個心，再加上六根中的第六根意根——佛說祂是無色根、是心——那不就有七個識了嗎？這六根、六識、六塵中的七個識都攝在「名、色」之內，名、色裏面既然有七個識，「名色緣識」，不就是說七轉識緣於第八識了嗎？在這四個字裡面就已經告訴你有八個識了，但他們還是讀不懂，眞是沒辦法！當時的 馬鳴菩薩住世時一定也有這樣的背景，一定有很多人在當時提出這樣的疑問：「你們說有七識、八識，但是你們所說的七識與八識，一定是你們後來發展唯識學以後才發展出來的，佛在原始佛教時期本來沒有說這兩個識，你說的七與八識都是自己創造出來的，所以七八識只是施設建立的名相，法界中在事實上並無此二識的存在。」所以，現在的佛教界凡夫之中會有這種論點存在，當時的天竺佛教界也無可避免的會有這種論點存在與流傳；這種論點，對佛教中最勝妙正法的抵制力量極大，使得一切證悟菩薩都不能不正視之，當時的 馬鳴菩薩聽到這種論點，當然也會想要加以澄清辨正，想要主動說明這個問題；可是那些抵制最勝妙正法的人都不主動來問，專在私下裡傳言誹謗第八識，那麼 馬鳴菩薩乾脆就來個自問自答、寫在論中，那就師出有名了。正是：好有一問！至於 馬鳴菩薩如何回答，且聽下週分解。

今天是個大日子，今天是兩千五百多年前 釋迦牟尼佛示現成道的紀念日。祂其實並不是一生之中就突然開悟成佛的，這需要一段過程：從三大無量數劫之前的修行，菩薩的外門六度萬行之後，隨著七住位起所修的內門六度萬行，藉以累積入地所需的大福德和勝妙智慧；進入初地以後還有十地菩薩的十度萬行，這是難行能行的菩薩道，不是等閑之人所能成就。爲何不是等閑呢？先說菩薩六度，光只一個布施，就不是等閑人所能做到。也許有人會說：「布施，那還不簡單？我以前在外面道場布施，來到正覺同修會講堂還是一樣在護持，那有什麼難的？」

可是菩薩的布施是含攝六度、十度，是具足六度與十度的，這才是眞正的菩薩大施。菩薩布施外財，人家要什麼就給什麼； 佛曾說：過去世行菩薩道時有個女人很愛他，想要和他作眷屬，釋迦菩薩說：「妳想要嫁給我，有個條件；我是個修菩薩道的人，將來人家如果來向我要求說：『我需要一個妻子，你既然行菩薩道，請你把妻子布施給我。』那妳得要接受我把妳布施出去。」這女子想：「這樣的男人舉世難尋。」就嫁給他。又譬如大菩薩們到了八地、九地時，他在世間的所有財產，當有人想要的時候他也要布施出去；不僅如此，內財也要布施，身體亦可布施出去。最後到等覺位時，甚至是「無一時非捨身時，無一處非捨命處」，這樣歷經百劫施捨內外財而修集無量福德，才能成就三十二大人相與無量隨形好，非常不容易的。所以說，內門廣修六度、十度萬行，是很不容易的。

世尊以前無數劫在菩薩位中的六迴向位，尚未進入初地之時開始布施般若大法，即是內明之法，那更不容易；因爲「佛法背俗」，不同於流俗；譬如阿含經典裡面說過：「佛法背俗：世之所珍，道之所賤；道之所貴，世之所賤。」所以，常人都認取有念靈知爲眞實不壞心，佛門裡自以爲悟的凡夫則是認取離念靈知作爲眞實不壞心，並且極度的執著這個意識心，任憑大善知識再怎麼列舉教證與理證，他們都不肯相信，執著得很。但是有念靈知心是一般俗人所認定及執著的心，離念靈知心則是佛門錯悟凡夫所說的如來、心、眞如，其實都仍然是緣起法所攝的意識心，和 佛所說的眞實心完全不一樣。

在 佛尚未出現在人間的古印度時，就已經有人出家而在探討：**眾生既然有生死輪迴，而各人所受的果報各不相同，背後一定有個不壞的我存在，那個眞正的「我」究竟是什麼？**他們從眾生的習性、福德、因緣、果報的種種差異不同，證明一定有因果存在，所以開始探討：既然有一個常不壞我的存在，那不叫做如來嗎？（在印度，如來不一定被稱爲「如來」而常常被稱爲「如去」；翻譯經典時，因爲當時中國人不喜歡「去」，喜歡「來」，所以爲了讓廣泛的中國人接受，就隨順中國習俗而譯爲「如來」；但是「如去」是「好像有去卻是無去」，一般世俗法中的中國人較笨，喜歡如來，可是「如來」是「好像有來卻是沒來」，所以不如翻作「如去」的好）但要眞正找到自己的自心如來，很難！很難！所以每個出家修行的人，對自心如來的說法皆不相同；他們找來找去都找錯了，都找不到自心如來第八識如來藏，都將作主的心（意根）或是一念不生的覺知心（意識），乃至初禪、二禪……或者四空定中的意識細心認定是自心如來。

佛在天界看到這些人的解脫因緣和佛菩提的因緣成熟了，可以來度化了，因此就降生到人間來，示現七世父母清淨，然後在王家成長，目睹生老病死的苦惱，然後再出家修道，示現六年修苦行，取信於五濁惡世信根微少的眾生；其實苦行與證悟是無關的，證悟是在智慧上面取證，而不是靠苦行取證的；所以 菩薩發現苦行沒有意義，因爲吃苦不能成佛。如果長時間的吃苦就能成佛，則地獄的眾生都應早已成佛了；如果吃苦可以成佛，則老牛拖重車是最苦的事了，牠爲什麼不能成佛？因此， 釋迦菩薩知道這些苦行沒有意義：想要成佛必需要靠智慧，因此就放棄修苦行。但是，憍陳如他們當時因爲沒智慧，就因爲 菩薩不再修苦行，就都遠離 釋迦菩薩而去鹿野苑自修了。

釋迦菩薩放棄苦行之後，認爲應該先淨身，所以去河裡沐浴，浴後要上岸卻沒力氣，因爲六年苦行之中，每天只吃一顆麥、一顆麻，所以骨瘦如柴，淨身後沒力氣上岸來，樹神就垂下樹枝讓 祂可以拉著上岸。後來有個牧羊女將羊奶與米熬成的粥恭恭敬敬的奉上供養（此女福報非常大，剛巧碰上 釋迦菩薩即將成佛，成爲最初供養 佛的人。每尊 佛在人間成佛時，最初供養與最後供養的人福報最大）， 世尊吃過後有了力氣，走到菩提樹下，準備開始參究。有一牧童看到修道人修行，就興起供養的心思，就割了一大束軟草鋪在地上，讓 釋迦菩薩坐下來修行；這就是當時 釋迦菩薩的金剛座。當時 佛就發誓說：如果上座以後不能開悟、沒有成佛，就誓願不起此座。然後就開始自己參究，捨棄那些外道師父們所教的法門，走自己的路。

我這一世也一樣，別人教授給我的法根本就悟不了，後來索性都丟了，自己整理出一條思路來，然後參究自心眞如與見性的事。那時，整整十九天的參究，在前面的十九天之中都是依照別人所教的知見在摸索，直到第十九天下午時，覺得這樣不行，決定先把別人教的一些錯誤知見統統丟掉，因爲從我師父所講的法中，我探究到一個事實：**我師父所說的開悟，究竟是要悟個什麼？他根本就不知道，也都沒有一個明確的指示與方向；他所說的悟，若不是虛空粉碎，那就是大地落沈，不然就是一片悟境：一念不生的歡喜心意識境界**。所以我捨棄他的全部教法，到了第十九天中午一點鐘用完齋後上座，參到下午四點鐘破參明心和眼見佛性。佛更是這樣，外道所教授的那些法，譬如四禪八定等，祂都學過與親證，但親證之後就知道那還不能說是解脫，所以下定決心自己參。參到半夜裡，斷除我所的貪著，完成降魔的階段；後來以手按地，那時明心了，大圓鏡智現前了；整理到夜後分時，明亮的火星剛出現在天空時，因爲目睹最明亮的火星而參究到佛性的內涵，所以就眼見佛性了，成所作智就現前了。我常常寫稿寫到天亮（編案：

那時　導師還不曾學過電腦打字），那時東方天空中的火星看得很清楚、很亮，所以世尊目睹明星而見性成佛，是確實可信的。

今天正是兩千多年前　釋迦牟尼佛的成道紀念日，當然得要說些法，作爲讚誦；請問：「當年　佛在菩提樹下的証悟是悟個什麼？什麼叫做成佛？成佛是成個什麼？」（蕭導師此時示現機鋒）就是成這個佛！那麼　佛以手按地時就是悟這個！懂了嗎？就是悟這個！到底當時　世尊是悟個什麼？我今天已告訴你了，如果還不懂，講經完後回家時帶一個壽桃回去吃。今天正逢　佛的成道紀念日，所以爲了這個重大的紀念日，額外多說了這一場法。如果當年沒有　釋迦文佛來世間示現，今天就沒有這個微妙深奧的佛法來讓大家分享；正因爲祂來人間示現成道，才有這個偉大的成道紀念日，因此今天隨順因緣而說了這一場法，希望你們得到利益。如果懂得剛才我所說的法，則一千萬美金也不換。

如果有人用兩樣東西讓你選擇：一個只是明心，還談不上見性，單只是一個明心開悟般若；另一個是一千萬美金，請問你要選什麼？（大眾答：選明心！）假如是我，一定和你們一樣的選擇明心，不要一千萬美金。爲什麼呢？因爲明心的功德很大（作者案：向過來人打聽密意的人，縱使知道明心的內容，也不會有什麼功德受用，因爲真實智慧無法出生），明心的人即使是最懶散的人，經歷過七次人天流轉以後就可以出離三界生死苦；將來三大無數劫以後還可以成佛，而且從此以後永不入三惡道，除非因瞋而造惡業。爲什麼我選明心而不選一千萬美金呢？因爲錢帶不走，最後都得留給兒子、女兒、媳婦；天曉得：這些人有可能是上一輩子的債主，是來要債的，所以留給他們的時候，其實沒什麼好高興的。但是這個明心的智慧，是誰也搶不走的；在未來世中還會繼續讓你更容易的再度明心，發起更勝妙的智慧，讓你世世繼續向成佛之道邁進，而且一世比一世快速，所以這個功德很大，因此應當要求明心。

世尊成佛紀念日的讚誦說過了，現在回到《大乘起信論》本文來。「若一切眾生同有眞如，等皆熏習，云何有信不信者從初發意乃至涅槃前後不同、無量差別？」意思就是說，從現實上看來，有的人悟了以後只是第七住位，有的人卻到初地、二地，乃至有的人一悟了就可成佛。如果照　馬鳴菩薩前面論文中所講的，一切眾生平等的都受眞如的淨法熏習，那就應該一切人都已平等的全部熏習過了，而同樣的信受自己確有眞實法，可是爲什麼卻可以看見有許多人還是不信受各人都有眞實不壞法的心眞如呢？我們的論主　馬鳴菩薩答覆說：

論文：【答：「雖一切眾生等有眞如，然無始來無明厚薄無量差別；過恆河沙數我見愛等纏縛煩惱亦復如是，唯如來智之所能知。故令信等前後差別。」】

講解：這一段論文的意思就是說，雖然一切眾生皆平等的擁有自心眞如，可是從無始劫以來，每個人的無明有厚、有薄，厚薄之間則有無量的差別，並不相等。另外還有超過恆河沙數的我見、我愛、無始無明中超過塵沙的無明惑等糾纏繫縛，眾生所有的這些煩惱厚薄各不相同，也是一樣有無量的差別；而這些厚薄與無量差別性，只有 如來的究竟勝妙智慧才能具足知道，不是我們所能完全了知的；正因爲這種差別無量的緣故，所以會導致眾生們有的人信有眞如心、有的人不信有眞如心的許多差別。

「一切眾生」當然包括六道中所有的眾生，凡是有情的生物都叫做眾生，這些有情眾生都是平等的擁有自己的眞如心。只有一種「眾生」沒有眞如心，那叫做無情生。植物看來是有生命的，但只能稱爲無情生，不能叫做有情生；凡有情眾生，一定要有眞如心體來記存所熏的一切法種，才會有感情，才有喜怒哀樂，才能稱爲有情眾生。可是，有記憶、有感情，二者是有連帶關係的，而記憶與感情又與自心眞如有連帶關係；人的感情從記憶上面引生，如果無記憶，則每天只記得醒過來所做的事情，晚上一睡著，明天早上醒來時見了父母則與陌生人一樣，則與父母不會有深厚感情，所以記憶與感情是有連帶關係的。

那麼記憶與感情是從哪裡來的呢？從我見與我執的煩惱來！煩惱則是由五種別境心所法開始產生的，如果沒有記憶，則不能瞭解媽媽弄早餐給你吃、父親賺錢給你用的善意，因爲你沒有五種了別六塵境界的心所有法，則無法了知別人照顧你的善意，不能領納其感情；因爲你有這種了別境界的功能性，你才能對他們產生好感，所以產生了感情。愛極生恨也是同樣的道理，都是因爲有五種了別境界的心所有法，才能了知與領納境界相，才能產生感情；但是別境作用的完成，都與記憶有關。

可是，記憶的功能是由於你本有的自心眞如的記存，才可能會有記憶；如果沒有眞如心存在，則不可能會有記憶，因此這些都與心眞如有關。因你的記憶不可能寄付到虛空裡去；如能寄付到虛空中，則別人曾經對你好意的幫助教導…等，到了第二天醒來時，將會有極大的可能是由另一個人感覺到別人對他好，而不是由你感覺到昨天對你好的那個人的善意；因爲寄付到虛空中的別人對你善意的記憶，明天不一定會由你來領納，而是由另一個人來領納；那就變成因果混亂了，因果就不能成立了。因此不是虛空來記存已造的業行，一定都是由個人獨有的自心眞如來記存昨日別人對你的善惡業行。

但也絕對不是由意識心來記憶，如果由意識所記憶的話，則問題就會很大；因意識睡著就斷了，斷了就是「無」，「無」不是存在的法，不存在的法當然沒有能力記持昨日別人對你所造的善惡業行。「無」是依「有」而建立「無」：譬如說剛才我有一杯水，現在把它喝掉了，就從剛才的有一杯水而說我現在沒有了這杯水；或者因爲我有這杯水，而說你沒有一杯水，所以「無」是依「有」而建立的；有不存在時，就稱爲無；這個無只是敘述以前的有，所以無只是名詞，依滅掉了的以前的有而說的，所以無是空無；空無則無任何作用，如何能記持昨日的業行？同理，「意識滅了」是依昨天意識的存在而說的，現在睡著無夢，意識斷滅而變成無，無是沒有法——沒有意識就是沒有法——無意識的存在，又如何有一個意識來記存昨日的記憶？又如何不存在的意識自己再生出今天的意識來？一定是另外有一個一直都不生滅的法，才可以出生今天的意識來；昨天晚上睡前的意識，因爲睡著而斷滅了，那就是無法，無法則不可能無中生有而在今天早上再現起意識，這是一個最簡單的道理。所以意識心，不管是有念靈知或是無念靈知，都是依他起性的緣起法，都是有生有滅的法；有生有滅的法，絕不可能記持記憶的。

可是佛門中或佛門外的常見外道們都不懂，誤會意識覺知心是常住不滅的，誤會意識可以每天晚上斷滅了以後，次日再無中生有而現起，就主張說：所有一切都是由意識來記憶。假使眞的如此，那每個人應該都是過目不忘的人，一定每一部經典讀過一遍就都會記住了，因爲都是意識自己所記憶的嘛！可是很顯然的，你無法全部記住啊！莫說經典你記不住，我這樣反覆說明的話語，短短不到幾分鐘的語言內容，你一定記不全；還沒有回到家就忘光了，只記得意思而已，可見不是意識能記憶的了。既然不是由意識記持的，那就表示記憶應該是由另一心記持著。現在的醫學也證實：今生的記憶是由五勝義根——頭腦——來記存。所以我們說捨報後就一定會轉到眞如心中；而且，你今生的五勝義根也是由眞如所執持的，所以歸結到最後，眞正在記憶的心還是眞如心。

過去世的一切記憶都是由眞如心來執持的，不是由今生的五勝義根頭腦來執持，所以想要了知過去世的事，你得要作夢或入定、或用宿命通去看，可見意識不是記憶的主體。可是古時的人並不清楚這些法界中的事實，但因爲 佛看到眾生已探究到這些事情了，想要探究法界中的實相與求證解脫了，可見他們見道的因緣已經成熟了，所以 世尊才來人間示現。

什麼叫做有情？什麼叫做眾生呢？就是他有記憶、有感情，前提是一定有一個第八識存在，能記存種種大小事情；假使沒有眞如心、沒有如來藏、沒有第八識，他就一定不是有情眾生。譬如向日葵，太陽從東邊出時，它會面向東方的太陽，太陽往西時則面向西，但它不是靠記憶，而是靠物性，所以不能稱爲有情生。爲什麼它會有此物性呢？這是因爲共業眾生需要這種植物，而它須要較多的陽光來成就那些大而多的種子，所以共業眾生的如來藏就使它會有這種物性。植物種子爲什麼能生根？會萌芽、長大、開花、結果？而且還會爛壞才可以被吸收？這都是因爲共業眾生所有如來藏的不可知執受所產生的結果。所以在種智內說：欲界眾生都以糰食而存，又說糰食是「以爛壞爲其食相」。

所以植物有物性，但是它沒有第八識心，不能出生覺知心，所以不能說它是有情眾生。但是從表面看來，它有生命的現象：會開花結果、會枯萎。它是有生命的，但只能叫做無情生，不是佛法中所說的眾生；因爲它沒有八識心王中的任何一識，它是由共業眾生的第八識共業功能，使得它有發芽、生長、開花、結果、壞爛的能力與現象，所以眾生才能以植物的爛壞性而成就團食的功德，所以植物的發芽、成長、開花、結果、成熟、爛壞、生長種子等功能，仍然還是攝屬眾生如來藏中的一部分功能性。在佛法中所謂眾生，一定是有情生，這段論文中所講的眾生也是指有情生，包括三界眾生最高層次的非非想天，下至地獄最卑劣的有情，中如人間萬物之靈的人類，下至肉眼不可見的細菌，統統叫做有情眾生。

這一切眾生皆有眞如心體，可是眾生自無始以來，他們的無明厚薄程度千差萬別，有的人在菩提樹下坐下來自己參究就開悟了、就見性了、就成究竟佛了；有的人開悟了則到初地境界，我們同修會大部分的人悟了皆是七住位；可是外面的人所「悟」的卻是意識，都還在凡夫位中；可是他們卻不肯承認離念靈知心是意識，狡辯說離念靈知心是第八識眞如心；因爲他們知道意識是緣起法，也知道緣起法一定會滅，因此宣稱悟到的是眞如；可是他們講出眞如心時，還是凡夫的意識心，只是不同狀態的意識而已。也有人堅持意識心不生不滅，狡辯說：「意識在晚上是睡著而繼續存在，所以不是斷滅。」所以就堅持意識心是不生滅的；那是不是說，佛所說的「意根、法塵爲緣生意識」的說法錯了？是不是諸大菩薩所說「眠熟位中意識覺知心斷滅」的說法錯了？

所以，能聽到眞正明心的法，又能確實證悟的人，永遠都是極少數人；因爲這得要有很大的福德，因爲這是成爲眞正菩薩的入門內涵，因爲這是進入菩薩數中的關鍵。外面有好多自稱正在學佛的人，甚至連什麼是明心、什麼是禪都沒聽過；末法時代的今天，甚至有很多法師、居士一聽到「禪」就罵起來了；不要說是聽到，連想都不願想。也有人學著禪宗祖師說：「禪之一字，吾不喜聞。」根本不懂祖師這句話的意思，都是無明很重的人。日本的本願唸佛宗，只要聽到有人講禪時就罵人，爲何如此呢？主要是他們的無明非常厚重，也認爲禪悟是不可能的，也不想讓徒眾們學禪求悟，以免大家都不願爲他們出頭打仗。

諸位到正覺同修會來，大多是因爲聽說會裡有在幫人開悟明心，所以才進來學法。曾經有人因爲參加某道場所辦的兩次四十九天的禪修，而被印證開悟了（有魄力連續參加這種四十九天的禪七兩次，得要有很大的發心，很難得的），但是被印證開悟了以後，回到家中卻發現不對，祖師開悟的公案還是讀不懂，顯然不是眞正的開悟！爲什麼如此呢？這表示他本身有智慧檢擇辨別，到底這個悟是對？還是不對？「師父給我章子，印證我開悟了，可是所開悟的卻是『清清楚楚、明明白白、處處作主的覺知心』，但是心裡一想：這種心，今天想做善事，明天又想幹壞事，忽然變善、忽然變惡，不是恆常不變的法。」因此覺得好像有問題，就繼續尋求究竟法，才輾轉求法而來到正覺講堂，被我印證後，去比對一切經典無誤，才知道終於悟對了。

但是仍然有許多人，迷信大名聲、大道場，仍然不肯相信自己被印證的開悟是冬瓜印子，這就是被厚重的無明所罩，沒有能力加以檢查抉擇；所以，無明的厚重每個人皆不同，有的人只崇拜大有名氣的師父，對剛出道的眞悟師父就不信受；可是有的人無明輕而薄，他只管你所說的法到底對還是不對？不管你有沒有大名氣。還有無明更厚重的有情，連人類都當不得，譬如說當狗、當畜生，連佛法都聽不懂，你跟牠們講苦、空、無我…等二乘法，牠也聽不懂，更不用說大乘法了；但是牠當狗卻覺得很快樂，只要主人每天都不打牠，都給牠東西吃，牠就很快樂了。

狗還好，還能聽懂幾句人話，如果是當魚、當細菌，那就更慘了，無明就更重了；所以說眾生的無明厚薄千差萬別，不能一概而論，所以有的人信自己有眞實法，有的人聽　佛說過了都還不肯相信呢！因此你在外面去跟人家說正覺這個法多妙，他們就不覺得妙，因爲他們不信眞的能開悟。另外有一些人則是根本聽不懂你在說什麼，像我的書已經寫得夠詳細、夠清楚的了，他們還是說越讀越模糊，眞的是無可奈何，這就是無明很厚重的人；所以眾生的無明厚薄相差很大，因此有人聽說自己也有眞實不壞的眞如心，聽了就信，但是有人就是永遠不信。

「過恆河沙數我見、愛等…煩惱」所說的「過恆河沙數煩惱」，就是指無始無明的邪見，是說對於實相不能了知；但因實相中的無明極細、極多，其數無量，故名過恆河沙數煩惱，故名塵沙惑。我見則是屬於一念無明所攝的煩惱，我愛則是一念無明中的三界貪愛；我見就是錯誤的執著意識覺知心爲常住的眞實我，我見就是一念無明所攝的煩惱，但是眾生大多不會承認我見即是煩惱，所以一再的堅持覺知心是眞實不壞法。佛門裡面的修行者——特別是指禪宗裡面錯悟的人——也是一樣，當眞善知識指出一件事實：所有的**覺知心**（不論是有念靈知或離念靈知）**都是意識心，認取六塵中了了分明的靈知心的人就是落在我見中，就是凡夫，就是被煩惱所繫縛的人**。可是那些錯悟了的凡夫們，聽到眞善知識這樣開示以後，不但不感激善知識救護他們免墮大妄語地獄業中，反而回頭狠狠的大咬善知識幾口，反而極力的否定善知識，使善知識救護他們免墮地獄業的善心，得不到正面的效果。這些人就是無明到還不知道煩惱爲何物的愚痴眾生。

譬如近年有一個人名叫義雲高，他也註解《心經》，在書中公開的說：「心經最重要的要點就是在講能觀的心。」其實這個能觀的心就是六塵中的覺知心，正是意識；而能觀的功能攝屬別境心所，正是意識心的功能性，這就是尚不知道我見即是煩惱的人，就是未斷我見的凡夫人。印順法師與達賴喇嘛比較聰明，知道佛曾說過「意識由意、法為緣，三和合觸而生」的緣起法，所以就避開意識心，想要不落入意識心中；可是他們又不相信有第八識與第七識的存在，因此就另外建立一個「不可知的意識細心」，把這個虛妄建立的意識細心作為貫通三世因果的常住主體識；然後回頭來誹謗說：「你們講有如來藏存在，說如來藏是因果的主體識，是錯誤的。你們所說的如來藏，就是本體論；本體論是錯誤的說法。」可是他們卻不曾返觀自己所建立的意識細心是不是眞實可知、可證的法？而且，當他們把意識的細心作為三世因果的主體識時，不也正是本體論嗎？他們用自己的不可知也不可證的本體論，去否定經中所說可知而且可證實的本體論，那不是戲論嗎？不是虛妄想嗎？

這都是他們由於沒有把握證得如來藏，怕有人詢問他們有沒有證悟如來藏？怕別人說他們是還沒有開悟的凡夫，所以就虛妄的建立一個意識細心，來取代如來藏；又說意識細心不可知不可証，因此可以避免別人問他是否有開悟。也因爲恐怕否定如來藏以後，會不可避免的落入斷滅空中，因此另外建立一個不可知的意識細心，成爲虛妄建立法；然後主張這個意識細心是不可知、不可證的，以免別人詢問他們證悟了如來藏沒有？然而，意識的細心仍然是意識，仍然無法跳出佛所說「意、法爲緣，三和合觸，產生意識」的範圍之外。

如果意識的細心可以如他們所說眞的是實相心，那麼意根也應該是實相心，因爲意根能作爲出生意識的緣起，因意根正是意識的所依根（沒有意根，意識就不能運作，而且根本就不能生起），所以意根更應該是實相心，但是，一切有智慧的佛子們都不可能接受這個說法，所以意識細心絕非實相心。此外，法塵也應該是實相，因爲法塵與意根和合相觸才能出生意識，法塵當然也是意識細心出生的緣起，那又多出一個實相來，連同意識細心就有三個實相了。佛又說：「名、色緣識生」，色即色身，名就是前七識，名中既然有七個識同緣於另一個識而由另一個識出生，則七識心當然都是由另一個識而出生的，則此出生七轉識的識當然就是第八識，此一出生七識的第八識則更應該是實相，那就變成實相有四個；可是，實相可以有多數嗎？（眾答：不可以！）所以他們所說的意識細心就是三世因果的主體識的說法，是絕對講不通的。

實相僅能有一個，不可以有多個，因爲實相唯一，所以三世善惡因果以及一切無漏的有爲法，才不會錯亂無章，所以 佛初降生人間時，才會這樣說：「天上天下，唯『我』獨尊。」是「我」獨尊，而不是三個實相法或四個實相法共尊。他們如果說：「意識細心不是意識。」那就請他們把意識細心改個名字好了，是不是可以請他們改名爲第八識如來藏呢？那麼大家就都沒有異議了嘛！大家都回歸正法了！如果他們辯白說：「意識細心不是以意根、法塵爲緣而出生的。」可是 世尊明明在阿含經典裡面說過：「一切粗細意識皆意法爲緣生。」而且 佛也說過：一切世間最細意識，不超過非想非非想定中的意識細心，所以他們還是逃不過 佛所說的「意識以意、法爲緣生」而顯示意識細心仍然是生滅法的聖教。所以他們的理論基礎是虛謬的：前進也錯，後退也錯，進、退都沒有依據。可是海峽兩岸卻有很多法師居士信受他們的謬論，現在（編案：指二〇〇一年初）台灣的佛學院有八、九成是使用印順的書籍當教材，用他的邪見來教導後學的法師居士們，這對佛教未來前途的破壞是很深遠的。

老實說，那些弘揚印順謬論的法師及居士們，他們的無明絕對比你們大家都嚴重太多了；今天，不管你們悟了沒，大家聽了這些話，把這些正理思惟清楚，以後碰到他們，你們可以問他們：「如果意識細心就是實相，那麼意識細心是由什麼法出生的？」如他們說意識細心本來就有，那又爲什麼稱爲意識的細心？既是意識的細心，就表示祂仍然是意識，那就表示這個意識細心仍然是 佛所說以意法爲緣而出生的。假如他們又說：「那我們就不說祂是意識，只講祂是細心。」那麼你們就可以這樣告訴他們：「佛已經開示過第八識，就是『名色緣識』的第八識如來藏，那你們又何必多此一舉的把 佛說的眞實心第八識拿掉，然後再另外建立一個不可知的、想像中才會有的細心？」

因此，想要能夠眞實了知法界體——萬法本體——的眞實性，得要從此處下手，得要從親證法界根源的第八識如來藏下手；不然的話，我見不容易斷，更難斷得很徹底。有的人執著想像虛妄建立的意識細心作爲法界體，來成立三世因果的實現；而達賴喇嘛則另外再建立一個意識極細心，加以增上；但意識心不管怎麼細，最細也不會超過非想非非想處的細意識；四空定的最高層次非非想定中的意識是最微細的意識，可是祂仍然是意識；既然是意識，把祂當成實相心，那就是「執我」的邪見。

我見可以用很多種方式呈現出來，所以《楞嚴經》才會說外道有五現見涅槃。我愛就是從不斷現行的我見生出來的；如果能將我見斷了，我愛隨後就會漸漸斷，最多不超過七次人天往還，我愛就可以斷盡。我愛最粗糙的表現就是在欲界貪著五欲時對自我貪愛的我愛；為什麼會貪著五欲？就是因為深愛覺知心的自己可以享受五欲，所以深愛自己而成為我愛。又如貪著四空天境界中的我，包括我所的神通有為法。正因為喜歡禪定的境界，喜歡神通，這都是我愛。

但神通無法了生死，有神通的人如果沒有證悟三乘菩提正法，還是會永遠的輪轉生死。有人說無常來時，他會土遁，他會遁到泥巴裡面，那無常就找不到他；可是有一天無常來了，他遁入土中，卻仍然要死在土中。土遁不行，那火遁又如何呢？升起火來遁入火中就不見他了，可是後來仍然得死掉。那水遁又如何呢？結果照樣要死，那怎麼辦呢？化入虛空中不見了，還是照樣得死；住在無色界的眾生都還得死，何況他只化入欲界的虛空中？所以再大的神通也沒辦法了生脫死。但眾生不知道，以為有神通了就是有佛法証量，其實，就算他們眞的是有神通的証量，那也都不是佛法上的証量，那只是對意識自我和意識我所的貪愛而已。

這些貪愛也就是我愛，因為我喜歡在這境界內遊戲，就貪愛這境界內的我。

無明最輕薄的人，就生到無色界天去，他連色身都不要了，斷了色身爲我的身見，可是以覺知心我爲身的身見卻仍沒斷；既以覺知心我爲身，是四空定當中的微細覺知心，那還是三界我，所以我見仍然沒斷；因此生到無色界而執著無色界中的覺知心自己，這種對自己的貪愛仍然是我愛。這都是因爲我喜歡那個境界，因此而由我見所產生的我愛，被我愛煩惱繫縛住，就爲了執著這個三界的我，而產生了許多三界身所生的煩惱。

欲界有欲界的煩惱，色界有色界的煩惱，無色界有無色界的煩惱，每一個地方都有煩惱。就算是去當他化自在天的天主，這算是欲界最勝妙的境界了，可是仍會擔心他的天主寶座哪一天會被比他更有福報的人搶走；縱使生到色界天而成爲四禪天的天主，還是一樣會有這種煩惱。生到四空天，就沒有天主了，大家都一樣，就不必擔心天主寶座會被搶走；但是壽命最長的人有八萬大劫，其中有的天人會中夭，所以有的人壽命只有二萬劫、四萬劫、六萬劫，從人間來看，壽命雖然很長，但仍然會有壽盡命終的一天，命終時就會開始擔心再輪迴時會生到哪裡去？在無色界看得到下面諸天及人間的境界相，看到人間有種種苦，又有極大的煩惱在心中生起。

因此，不管去到哪裡都一定有煩惱，只要是有情眾生，都必定會有煩惱，那要如何才能免去煩惱呢？只能去當無情了，可是這無情並不是當植物、石頭那種無情，而是將五蘊、十八界的自己滅掉，入無餘涅槃；在無餘涅槃中就是「無情」了，因為三界有情基本條件的五蘊、十八界都滅掉了，只剩下如來藏離見聞覺知，也沒任何愛恨情仇與記憶現起，所以方便說是無情，這樣就永遠都沒有生死苦了。因此，想要離開煩惱，只有一條路，就是取証無餘涅槃；但是入了無餘涅槃，眞沒意義，什麼智慧都沒有了，也不能再利益眾生了，對自己的成就佛道也沒有利益，因為一切法都滅失了，都消失掉了，再也不能自利利他了，那我可不願意，那該怎麼辦呢？只有一條可走：就是成佛。可是成佛很辛苦，得要三大阿僧祇劫，那要修多少布施、戒行、忍辱？難忍要能忍，難捨要能捨，可眞的不簡單；而且還要修學很多佛菩提智，這都是很不簡單的，因為佛菩提的具足親證，得要斷盡過恒河沙數的上煩惱——塵沙惑。

有人心想：「這下子完了！連什麼是上煩惱都不知道，怎麼斷上煩惱？」其實很簡單，你只要求明心就可以了；明心以後，漸漸的就會跟上煩惱相應，就會知道該怎麼一點一滴去斷除它。這就是說，過恆河沙數的塵沙惑無明，得要先打破無始無明，然後開始探究自己與 佛同樣都是證悟第八識，爲什麼 世尊成佛了，而我們卻仍然還不能成佛？這時就與上煩惱相應了。但是一般學人都不可能跟上煩惱相應的，都還是在我見、我愛的層次上面轉來轉去；有些自以爲悟的人，更是落在我見與我愛之中，而辯稱是已斷我見、已斷我愛；所以，我見、我愛的纏縛煩惱，是一切有情眾生共同皆有的煩惱；而這個煩惱的厚薄差別、層次高低，是相差很多的。

我在星期天去懿蓮佛堂跟他們做了一場演講（編案：即是後來整理出版的《甘露法雨》），演講完後有師姊問：「**老師！我們悟得如來藏已經好幾年了，可是怎麼沒有辦法像老師您那樣說法？**」好有一問！並不是每個人悟了以後都一樣的，因我過去世學佛較早、你較晚，差別就在這裡；也許我過去淪入三惡道較少，你較多——這不是指無量的過去世，而是可看得見的過去世，譬如說幾個大劫之內；又因爲你悟後沒有到台北講堂進修增上班的唯識種智課程，不能深入法無我的智慧中，所以智慧不能增上。因此，同樣的證悟，所得的智慧會因過去世的種種因緣和這一世的種種不同的緣，而有不同的結果。此外，對因果的究竟了知，只有佛地的智慧才能具足了知，連等覺菩薩都還不能完全瞭解因果，所以 佛說：「因緣果報只有諸佛才能完全具足了知。」這也是由於智慧的差異而產生，所以，對眞如心的瞭解，各人悟後不會完全相同，會有許許多多的差別；正因爲有的人很早——好幾劫前就開始熏習了——有的人則是前幾世才開始熏習的，有的人甚至是這一世才開始熏習，所以前後差別是很大的。（編案：後來發覺他們當時的親教師並沒有按照同修會發給的教材如實具足的教授應有的知見，這也是他們當時無法發起深妙智慧的許多緣故之一。）

論文：【又諸佛法有因有緣，因緣具足，事乃成辦；如木中火性、是火正因，若無人知，或有雖知而不施功，欲令出火焚燒木者無有是處。衆生亦爾；雖有眞如體熏因力，若不遇佛、諸菩薩等善知識緣，或雖不修勝行、不生智慧、不斷煩惱，能得涅槃無有是處。】

講解：馬鳴菩薩答完了以後，接著再從另一個觀點來答覆。衆生信不信眞實法性的差別，乃是因爲初發意乃至證涅槃的前後差別而有所不同。諸佛說法一定有因有緣，所說佛法的修證內容也都是有因有緣，因與緣具足修學，佛事才能成辦。舉例來說：木材內本有火性所以能燃火，木材即是火的正因，但如果沒有人知道，則無法使木頭出火燃燒；得要有人知道木柴有火性，才能使它燃燒起來，知道了以後才有方便善巧來使木柴出火燃燒。如果有人雖然知道木柴內有火性，但不加以人工去做，也沒辦法生出火來。古人生火很辛苦，有人用兩顆打火石，下置一些綿絮，不斷的用兩顆石頭相打，使綿絮生煙，然後吹起火來；有的人則用鑽木起火。現代人福報大，可用打火機或火柴來生火，不必那麼辛苦了。古時候的中國人很聰明，就發明了火摺子，平時揣在懷裡，要用的時候拿出來吹一吹，火就出現了；不用的時候又蓋起來，收在懷中也不燙人。

雖然木有火性，還需加上人工，方可使木柴出火，方能使木頭燃燒；若不加上人工則不可能生火，就不能使木頭燒掉。木頭表示煩惱，火代表智慧，所以佛法常說以智慧火焚煩惱薪；智慧火就像木中有火性一樣，在一切眾生五蘊煩惱中常有智慧火的法性存在。雖然如此，但是眾生雖有第八識眞如心體的因力，但如果沒有諸佛、菩薩等善知識的好緣，則不能知道五蘊薪中有智慧火存在，因爲不知道就不可能証得它，因此應該要先知道五蘊薪中有智慧火存在。

有的人雖然遇到諸　菩薩善知識告訴他：「**你的五蘊心中有此種智慧火存在，要想法子修証它。**」可是卻因不肯實修佛菩提道的勝行，只想聽聞而不肯自己參究，想盡辦法拜託證悟者直接跟他明說眞如、佛性的名義，想跳過參究實修的過程而不肯努力去參；善知識教他把性障修除，他也不肯，這就是 馬鳴菩薩所講的不修勝行。爲什麼佛菩提道的修行稱爲修勝行呢？因爲佛菩提道較二乘菩提還要勝妙很多，二乘無學尚未能了知佛菩提道，而菩薩們能修、能證，所以說是修勝行。有些人一直都不肯修勝行，不肯自己參究，只靠打聽密意而自以爲知，因此智慧出不來，就會懷疑不信，最後就會謗法，成就地獄業。學佛人想要成佛的話，一定得要像二乘人一樣的斷除一念無明煩惱，還要再前進斷除一念無明的習氣種子隨眠，這樣才能具足大乘法中的解脫果；還要進證無生法忍內容的一切種智，才能具足證得佛菩提果；如果這些煩惱都不肯修斷，無始無明上煩惱也不肯修斷，不肯修證一切種智，而說此種人能証無住處涅槃，那眞是一無是處。

因此首先要信眞如體熏的根本因的熏習力量，要相信每一個有情眾生皆有眞實法，不是只有依蘊處界我的苦、空、無常、無我的法性而說的緣起性空法；生起了具足的信心以後，再尋求諸佛、菩薩等善知識的助緣；如果沒有這些善知識的助緣而想要證悟，就非常困難。我們講堂和正智出版社多年以來送出去、售出去的書已經那麼多了，但是到目前爲止，也只有一位居士看了我的書而開悟的，這還是三年前的事（編案：一九九七年的事）。這位居士到目前爲止，還常常寫信來，並常常匯錢來護持；每看到我們印出一本新書就匯錢來，可是他因爲家累與事業所以無法到講堂來共修。其他的人，到現在還沒人悟入，目前只此一位；可是，他也是看我的書而開悟的，如果沒有這些書，他現在恐怕仍然還在讀月溪法師的書。他修學月溪法師的法有十幾年了，月溪法師的書他統統有；還好他有善知識的緣，看了我的書。

他一定先相信自己有個自性眞如，所以已經有了體熏的因力，再加上有菩薩善知識的緣，然後還要他自己去修勝行：他讀了我的書以後起了疑情，每日尋尋覓覓的，最後終於被他尋到，當下承擔起來，就寫信來給我，信裡面寫了七八個公案，都在緊要的地方劃線，避免明說。我們看到許多自稱証悟的大師及居士們出了書、也講公案，卻把重要的地方跳過去，專在不重要的地方大作文章，和他截然不同。後來他也來講堂見我，那時候還在中山北路租來的地下室中，我當時爲他印證了（編案：後來同修會在蕭導師主導下，建立了勘驗規矩，只能在禪三期間爲參加禪三的學員印證，平時不爲任何人印證）。所以說有緣遇到了善知識以後，還得加修勝行；加修勝行的緣故而找到了自心眞如，智慧才能夠生起；如果沒有找到自心眞如，則佛菩提的智慧一定不可能生出來的；佛菩提智出生了以後，還得斷除自己的我執煩惱與無始無明所攝的上煩惱，也就是塵沙惑。

但是本來自性清淨涅槃並不是本無今有而取證的，其實是本來大家皆有這個涅槃存在的，所謂証，只是你明白了它本來就在那裡，如實的確認而已。有餘涅槃和無餘涅槃則都是要靠悟後將我見與我執煩惱斷除，才算是親證，由斷而證得，當然是取證的，不是本來就有的；但是有餘和無餘涅槃的取證，其本質仍然是本來自性清淨涅槃，所以從菩薩的現觀來看，這兩種也可以說是無證亦無得的，也可以說是本來就在的。斷了我見以後，我執煩惱如果不肯斷除，馬鳴菩薩後面會說這叫做初行菩薩，雖然悟了三乘菩提，但是悟後一輩子到老了，仍然叫作初行菩薩，所以悟後還得要斷除我執煩惱，方能取証有餘涅槃。

論文：【又復雖有善知識緣，儻內無眞如熏習因力，必亦不能厭生死苦、求涅槃樂，要因緣具足乃能如是。】

講解：另外有一種情形，就是說有一個人雖然已經有了善知識的助緣，但是假使他心中還沒有熏習眞如的因力存在，就不會厭惡生死苦，也不會想去尋求涅槃的寂滅樂，得要因和緣兩個都具足了，才能依靠善知識的助緣而証得眞如、生起智慧，斷煩惱，証得涅槃。

論文：【云何具足？謂自相續中有熏習力，諸佛菩薩慈悲攝護，乃能厭生死苦，信有涅槃，種諸善根修習成熟；以是復値諸佛菩薩示教利喜，令修勝行，乃至成佛入于涅槃。】

講解：何謂因緣具足？第一要自己有個相續不斷的眞實心，而此心中已經有了眞如因的熏習勢力不斷現起，就是要念念中不懷疑自己到底有沒有眞如？如果有疑，則不肯以長遠心去努力參禪，也不會努力去學佛。必須是自己確實相信有一個眞如心，祂是從來不曾間斷，相信自己能証得祂，只是時間早晚而已，這就是自相續中有熏習力，這就是證悟佛菩提的正因。

接下來講緣，第一個緣就是諸佛、菩薩的慈悲攝護。有人抱怨說一直沒感覺到佛菩薩在攝護他，但是我有感覺；如果我有，你們就一定會有，只是有些人粗心大意而忽略了。如果五十幾年前不是 佛陀教示我「下一輩子生到台灣去」，那麼我這一世一定還在大陸；因爲我上一世第一次現在家相，在江浙一帶當居士，生活過得還蠻愜意的，衣食無憂，也無須扛什麼大責任；因爲當年有許多的大和尚、大法師、大居士弘法，而且時局也動盪不安，作不了長遠弘揚眞正佛法的大事，所以用不著我出來弘法。可是後來，捨報時　佛說「你去台灣」，當時台灣是個鳥不生蛋的地方，窮得很！江浙那裡生活富裕，大家過得很好；可是　佛既然說了，那就得要去，因此我就生來台灣了。

我這一世捨報後想到極樂世界去，然後再往生大陸去；可是如果到時候　佛指示了去處，我就一定去，我沒有第二句話，這也就是諸佛、菩薩的慈悲攝護。因爲我到台灣來，你們也就被佛、菩薩安排生到台灣來，不然的話，你遇不到這個法的。你們有很多人上輩子也在中國大陸，今天卻生在台灣，這就是諸佛、菩薩的慈悲與攝護；如果不是如此，法緣就接不上了；也正因爲如此，所以有緣的人遲早都會聚在一處。那些過去在大陸生活的人，後來繼續在大陸受生，就得等著正覺講堂的「法師（註）」到那邊去度他們了，所以你們得要有心裡準備，特別是年輕人，到那時大陸的法緣就成熟了。但這些都是靠諸佛、菩薩慈悲攝護的助緣。（註：經中開示：說法之師名爲法師。不論在家或出家。）

第二個助緣就是心中能厭惡生死苦。人出生以後慢慢就會想：「人活著究竟是爲了什麼？難道只爲了吃喝拉撒？難道只爲了賺錢、結婚建立家庭、然後生了一大堆子女，然後當老牛拖車，爲家庭一直拖到死爲止？一生就這樣渾渾噩噩的在愛恨情仇中過完？」我在學生時代就一直不喜歡讀課業內的書，我專讀一些課外的東西，讀了很多，就是想要知道人活著是爲了什麼？人們生從何來？死了又會到哪裡去？在公元四十、五十年代的台灣教科書中，因爲當政者信基督教，所以就專門教我們錯誤的知見，處處都這樣隱隱約約的暗示說：「拜佛與求神都是迷信，只有基督教是不迷信的。」所以我小時候認爲拜佛也是迷信，就去看《荒漠甘泉、新約、標竿》，甚至《但丁神曲》也買來讀，讀到最後實在讀不下去了：上帝怎麼這麼狠？要把異教徒抓起來殺掉！心裡覺得很不相應。但是當時沒智慧，當然也探討不出什麼東西。就再看羅素、叔本華等著作，現在連書名都忘了，但是看來看去也沒什麼結果；後來再看新興起的沙特的存在主義，也讀過《天地一沙鷗》，也沒有結果。眞的沒辦法了，只好接受學校中最淺的教科書內蔣介石所說的：「生命的意義在創造宇宙繼起的生命，生活的目的在增進人類全體的生活。」覺得似乎只有如此了，因爲當時的佛法並不盛行，又被教導而認爲信佛就是迷信，所以也不想讀佛教的書籍，當時也很少有佛教的書籍可讀；到後來，只好統統放棄，回到世間法中作個世俗人。一直到年紀快要三十歲了，老爸說：「你還不趕快娶妻生子，那不行！」因此就幫我找到現在這個老婆，現在已成為我的同修，努力在護持正法了。當年我同修嫁給我時，知道我很窮，什麼都沒有；我也不想騙人，就寫信明說：「我是『上無片瓦遮身，下無立錐之地。』」表明是個窮到誰都怕的人。但是她很有智慧，不想嫁給有錢人，想跟我這個窮光蛋過苦日子，不想跟有錢人家的子弟過生活；就避開道教宮廟，去佛寺裡抽了一支籤詩，看嫁給我好不好？請　佛指示；結果抽到了籤王，就嫁給我了，現在成為最重要的護法大將。這是我以前年輕時的一段趣事，現在才知道原來都是佛、菩薩的指示、安排、攝受。

後來我有機緣接觸佛法，覺得這裡面有我所想要探究的內涵，才知道以前學校教科書所教的都不正確：上位領導人因為偏信基督教，所以私心袒護基督教，顛倒事實的妄說信佛為迷信；當年小時候都被他們所誤導，後來發現想要探討的答案好像都在佛教裡面，所以一走進來就沒法子罷休了；到後來就結束事業，關起門來專心參禪。也就是說，對生死有為的世間法覺得沒啥意思；看電影、下圍棋輸贏，也都覺得很沒意思；到最後覺得萬事皆無意義，錢也不想賺了，只是厭惡生死苦，覺得生活沒什麼意義。因爲有這個厭惡生死苦的心，才能發起出離心，想要探討到底出三界是什麼意思？出了三界又是什麼境界？這麼一來，第二個證悟實相的緣就具足了。第三個緣就是相信有涅槃可証，相信証得涅槃就能脫離三界輪迴之苦，如此就具足了第三個緣。

接下來學佛以後，就是要種諸善根：首先得要孝養父母。有的人天天到寺院拜佛、供佛，家裡住的兩尊活佛卻擺著不管——不肯孝養父母——眞是愈學佛、愈顚倒。因此，培養善根有很多重點，首先得要孝養父母；對父母不孝的人，我就算是幫他明心了，他仍然會退失。修菩薩道當然得要從學習布施開始，但不可剋扣供養父母的月錢來作布施，孝養父母是菩薩道中最重要的事情。然後還要清除性障，性障是遲早都要修除的；既然如此，不如早點消除它，才不會遮障自己的開悟。

我們在早期錄取禪三之前，都要求報名的學員一定要先參加大悲懺法會，把自己的業障先懺除；現在因爲沒有場地，才沒有這樣要求。拜懺的目的就是要好好的懺悔業障，懂得懺悔業障的人就不會再去造惡業；如果造了口業，懺悔後就會知道以後應該永遠不再造，就會清淨的去參加禪三共修，就不會見到一些奇奇怪怪的東西；業障清除了以後，那些東西就不會再讓你看見了，所以將業障降伏或除掉是很重要的。

其次是要供養三寶。遇見僧寶時要先問訊，這是佛弟子最基本的禮貌；進入講堂首先就禮佛，還要懂得供養三寶。有的人捐錢到寺廟裡，認養一根柱子，並要求將名字刻在柱子上，這不是供養三寶，而是供養柱子。名字刻在寺廟的柱子上面，人家來廟堂禮拜，都在禮拜他；但是在被人禮拜以前，可得要先秤秤自己有多少斤兩可以讓人來禮拜。供養三寶、護持三寶時應該無所求，只有求道的心；如果還有世俗法上的任何所求，就不是供養三寶，那是求名、求人恭敬。此外，還得發起願心作護持正法的工作，正法如果不護持，未來別人就得不到正法，佛的正法就滅失了。你今天能學到正法，就是在你之前有人護持正法；我們講堂也是因爲很多人發起而組成正覺同修會，如今才會有了義究竟的正法繼續在弘揚。

本來去年我已準備結束弘法，不再講經說法了；後來就是因爲有很多人發心一起租了一個地下室，成立原來的舊講堂，才會漸漸的演變發展而有今天的新講堂，才有現在的好多人開悟明心了，也才會有我繼續寫出許多正法妙義的書，讓你讀到三更半夜還放不下，增益你們的智慧；如果沒有舊講堂那些人的護持，就沒有今天這個新講堂，今天聽講的三百多人就無法擠得進原來那個舊講堂。原來的舊講堂最多只能擠進一百二十個人，但是上週義工菩薩們統計新講堂的聽經四眾，共有三百九十九人來聽講，這都靠舊講堂時代的同修們發心護持，才可能辦得到（編者二〇〇四年補案：後來《起信論詳解》開講到一半以後，增加到六百多人聽講，擁擠悶熱不堪，動轉身子都覺困難，所以後來新購及新租第二、三講堂，以影音同時傳送、分散聽講。現在每週二講經時約有一千人聽講）。因此每個人想要在正法上取証時，也得要在正法上努力護持；這個正法需要大家接力不斷護持，下輩子大家再來時才會仍然有了義正法可繼續修上去。

世尊這個了義正法至少得要延續到月光菩薩來到人間為止，等他來共同弘揚最後五十二年的正法；如果我們不能這樣做，將來月光菩薩也不會再來人間，因為了義正法已斷滅失傳了，與了義正法有緣的人都將不在這人間了。如果再被西藏密宗及印順的邪書、邪見這樣毀壞下去，了義正法不到百年，就必定會被藏密的邪淫法和印順的藏密應成派外道見取代而滅掉，就沒有佛法可說了，最後只餘下感應的世間法。但是，如果要說感應的話，那麼道教諸神的感應最大，藉著眞正的乩童就可以直接與神溝通，這樣一來，最後佛教就得要附屬到多神教內，就會像是天竺「晚期佛教」的密宗「佛教」被印度教合併一樣了。假使眞的是這樣子，那麼我們未來世當然不要再留在娑婆世界，要趕快到極樂世界去了，了義正法於娑婆世界就斷了；所以，護持了義正法就是我們的責任。既然有此正法讓我們可以親證般若、親證無餘涅槃的本際，那我們就有責任將其延續到月光菩薩降臨世間的時候，否則我們就對不起 世尊四十九年說法的辛苦了。

綜上所說，除了具備體熏的正因以外，還得要有三個緣，第一是要有諸佛菩薩慈悲攝護，才能厭離生死苦，才能發起出離心；第二是相信有涅槃可證；第三是種諸善根、孝養父母、供養三寶、護持正法，由於體熏的正因與三種助緣，然後又親自值遇諸佛、菩薩開示教導而獲得法益，令學人生起歡喜心，教令修習勝妙的般若等六度正行；最後讓你証悟，乃至未來無量世中可以成佛而入無住處涅槃。証悟般若是學人學習佛法最大的利益，可以使人永不入三惡道；最遲鈍、最懈怠的人，至多不過七次人天往還，就可以成爲阿羅漢；甚至未來世中還可以成佛，所以最令人歡喜。

「開示教導」，是打開般若之門，顯示實相的內涵，讓人得到法利而生起歡喜心，然後還教導學人如何修習殊勝的般若行門。得要証悟了以後，方才眞的知道修習佛法勝行；還沒有證悟以前都還不是修勝行，都是外門修菩薩行，因爲找不到自心眞如時，總是修不到自心裡面去。證悟後就是內門修菩薩行，由自心開始修，在自內証的聖智境界中來修菩薩行，這才是菩薩的殊勝法行。這得要從已明心的七住菩薩開始修起，這就是諸佛菩薩教示學人令修勝行；此時所修的菩薩行與一般學佛人不一樣，一般學佛人只在經典文句的表相上用心，無法如實了知佛在經中說了些什麼？應該如何修道？證悟了、明心了，從此進入佛法、轉入內門，此時所修的一切身口意行，方可稱爲勝行。因爲你的心行已非一般尚未證悟的人所能知道。

「乃至成佛入於涅槃」，從明心的七住位、見性的十住位，進而十行、十迴向位，經過將近一大阿僧祇劫而入初地；隨後還有十地行，得要一地一地增上而修，最後方可到達成佛的境界。成佛捨壽後並非進入斷滅境界，因爲除了本來自性清淨涅槃以外，還有有餘涅槃、無餘涅槃、及無住處涅槃三種證量，所以成佛入涅槃並非斷滅。斷盡見惑、思惑（就是斷了分段生死的現行），又斷盡分段生死的習氣種子的隨眠；接著又斷盡變易生死，也就是斷盡無始無明的一切隨眠，如此才算究竟成佛，所以在人間示現受生、出家、修道、轉法輪弘法，最後以應身入涅槃，其實不住涅槃亦不住生死。

這就是說，因和緣都具足了以後才能夠修勝行，乃至成佛及証得涅槃。從上面所說的論文眞義中可以了知，自己要先確認：「我想要修學大乘別教的無上了義法，我的自心相續中的體熏力量的因是否具足了？由於諸佛、菩薩慈悲攝護，乃能厭生死，我自己是否已經信有涅槃？種諸善根、修習成熟，是否已做好？」如果都已經做了，則一定會有諸佛、菩薩示教利喜，從此要開始修習勝行就不是難事，就漸漸會了知：成佛亦非難事。有事實爲證，在大家證悟了以後，我們已有整套修行次第的書即將出版（編案：《宗通與說通》），從如何證悟開始，直到成佛的次第內涵，全部都鋪陳出來，只要照著次第一步一步前進就可以了。

上一週講到：要因與緣具足，才能夠由於眞如體熏的熏習因的力量，產生了厭生死苦、求涅槃樂的這個修道心。這是講體熏，也就是經由眞如體熏爲因，然後才能有修道的助緣。體熏講過了，所以接下來講用熏：

論文：【用熏者，即是眾生外緣之力，有無量義，略說二種：一、差別緣，二、平等緣。】

講解：體熏，是講熏習眞如的因，如果沒有熏習眞如本體作爲正因，想要在佛菩提道上修證就不可能了；如果沒有眞如因，想要在這個世間三界中以你的七轉識來修解脫道也不可能。但若是只有體熏而無七轉識的熏習修學，也仍是不能成功的；所以除了體熏以外，還得要有用熏。但是用熏還是基於體熏而來的，因爲如果沒有體熏就不會有用熏，也就是說七轉識就不能產生熏習的作用，所以才會有用熏；既然說是用熏，當然就表示祂是有作用的，所以才叫做用熏。在《眞假開悟簡易辨正法》裏面，我們有說到：凡是有作用的法都是有變異性的，有變異性的法才會有作用。那意思就是說，這裏的用熏既然是有作用的，當然它一定是變異性的法，才可能有用熏嘛！既然能夠產生用熏，當然能熏的七轉識一定是變異法嘛！如果不是變異性的七轉識，那就不可能有作用，也就不可能會有用熏。

用熏，馬鳴菩薩說，由於眾生的外緣之力（外緣當然不是講體的本身，而是講自己的色陰以及受想行識等七轉識陰緣於外法的緣），加上外面的——緣於自身以外——的那些緣的熏習，才可能產生了用熏。馬鳴菩薩說，用熏裡面有無量差別的道理存在；但是可以把它們歸納爲兩個部分來說：一個叫做差別緣，另一個叫做平等緣。什麼是差別緣呢？馬鳴菩薩說：

論文：【差別緣者，謂諸眾生從初發心乃至成佛，蒙佛、菩薩等諸善知識隨所應化而為現身：或為父母、或為妻子、或為眷屬、或為僕使、或為知友、或作怨家、或復示現天王等形；或以四攝或以六度，乃至一切菩提行緣，以大悲柔軟心、廣大福智藏，熏所應化一切眾生，令其見聞及以憶念如來等形、增長善根。】

講解：差別緣的意思是說，這種緣有很多的差別，不是單一的，也不一定就是固定多少的緣。譬如說眼識能見色塵，這個眼識見色的功能，祂得要具足九緣，這是指一定的緣。可是差別緣的意思是說，這個緣並不是固定有多少的緣，而是因人因事會有種種差別不同的。差別緣的意思是說，諸眾生從初發心的時候一直到最後成佛，這是一個很長時間的過程，總共是三大無量數劫；至於初發心，有的人初發心是在十、百、千生之前，有的人從初發心到現在已經過了好幾劫，有的人初發心則是這一世才開始的，所以初發心本身就有許多發心因緣的差別不同。在初發菩提心之後到成佛以前，當然會有許多的因緣差別。

「乃至成佛」：乃至兩字就是說，在這中間有無量無數的差別不等，被省略不講，所以說是乃至。從初發心那一世開始，一直到最後成佛的這個很長遠的過程當中，承蒙諸佛以及諸菩薩等等的許多善知識，隨著有情眾生所應該度化的狀況，而為這些眾生示現了種種不同的身相，藉以攝受有緣眾生。這些隨緣示現的佛、菩薩，數目不一定；並不是單一的一尊佛，也不是單一的一尊菩薩，所以在修學佛道的過程當中，一世一世往往各不相同。所以有的人過去世已經和我共修過，當過我的徒弟、師兄弟、父母……等等，是已經有許多世和我共修過來的；可是也有人過去世中都還沒有跟我結過緣的也有，所以這中間的差別是非常的大。所以在你初發心那一世直到這一世為止，你所遇到的善知識並不是只有我平實一個人；我也是一樣，從過去很多劫以前發心以來，學佛的過程當中，我也遇到過很多的善知識，並不是只有一、二位。諸位也是一樣，不管是誰學習佛道，生生世世所遇到過的善知識都不一定相同，所以這種外緣會有許許多多的差別。

你過去世所曾經親隨修學的善知識，很有可能在今生變成你的徒弟，也有可能今生變成你的上師，也有可能今生變成你的世間眷屬，所以無量世以來，每一個人遇到的善知識外緣也都是錯綜複雜的，並不是單一的。同理，佛菩薩的應化也是不一定的；往往有人以為：「此世在娑婆學佛，當然就是和 釋迦牟尼佛學，所以佛善知識就只有一尊佛。」那可不一定，因為有可能你過去世是從琉璃光如來的琉璃世界來的啊！你在那邊還沒有見道，可是因為悲心太重了：「**我懂得一點**

佛法，可是娑婆世界的正法被一些邪師們用外道法給取代了，那裡的眾生好可憐啊！」於是你就先發大心來這裡投胎了，那也有可能呀！也可能原來你在極樂世界花開見佛聞法、剛剛明心，你就迫不及待的要來娑婆度眾生，結果因爲隔陰之迷的緣故，所以你又忘了在極樂世界得到的見地，這也有可能啊！

也可能你因爲原本在其他的清淨世界中學佛，但因爲那邊是長劫，成佛的時劫得要很久很久，那你聽那邊的佛開示說：「華藏世界海裡面有個娑婆世界，那裡有釋迦牟尼佛在弘法，那邊是短劫，因爲眾生很惡劣剛強，所以種福田的機會很多，而且修學佛法也會很快。」因此你心中想：「嗯！那我想要後發心而先成佛道，不如先去娑婆世界求見道，悟後修行也比較快。」所以你就來這裡投胎了嘛！所以你的因緣又與別人不同。

但是說一句實話，來到這世界學佛，其實有好也有壞。好的方面是說，你的福德因緣好，就遇到好的善知識；因緣不好的話呢，就會遇到假名善知識，被人家在你頭頂上蓋個冬瓜印，說你開悟證聖了，結果卻是錯悟；如果信心滿滿的對別人炫耀說：「我開悟了，我是聖人。」結果又變成大妄語業，結果是下墮地獄時比原來所住的世界更快，所以說有好、有壞。世間凡事都沒有單面的、都是兩面的。所以祖師常常有一句話說：「大善知識出現在人間，有好、有壞，不全然是好事。」「有好」是說他在這個世間可以撈濾到幾個具根器的人，幫那些人開悟了，度那些人永遠脫離三惡道了，這就是好事。

「有壞」就是說，因爲這位大善知識修行太好，智慧太妙了，他所說出來的法對一般人來說都是聞所未聞法，一般學佛的眾生們都沒聽過；根本就不曉得這個法到底是對、還是錯？因爲他聽過許多的老師、法師所說的法義都相同，可是這位某甲菩薩說的法偏偏就跟人家說的都不一樣，眾生連聽都沒聽過；結果就因爲那些凡夫位的法師與居士們都顧慮眷屬流失而加以否定，所以眾生就不能信受，就跟著謗法；謗法的果報怎麼樣，大家可想而知了。所以祖師常說：「眞正的大善知識出現在人間時，對眾生有好、有壞。」但是不管是好、是壞，都看接觸到這位眞善知識的眾生們各人的心性善惡，而有不同的差別，與大善知識無關；都是各人隨著恭敬心、福德、智慧的種種差別，而自己招感好壞的結果。

那就譬如我們現在宣示說：「你要用這個虛妄的、能分別的覺知心，去尋找另一個從來就不起分別的無分別心；這個無分別心是無量劫以來就不起分別的，是一向都跟你在一起，沒有離開過你。不是將有分別性的覺知心住在無分別的境界中，變成無分別心。」可是我們出來弘這個法之前，沒有人這樣開示；所有的善知識都說要將這個有分別性的覺知心修行而變成無分別心，要將覺知心藉著打坐變成一念不生，說那樣就已經是變成無分別的眞心了。那些大法師、大居士們都這麼說。十個正在弘法的善知識中，有十個這麼講；只有我一個人講另外的一種法，講妄心與眞心同時並行運作，跟他們完全不一樣，講的是眞、妄心和合而同時存在並行運作。這是現代百年來學佛者從來不曾聽過的說法，和別人所講的「將妄心變作眞心」的說法完全不同，所以有好多學佛人就起了煩惱，就亂罵：「這個蕭平實說的法和諸大法師不同，所以跟妙天、盧勝彥、清海一樣是外道。」謗說我跟那些外道們一樣。但我們的法和那些外道完全不同，那些大法師們所說的眞如心，卻跟那些外道們一樣的落在意識心上面，究竟誰才是外道呢？

甚至有的人根本就沒讀過我的任何一本書，就公然在網際網路上貼文說：「你們說蕭平實是眞的善知識，我跟你講：如果蕭平實是眞的善知識，如果他的法是正確的法，那我寧可下地獄。」所以祖師講的話眞的沒錯，眞讓人佩服：善知識出現在人間，眞的是有好、有壞。現在印證了：我出現在人間，結果對那些性障深重的人確實是不好，害他們誹謗賢聖與聞所未聞法；可是對性障很淺的諸位來說，卻是很好的，能讓諸位按部就班的證悟般若乃至眼見佛性，立超一大阿僧祇劫的三分之一，甚至於還有人能更增上進修，一世而入初地。所以我出現在人間，確實是有好、有壞，但是這個好與壞，都是在於學佛人自己，都與我無關。從這裡也可以證明 馬鳴菩薩的說法完全正確：眾生初發心乃至成佛之前，蒙諸佛、菩薩等善知識應化現身時，有時成爲你的父母，或是妻、子，或是僕使、知友……等身分，所以說學佛的外緣確實是會有許多的差別緣。

諸佛、菩薩受生人間來利樂眾生時，在身相的示現上面，會有許多的差別緣，在法上也會許多的差別緣；但並不是諸佛、菩薩所說的法互相之間有所差別，而是因爲聽法的眾生本身的根器不同，所以產生了差別緣的現象。諸佛、菩薩所說的法，常有廣狹不同、深淺不等，但是所說的法都是法同一味，都是同樣的妙法；他們本身都是平等緣，可是對眾生來講卻仍然是差別緣，因爲各人的根器參差不齊，聽受領略到的佛法就有所不同，這和諸佛、菩薩在人間示現不同身相的情形是一樣的。

所以說眾生從初發心乃至成佛這個過程當中，所遇到的是很多的佛、很多的菩薩，而諸佛、菩薩示現的身相也常有種種的不同，有時以佛身示現，有以菩薩身示現，有時以居士身示現，乃至有時以旁生、婬女之身相示現；正因為從初發心起、到成佛為止的三大無量數劫當中，不可能只承事一尊佛、一尊菩薩，所承事的佛、菩薩也不一定示現為佛身、菩薩身，所以一定有差別緣的存在。光是我們娑婆世界的賢劫就將會有一千佛出現人間，所以佛的出現雖然很罕見，但是從三大阿僧祇劫來說，一定親值許多佛；可能有一些人在 釋迦佛之前早就禮拜供養過 迦葉佛了，因為那個緣故所以如今生在 釋迦佛的末法時代，可以親遇大乘見道的因緣。所以證悟佛法般若的緣起，往往會有很多的不同；所遇到的佛，所遇到的菩薩也有種種的差別不同，所以叫做差別緣。

所有的佛與大菩薩們，這些善知識都是隨所應化而為現身。對於這個現身，不要把它想得太玄；這個現身是很平常的，是在我們可以接觸到的現象界中現身的。以前我們恭讀 佛所說的一句話時，常常會想得很玄；在經裡面 佛說「諸佛在人間示現是隨著眾生的因緣而示現」，我們有的時候會想：「**眾生的因緣到底是怎麼回事啊？**」很簡單嘛！譬如說現在的人壽通常不超過一百歲，那麼諸佛在人間示現時就不超過一百歲；將來人壽最高到八萬四千歲的時候， 彌勒尊佛來降生，祂的色身就是八萬四千歲。換句話說，眾生的因緣該怎麼樣，諸佛、菩薩就是示現怎麼樣的因緣。就這麼簡單、這麼單純。

如果你是住在四禪天，當你有緣見到佛示現的話，那你所見到的 佛就是四禪天人的天身相。一定隨著眾生的種種差別因緣而作適當的示現，所以這並沒有什麼好奇怪的。那麼菩薩的示現也是一樣，如果人們的長相是高五尺、六尺，菩薩來示現時也會和人們一樣五尺、六尺之身，祂不會示現多一付臂膀、多一條腿、或多一個頭，也不會在受生人間時示現爲十丈之身。絕對不會這樣示現，一定是在眾生的因緣當中來示現受生。所以這一個變化是你所感覺不到的。佛與菩薩的應化人間，不會像神那樣弄一些奇奇怪怪的境界給你看，絕對不會，都是極爲平常，和一般人類是完全相同的受生到人間來，讓你看不出來。

祂們怎麼樣隨所應化而爲現身呢？如果某人他只聽父母說的話，別人說的話不管有理、無理，他都不聽，那麼佛、菩薩如果認爲他與佛法有緣，就會來人間出生結婚，示現作父母的樣子，再安排某人來投胎當兒子，示現的菩薩們就成爲他的父母。因爲他跟祂們有緣嘛！父母子女之間都是有過去世的善惡緣的，沒有結過緣的話，就不能成爲父母子女。菩薩爲了專等他來投胎，就示現爲世間父母的身相，很疼愛他，心疼得不得了！心疼到他心裡面眞的是感到無比的溫馨。所以菩薩父母不論是說什麼話，他就一定會聽從；因爲他知道自己的父母照顧自己眞是無微不至，一定只有對他有好處，絕對不會陷害他，他絕對會信任菩薩父母嘛！所以菩薩教他做什麼、他就做什麼，教他學什麼、他就學什麼，最後菩薩父母親教他來學佛。在他還沒學佛之前，菩薩可以事事供養他，都跟他準備好了，讓他過得很舒服、很愜意。到最後他一定會相信菩薩父母，所以他就心無二意的受命學佛了，就這麼簡單！其實本意並不是他眞的想學佛，而是奉菩薩父母之命來學的，這個就是菩薩示現爲父母的身相來度應度的人。

有時候菩薩發願示現爲妻子；也許你們這些女眾因爲胎昧的緣故，所以自己也給忘了；也許你們過去世曾經發過願：「**這個男人很有善根，可是我一直度不來，一直沒辦法讓他進入內門修菩薩行；那我可以在下輩子當個女人和他結婚，朝夕相處溝通，我就有可能說服他學了義法。**」就這樣，這輩子就爲這個眾生緣而投胎當個女人，也許上輩子你是個男人也不一定，就只是爲了這個大願而投胎當女人。然後在這一世中，由於這個因緣就牽上了，就嫁給那個男人，對他百般的好，讓他心服口服，他就不得不跟著你來學佛。

有時候觀察因緣，下輩子就去當某人的兒子；所以我們會裡有的同修是被兒子、女兒度來的，菩薩們就是這麼示現的。菩薩們常常會成爲眾生的眷屬，爲了度眾生所以來當眾生的眷屬：來人間當你的叔叔、伯伯、親戚，或著當你事業上的夥伴，什麼樣的狀況都有可能；或者當眾生的僕使，來眾生家中當長工，那也有可能啊！就像 釋迦牟尼佛講過的， 祂以前爲了度一個女人而度不來，那個女人卻是很喜歡 祂，一直都對 祂有好感，所以就發願下輩子當個男人，娶她當老婆，就用一生的時間來度她。結果就眞的用一世的時間，對這個老婆非常的體貼，讓這個老婆捨不得 祂；因爲捨不得 祂、很愛 祂，心就被 祂綁住了；心被綁住之後，最後只有乖乖聽 祂的話開始修道了。就這樣爲了愛而去修道：恐怕失掉這個男人，所以依順丈夫的要求而修學佛道。

所以菩薩有時示現爲某人的丈夫，有時示現作你的僕人，或著示現作你手下做事的人，叫作僕使。有的時候當你的知友——知心的好友。有時乾脆當怨家來逼迫你，因爲你日子一向都過得太好了，祂就要讓你嚐一嚐「苦苦」的滋味是怎麼樣，嚐過以後你就不會一心貪著世間法：「唉！世間再怎麼妙，也還是有苦啊！眞是苦樂參半，不是眞正的樂，那還是不究竟的境界。」結果某人想一想，還是走學佛這一條路算了；因爲現在不學，未來無量世以後也還是得要走這一條路，晚走不如早走。所以就因爲菩薩示現爲怨家而逼迫他，就開始學佛了。

有的時候菩薩示現爲天王等形；天王就是四王天的天王，四王天有四大天王啊！東、西、南、北方共有四大天王；有的人是因爲世間法上的不如意，所以就會求四大天王嘛！求的結果，四王天的四大天王就跟他保佑、讓他平安，解決他的困難，但是天王會附帶告訴他：「**你要念佛、要學佛、要行善。**」有好多人去求神，道教不是有很多神嗎？道教的神大部分是三十三天的天神，所以總共有三十三尊的上帝、大帝，這些上帝往往很有趣哦！常常很多人透過乩童去問了事情以後（假乩除外），祂們最後會交代你：「**你很有佛緣哦，以後要修學佛法，要念佛。**」常常有神會這麼講，也有好多人親自遇見了，我在小時候也這樣聽過玄天上帝的教示。

所以，你們不要因爲學佛而成爲三寶弟子以後，看見廟裡面那些道家的神就不屑一顧，不能這樣做。祂們那些正神大多是三寶弟子；其中也有一些天神是菩薩示現的，並非所有的神都是一般的眾生；所以菩薩的示現是有很多種狀態的。

也有一位農禪寺的信徒，這是六、七年前的事，有一次我在陽明山跟他相遇，他跟我說他最常講的一句話，就是：「**我有一次打坐的時候，坐到『萬里無雲萬里**

天』。」這句話是他常常掛在嘴上的，我們不想明說他是誰。有一次他在那邊就一直講這一些，然後他又講到他和一位神明之間對談佛法的事情；他說完了，我說：「其實你所體會的不對，你所遇見的那個神才是眞正的開悟者，但是你不曉得祂的意思。」他說那個神對他很兇（他說的是神降乩來跟他對話），在對答之間突然一掌就打了他。一般而言，道教中的正神（不是指民間信仰中的鬼神）對衆生從來都很慈悲、很有耐性的，沒有過這樣的事情；可是因爲他跟那位神全都只講禪，所以神就用禪跟他應對；但是那位神又寫了一幅對聯出來，我一聽到對聯字句，就知道這個神有開悟明心；可是那位居士弄不懂對聯的眞義，還向神附身的乩童手中拿過筆來說：「你這個對聯的意義是……。」他還要跟人家斷句，解說對聯中的每一個字，那神突然一掌就打過去了。我跟他說：「其實，先不談那一掌，就說神明在這個對聯裡面，早就已經把般若的密意告訴你了，只是你不知道；等以後有一天你悟了，你就會曉得。」可是他聽了我這一句話，就很不高興；因爲我這樣講，就等於講他沒有開悟啦！因爲他早已被大法師印證爲開悟了，現在我說他沒悟，眞是情何以堪？

這正是菩薩示現在三界六道中的事實，菩薩爲了利樂衆生而委屈己身，示現爲道教中的神明；所以說菩薩與佛在世間的示現，會有很多種的不同，來因應所應化度眾生的狀況和根基的千差萬別，這就是差別緣。所以菩薩或者佛化現的時候，也會有許多種的差異。就像豐干禪師：寒山大士與拾得大士都說豐干禪師是彌陀世尊化現的；閭丘胤太守因爲被調動職務去南方任職，以前南方的廣東、福建等地，對於北方的大官們是蠻瘴之地，北方人往往水土不服，不能適應。結果豐干禪師跟他有緣，主動找上門來；因爲他病得很厲害，似乎無法起程去南方；但是因他與佛法有緣，所以豐干禪師就主動去跟他治病。

病治好了，他就跟禪師講：「我要調到南蠻之地去，那我怎麼辦呢？我去到那邊以後，要跟誰學法呢？」豐干禪師就告訴他：「你去到那邊，就到天台山找國清寺。國清寺的廚房裡面有兩個人，他們都是示現在家相，他們在寺裡面爲僧眾服勞役；一個人叫做寒山，另一個人叫做拾得。你不要小看寒山，他是文殊師利菩薩化現的。」拾得是小時候豐干禪師在半路上把他撿回寺裡來養大的，也不曉得是哪裡蹦出來的一個野孩子。但是豐干禪師接著說：「拾得是普賢菩薩示現的。你去了就找這兩個人，但是你不可以暴露了他們的菩薩身分；如果說破了、曝露了，你就再也見不到他們了。」

後來他去到那邊當太守，第三天安頓好了就去國清寺參訪，方丈與闔寺僧人都來迎接他，因爲他是個大官；太守的權限很大，掌管的境土很大，比台灣還要大上好幾倍。他就說：「你們這裡不是有 寒山與 拾得兩人嗎？帶我去見他們吧！」他找到廚房去，看見他們兩個人在廚房裡好像瘋瘋癲癲的，所說的話和禪師一樣，似乎都是顚顚倒倒的。其實並不是瘋瘋癲癲，他們講的都是禪語、禪機，聽不懂的人就說他們瘋瘋癲癲、答非所問。這個閭丘胤太守一見，顧不得廚房泥磚地上濕漉漉的，馬上倒頭就拜。闔寺上下見了都嚇一跳，大呼小叫起來：「尊官爲何禮拜俗人？」太守就說：「這二位是 文殊師利跟 普賢菩薩。」他的目的是要寺僧尊重他們二位等覺菩薩，可是他這麼一講， 寒山與 拾得二人就說：「豐干饒舌、饒舌！你這個太守也眞愚痴！ 彌陀不拜，來拜我們作什麼？」兩人又笑又罵，手牽手出寺而去，就不見了，再也找不到人了。這件中國佛教歷史典故，詳細記載於閭丘胤太守所寫的《三聖詩集序》文中，如今還有文人雅士在流傳著（作者案：三聖是指 豐干、 寒山、 拾得。一九七〇年台灣文峰出版社曾出版《寒山詩集》具載此事）。

這意思就是說，諸佛菩薩示現的時候，絕對不會跟你明說他是什麼人來示現的。有時候他會跟你談一些過去世的事情，當作現成的例子來教導你，但是你如果想要跟他套出名號來，那是不可能的；當他說出名號的時候，就是他要離開的時候了。這意思是說，諸佛、菩薩會有許多種狀況的應化，但是最多也只是用影像示現在眾生的夢中，大多不會示現神通來度眾生；通常是直接受生在諸方世界眾生中，而與眾生同事、利行，所以示現為天王也是可能的啊！所以至尊的 彌陀世尊都會化現為 豐干禪師。自古相傳永明延壽也是 彌陀世尊所示現的，但這個只是傳說，不一定是正確事實（作者案：根據永明延壽禪師引用偽論《釋摩訶衍論》時，對論中的種種錯誤，並沒有發覺出來，顯然他還沒有初地的道種智，當然更沒有佛地的一切種智，所以不可能是 彌陀世尊的示現，應是當時或後世學人對他的推崇而已），可以證實的是這位 豐干禪師，他眞是 彌陀示現的應化身。

寒山子留下好多的詩偈，他在住處附近的山岩石壁、樹木、樹葉、附近人家屋壁上，到處寫詩偈；他很像是瘋瘋癲癲的到處寫，有時寫在樹葉上，有時寫在樹幹上，有時寫在人家牆壁上。後來閭丘胤太守找到 寒山大士所住的岩洞附近，派人到處蒐集抄錄下來。我打從年輕時就很喜歡他的詩偈，所以我還沒有學佛的時候；那時候才二十來歲，還不相信佛法，我當時在台北寧夏路夜市的路邊舊書攤上，看見了一本《寒山詩集》，很喜歡，就買回來讀，到如今還在手裡；從閭丘胤太守的故事，以及其他所感應的歷史典故中，顯示菩薩的示現確實是有很多種狀況的。所以菩薩有時示現作天神的法相，有時示現作天王的法相，有時示現作道教中的神明、你的父母、妻子、丈夫、兒女、親戚、知友……不等，什麼樣的情形都會有！但是菩薩們在人間示現的時候，會如同眾生一般的投胎、出胎、受學、成長、病痛…等等，和人們完全一樣，才會被人們所接受，而不會說祂是異類；但是都會以四攝法或著以六度法乃至一切菩提行緣，而用**大悲柔軟心**和祂的**廣大福智藏**，來**熏習**我們這些所應該化度的眾生。

什麼是四攝法呢？四攝法就是以布施、愛語、利行、同事四種法，來攝受眾生。菩薩做事絕對不是吝嗇的，一定是樂善好施的；如果有一個菩薩是一毛不拔的，那你可以說這個人是假名菩薩。菩薩根性的人，絕對沒有一毛不拔的，因為菩薩不管學四攝法也好，學六度法也好，修行十度法也好，都是以布施為首要。景氣再怎麼不好，他也會衡量自己的能力，在自己能力所及的範圍之內，多多少少去做，絕不會一毛不拔的。

菩薩修布施行時是很有智慧的，他不會在還沒有判斷清楚之前就把所有的家產變賣了、就孤注一擲的投進去護持，絕對不會！菩薩有智慧，他會一步一步的去護持，一步一步的去觀察；觀察到確定了某一個法是眞正的正法、是究竟了義的正法，他才會鼎力護持，這就是菩薩啊！菩薩再來人間時，雖然大部分會有胎昧，但是還得要有這個智慧；但是雖然有智慧，菩薩生生世世修習布施，所以一定會有布施的習性，這習性是改不掉的。所以從一個人是不是很吝嗇？你就可以觀察這個人是不是菩薩種性的人？這是很容易觀察的。因爲菩薩四攝法及六度法的首要都是布施；菩薩在想要給與眾生法益之前，往往會先送給眾生一點兒財物。

所以《菩薩優婆塞戒經》裡 佛不是這麼說的嗎：「你如果送財物給眾生，布施飲食給眾生，乃至布施田產、車乘、房屋給眾生，這還不是眞正的布施。」 佛說：「你送這些東西給眾生的時候，還得要施設方便把他引入佛法之中，得要讓對方進入佛法之中，這種布施才是眞正的布施。」所以，諸位如果去外面那些道場種福田，三寶供養過了，慈濟眾生的志業也做過了（但是特別要注意：慈濟的志業雖然是利樂有情，可是利樂有情時你有沒有把那些布施的對象引入佛法裡面來呢？你有沒有做到？如果你沒有做到，那你這個布施就不是佛法所講的布施，那將只是世間的善行而已，與佛法無關的），你得要依照 佛所說的：布施而讓眾生起歡喜心之後，還要把他們引入佛法的修行當中來，這樣才是眞正的菩薩布施。

什麼才是佛法？是不是每天辦一些法會上的儀軌唱誦，或者設壇求佛菩薩降甘露，就叫作佛法啊？是不是每天進壇求佛菩薩爲你治病、爲別人治病就叫作佛法啊？是不是呢？（眾答：不是！）顯然不是！佛法不外是解脫道及佛菩提道，你方便接引眾生入佛法，就是要用布施做方便，接引眾生來修學解脫道和佛菩提道，佛說這樣才是眞正的布施；假使沒有以種種方便引眾生入佛法中，來修習解脫道和佛菩提道，那就不是眞正的布施，而只是世間的善行罷了。可是又有問題出現了，眞正的解脫道、眞正的佛菩提道，非常難得値遇。所以歸根究柢，到最後還是你本身要具足修學正法的福德，那就先得從布施行善開始。

所以說一切菩薩都要以四攝和六度作爲修行法門。四攝法的第一部分就是用布施來攝受眾生；當你布施了財物，眾生就對你生起好感啦！眾生往往不會對一毛不拔的人生起好感。布施之後就要向他「愛語」，也就是說，講話要和藹可親，應該要有關愛之心；如果是像古時齊國的「嗟來之食」，那就不是菩薩的布施了。嗟來之食，有沒有人沒聽過？（有很多人舉手表示沒聽過）啊？怎麼會有這麼多人沒聽過？這好像是在初級中學就讀過的文章了嘛！

有個富有的員外行善施粥，因爲鬧飢荒，所以他開粥廠，每天都施粥給眾生；

他因爲很有錢而施粥，所以就瞧不起那些接受施粥的逃難者。他每天看著僕役施粥給人家吃的時候，他就得意洋洋的在旁邊看著；後來有個齊人逃荒來到了他那裡以後，本來想要去拿一碗粥吃，可是有一點猶豫，因爲他覺得自己好像是乞丐，很沒面子；正在猶豫的時候，那個員外看見了就吆喝他：「嗟！來吃！」嗟！就好像有時候禪宗公案裡面禪師說：「咄！」就像我們台灣話說：「啐！要吃就吃！不吃就不吃！」嗟！就是吆喝的意思，含有輕視之意；所以那個員外吆喝他吃粥，這種食物就叫作嗟來之食。那從齊國逃難來的人，已經很久沒吃食物而又逃難遠行，本就快餓死了，卻因爲員外這個嗟來之食，使他覺得很沒尊嚴，所以寧願不吃，沒幾個時辰就餓死了。

所以我們布施的時候應該要怎麼樣呢？當然是要愛語，要有關愛的心；不可以在布施的時候開口罵人或是輕視人，要以和緩的語氣，要用關愛的眼神，要讓對方感受到你的關心與溫暖，所以用布施來攝受眾生的時候，還要用愛語來攝受眾生。所以，我出來弘法十年，沒有跟學人惡口過一句，沒有向同修們罵過一句，從來沒有大聲的講過一句話，我都是很委婉的說清楚，這是我的習慣。

除了布施、愛語以外，你也不可以在布施愛語之後，就專門指揮別人爲你作事，你卻只管坐在那邊不作事；你得要跟眾生同事——跟他們一起作事。作什麼事？作種種利益眾生的事，這就是利行。而不是跟大家一起作利益自己的事，利行就是利益眾生的行爲；正當利益眾生的時候，你得要跟大家一起去作，而不是只管指揮，自己置身事外而只動口。所以，布施、愛語、利行、同事，這就是四攝法；菩薩以布施、愛語、利行、同事來攝受眾生，眾生就願意跟你在一起，覺得你這個人眞好：眞的是菩薩心腸！

後來有一天，你向眾生說：「如果只是這樣行善，還是不能脫離輪迴苦，好可惜啊！現在有一個眞正的法，能夠讓你證得解脫，出三界生死，你們都來學習罷！」眾生一聽：「這麼好哦！那我跟你學啊！你眞是個大好人，不但幫助我生活，還要讓我出三界生死，眞的是太好了！」他自然就會跟你學習嘛！這樣你就完成四攝法了。但是四攝法，是你攝取眾生的方法，可是你本身要怎麼樣自己修行？用這四攝法攝取他人來修行時，應該以什麼法來自度度他呢？那就是六度。六度就是布施、持戒、忍辱、精進、禪定、智慧。

如果是地上菩薩，那就變成十度萬行了，可是十度也只是六度加上四度上去的呀！七地開始就加修四度：方便波羅蜜、願波羅蜜、力波羅蜜，以及十地法王所修的智波羅蜜——大法智雲。但是後面的四波羅蜜還是由前面的六度演變增加出來的，所以還是不離六度啊！所以我們禪淨班課程講的就是六度，但是我們的六度是函蓋了解脫道和佛菩提道在裏頭的。這就是以四攝、以六度乃至一切的菩提行緣，來增長眾生的善根。一切的菩提行緣，就包括平常怎麼樣跟他開示二乘菩提以及大乘菩提，這些行爲的緣起都叫作菩提行的緣。在日常生活當中，在你和眾生接觸的過程當中，你去開示他們如何修證三乘菩提；當眾生想要修證三乘菩提，你也善施方便的告訴他們：你得要具足哪些條件。一點一滴的告訴他們、教導他們，這些都叫做一切的菩提行緣。

換句話說，修證三乘菩提法，都必須有各種菩提行的因緣；假使沒有這些行緣，三乘菩提的修證就沒辦法修持；所以，你如果只是教導眾生修證二乘法解脫道，那就不需教他們修集福德之後才修行；如果是教導他們修學成佛之道，想要明心乃至眼見佛性，那就得要教導他們先修集福德資糧，具足菩提行緣，然後再教導他們修行的法門。因爲眾生根本不曉得修證三乘菩提的行持基本要件，都不曉得必須具備什麼因、緣；如今你已經走過來了，你知道修證三乘菩提時得要具備什麼不同的因、緣，因此你要用種種菩提行緣的教導來幫助他們。在幫助眾生修證三乘菩提時，得要以大悲柔軟心，來應用四攝六度的法以及菩提行緣來度化他們，不應該有瞋恚剛強的心。

但菩薩的慈悲，絕對不是婦人之仁！我相信你們這些女眾們，有膽量來學這個一般人所不敢信受的深妙法，能起大心而安住下來，一定不會有婦人之仁。因爲，你如果沒有一點兒丈夫氣概，這個法你將學不下去；我說的是老實話，並不是故意恭維諸位。因爲你們假使沒有一點兒丈夫氣概的話，沒有辦法和這個大丈夫法相應，你將會學不下去。不說別的，光是來到這裡聽經時，眼看這蕭平實評論印順大導師，講話好像口氣很大的樣子，心裡就會覺得：蕭平實似乎很狂、很慢的樣子。一般人剛來聞法時往往會有這種感覺，就難以和這個法相應。但是，其實我不是口氣大，我只是如實說，我只是不作假惺惺的事情：說話不客套。但是現在大家都在說客套話，都在假惺惺、假裝很有修養的樣子時，只有我一個人依照實情而不遮掩的直說，不知內情的人往往會覺得我口氣好大。可是等你破參以後，你就會知道我的口氣一點兒都不誇大，反而會覺得我講的還是很保留，還是沒有具足的將這個法的勝妙加以宣示，根本就談不上渲染或誇大。

這就是說，一般初學人想要學這個法的話，並不容易。特別是女眾們，心比較安份，不敢求大法，只要聽到有人說可以明心、可以眼見佛性，心中往往就生疑：「從來也沒聽說佛性可以肉眼看見，無形無色的佛性怎麼可以眼見？現在的末法時代，怎麼還可能有人明心？祖師不是說『末法時億萬人修道沒有一個人成就』？怎麼可能他們正覺同修會有那麼多人成就？騙人！」往往會懷疑不信。有的人會想：「我哪有那麼好運氣？一萬人、十萬人當中，偏偏我是其中開悟的那一個人？哪兒有可能？」那就是心量不夠廣大。

有的人是發了願：「眾生眞可憐，所以我要去度眾生。但是度眾生之前，我得要自己先證悟了啊！我還沒有悟，要怎麼度眾生？我自己都不曉得悟是要悟個什麼？我都不曉得解脫道是怎麼修持的，連解脫道與佛菩提道的內容與差異都不知道，那我怎麼去利益眾生？」所以得要自己先求悟。所以有的人來正覺同修會求悟，是因爲發起大心而來的；有的人生起大悲心，是因爲看到被誤導的可憐眾生：很多人犯了大妄語業，還自以爲開悟證聖了。所以他就來學這個法，想要悟後去救他們；但是一般人是不容易發起大心、慈悲心的。所以說，一般人聽到我們所說的法，往往會起煩惱。聽到我們所說的法和一般大師的法不同，能夠信受並且眞的一步一步修學，這樣一路走下來，這很不容易。可是菩薩爲什麼要走這一條路呢？正因爲有大悲心的緣故。

後來終於有一天眞的開悟了，回頭來看那些大師們所講的東西，才發覺他們果然都講錯了；這一轉念，就覺得眾生更可憐了，那就不由自己的發起大悲心：「這個正法不趕快推廣出去，那還得了？眾生不被大師們誤導墮落才怪呢！」所以我們會中有好多師兄、師姐，就這樣一直要把這個法推廣出去；所以初期很多年以來，我一直是被動的、保守的被他們在背後強力推著，我就這樣漸漸的被推動出來摧邪顯正；到後來，因爲悲心而不斷的宣示勝妙正法與錯悟謬法的差別所在，才主動扛起護法的責任來。這就是說，菩薩們以他的大悲心來幫助眾生，可是起大悲心的時候可不能像不動明王一樣，反而要以柔軟的身段來作；如果言語不夠柔軟的話，眾生會覺得你很難親近。

古時候的禪師，大部分都不容易親近的，很少禪師可以讓你容易親近的。但是，既然要走菩薩的路，那我們就不要像古時候的禪師那樣；我們就用柔軟的心，用很隨和的姿態，心中生起大悲心來跟眾生同事、利行；所以我從來不曾給人臉色看，沒有一位同修曾被我瞪過，更別說是大聲叱罵。但是 馬鳴菩薩說，你要這樣做之前，本身還得要有一些條件！那就是廣大的福藏以及智藏：有廣大的福藏還不夠，還要有廣大的智藏。

廣大的福藏就是說，你根本不需要靠眾生供養，自己可以衣食無憂的過活，不需要到處奔波、每日爲了三餐而奔忙，可以全心的投入利益眾生的弘法志業當中。在弘法的事與業當中，不但自己不受供養、不但自己不賺錢，而且還可以再贊助錢財來支持弘法的志業；得要能夠這樣做，這才是廣大的福藏。那我們現在就是要這樣走這樣的路，所以我出來弘法到現在，我沒有收過錢財供養，我只有收過紅包的套子，裡面的錢一律歸還。我收了紅包袋子，表示我心領了，我領納你的好意了，但裡面的錢全數歸還。這樣算不算收紅包？也算啦！只是沒有紅包的實質罷了！

我們在弘法的過程當中，都不收人家的財物，還反過來贊助弘法的事業，並且付出時間、體力以及精神，如果你沒有廣大福藏就做不到。假使有人能夠這樣做的話，那是很值得讚歎的。但是這種人畢竟不多，大部分的居士們都不會像那些附佛法外道一樣，又收紅包、又收黃金、珠寶、古董、古字畫等供養；但是那些附佛法外道們，打著佛教居士的名義，廣收供養以後，還在書籍、月刊上公開宣稱他們不受供養，眞是寡廉鮮恥啊！但是我們絕對不能那樣做。那些財物收來能做什麼呢？沒有用啊！因為將來捨壽時也帶不走啊！收了那些錢財以後，下輩子所該有的福藏就大幅減少了；所以為了下輩子行菩薩道時所必須具備的廣大福藏，我們不要收學員們的供養；反過來，我們還要廣種福田，修集更多的福德資糧，使我們的道業可以因為福德的具足而世世增上。所以在同修會裡面，有機會時我還是跟著大家種福田；我開墾出來這麼好的一方福田，為什麼只給大家種、而我自己不種呢？所以我遇到有機會時總是要跟大家一起種福田。

但是因為未離胎昧，在破參之前，我也曾在外面道場學法，也是很努力的種福田；雖然所種的福田都不是優良的福田，可是我並不後悔，我從來沒有後悔過。這表示我世世都有布施的習性，所以我才會在那些道場種福田。雖然後來發覺那些道場的法根本都錯了，但是我也不後悔；如果後悔了，就表示我這個布施的習慣是今生被教導以後才有的，那就太遜了吧？是應該過去世就有布施的習性啊！所以，一個人有沒有菩薩性？從小的時候就可以看得出來，這種小時就樂於布施的習性，就是廣大福藏的根源，根源於往世不斷的布施而養成習性了。

常看見有人求神問卜，或者去修密宗的財神法，希望會有很多錢。但我告訴你：世間所有的錢財都有因果，沒有憑空而得的錢財。所有人的福報都是這樣。

有的人很會求神，每次去求都有結果；但是求來的財都留不住，不久就消失掉了；因爲那些錢財本來就不該是他的，他去求神，神受了他的供，就設法暫時先撥來給他用，等到眞正主人想要這筆錢財的時候，他就得要還給人家。所以那些錢怎麼會失掉的？他眞的不明白：爲什麼會得而復失？法界中的因果就是這樣：你今生有很多錢，是由於你過去世的布施與行善而得來的；我們印行的《三乘唯識》中收錄的《優婆塞戒經》，諸位好好的去讀，裏面有很多妙法在裏頭，包括只有 佛才能夠具足了知的布施因果都在裏面說了，諸位得要好好去讀。

除了廣大的福藏以外，菩薩度眾生時還得要有廣大的智藏。如果我只會看話頭，都還沒有破參，就出來弘法；可是當人家拿了一些經藏中的問題來問的時候，就會答不出來啦！譬如人家問你說：「《維摩詰經》講：『法不可見聞覺知。不會是菩提，諸入不會故』，爲什麼又突然冒出來一句『知是菩提、了眾生心行故』呢？」這一下子又被人家問倒了！不問這個，問淺一點的好了，那就問你：「爲什麼經中說『法不可見聞覺知』？眾生心明明就有見聞覺知，怎麼經中卻偏要說『離見聞覺知』，那不是跟木頭、石塊一樣了嘛？」這一聽：「似乎有道理，可是爲什麼經中這麼講？我也不懂。」那這樣子，你出來弘什麼法呢？顯然你還沒有廣大的智藏嘛！那就很難住持正法，很難承擔如來家業了！

可是古時的禪師們中，有些禪師的做法我們也不認同！古時眞悟的禪師中，十個人就有八個是剛剛破參而已，都還沒有禪門的差別智，更沒有眼見佛性，他就出去開山弘法，當起一方大師了。這樣子好嗎？不好！因爲他只知道般若的總相啊！別相都還不知道呢！他的智慧就這麼淺，雖然是眞正的見道了，但是以我們現在大家悟後進修的智慧來看，那些祖師們都還很膚淺，當然就不能稱爲廣大的智藏了。所以那一些祖師們的開示，常常會有錯誤啊！我們大家都可以從雞蛋裡面去挑他們的骨頭：一根一根把它撿出來。我們當年不指名道姓、不舉證別人的錯誤，只是把自己眞正的法義說出來時，大師們卻認爲我們推翻他們的開悟形象，認爲我們的正法是與他們敵對的；但是他們私下大力否定，爲何卻無法正式的具文、出書批判我們？後來我們被逼而不得不摧邪顯正，指出眞正的般若開悟，只有親證如來藏一法。那些示現爲證悟聖者的大師們卻都還沒有證得如來藏，那我們豈不是等於已經把那些自稱開悟的大師們全部都公開否定了？眞的是得罪了諸方啊！等於是與諸方大師爲敵了！可是他們想要跟我們挑骨頭卻挑不到，這就是說，你得要有廣大的智藏：你不是只有能講明心的法，你還能教人眼見佛性的法，得要是他們再修上三十大劫也還是修不成的眼見佛性的妙法；也不是只有見性的法，你還能指導人家明心、見性之後，怎麼樣從七住位、十住位，繼續走到初地去；不是只有初地，你還能夠告訴人家從初地再怎麼樣走到二地、三地乃至等覺、妙覺去，是他們永遠都無法想像的，那才能不畏懼諸方大師而公開的說：**只有親證如來藏才是眞悟，其餘都不是眞悟**。因爲這樣一說的結果，一定會得罪諸方大師的，所以說這話之前，得要有廣大的智藏作後盾。

如果有人說他是初地菩薩，結果從初地到成佛的路是怎麼走的？他卻不知道，或者是完全的說錯了，那麼這樣的人絕對不是初地菩薩！初地菩薩是一定要通達總相與別相的，並且還要有道種智；有了這一些智慧，就知道眞正的成佛之道的內容，那才能算是具有廣大智藏。可是這個廣大智藏很不容易修行的，因爲眾生的根性各個差別不同。有的人來學法，他只要擁有一個明心就很滿足了：「**想不到眞的可以開悟明心！**」明心後很高興的走了，那也很好啊！我們也是隨喜。有的人明心了，想親證眼見佛性的境界，後來終於可以眼見了，他很滿足了：「**唉呀！老師！你不要再講什麼唯識種智了，我不想聽了，我這樣就夠了。**」就回家去安心的過日子。那也很好啊！我們也隨喜：這也不錯。畢竟比起那些悟錯了的大師們，他們眞的是好太多了。

但是，在大心菩薩的心中，絕不因此而滿足，他還要一步一步的往前走；他的心量很廣大，但他不是爲自己，而是爲了眾生；因爲悟了之後，發現眾生是那麼可憐、是那麼愚癡，被大師們害成大妄語業了還高興的不得了，還把害他的大師奉作法身慧命的父母而恭敬供養不疑呢！菩薩卻把眞相看得清清楚楚，所以他自己眞的有廣大的智藏。另一方面，在證悟之前，菩薩想要完成廣大智藏的話，他得要去跟善知識熏習、修學，另一方面再把自己的福德藏修集增長。又發大願：「這一世如果無法出來獨當一面救護眾生，下一輩子也可以；下一輩子還做不到，再下下輩子也可以。」這樣一生又一世去進修。

還有一個觀念，諸位得要轉變一下，有的人說：「我哪有可能去當親教師？我不是那塊料子。」但是你應該要歷練這個心：「我要當親教師，我這一世如果不行，那就努力到下輩子來當；下一輩子不行，那就十輩子來修。」爲什麼呢？因爲這一條路，你遲早得要走，因爲財施所得福德遠不如法施，法施所獲得的福德最廣大，將來成就佛道所需的福德資糧，還是以法施爲主來修集比較快。想想看：九地菩薩都還要在法上努力來進修四無礙辯，因爲具足了四無礙辯，所以他才有力波羅蜜；不論他去到哪裡，誰都得要恭敬他而聽他說深妙法，就能度得更多人，也能增益層次更高的菩薩們，他所成就的福德藏就會變得更廣大；又因爲有了廣大的福德藏，就能夠進修一切種智中更高深的妙法。這就是說，在學法的過程中，你必須要好好的把你的福德藏以及智慧藏好好去修學，積極培植；因爲兩者是互相增上的。

馬鳴菩薩說：當你有了廣大的福藏和智藏以後，你才能夠用你的大悲柔軟心、四攝、六度來度眾生而無所障礙。否則的話，空言身體力行四攝法，卻沒有能力；空言精勤修行六度法，也沒有能力；空有大悲心想利樂眾生，結果卻沒有法施的能力來利益眾生。

這就是說，必須要具備了這些條件，你才有辦法用你廣大的福藏和智藏，來教導那些你所要度化的一切眾生。有了廣大的福藏、智藏，生起大悲柔軟心，以四攝、六度的正理在度化眾生的過程當中，還要「令其『見聞』及以憶念如來等形」而使他們「增長善根」。馬鳴菩薩說「令眾生見聞」，是見聞什麼呢？就是見聞解脫道與佛菩提道的正理；除此以外，還要令眾生見聞佛地的究竟功德，見聞如來的三十二大人相、八十種隨形好，也見聞佛所示現的種種的身口意行；再教導眾生念佛的方法，使眾生可以獲得佛的加持力。這樣才能夠藉由念佛的方便門來增長眾生的善根，這樣自利利他，自己也可以因此而有了快速的進步。這就是講弘法上面的差別緣。這個差別緣，馬鳴菩薩接下來又開示說：

論文：【此緣有二：一、近緣，速得菩提故。二、遠緣，久遠方得故。此二差別復各二種：一、增行緣，二、入道緣。】

講解：差別緣分成兩個大類：一個是近緣，另一個是遠緣。近緣的意思是說，有情由於有近緣的緣故——由於差別緣中近緣的緣故——所以他可以迅速的證得菩提。譬如諸位進了同修會之後，證得了佛菩提；證得佛菩提的時候，也必然同時證得聲聞菩提斷三縛結的功德，這叫做近緣。可是也有少數人進來同修會之後，跟了我快十年了，到現在，佛菩提與聲聞菩提的修證，都沒有成果；後來又聽某些有私心者捏造我的閑言閑語，結果又走掉了；身入寶山空手而回，眞是可惜，這種人就叫做遠緣。這種人想要證得菩提，可得要很久遠方得。

所以聰明的人會說：「不管你說蕭老師是多麼惡劣、多麼壞的人，我都不管；我至少先混個明心，看明心到底是個什麼滋味，看他所印證的明心和經典說的是不是完全一樣？其餘的事等到明心之後再講。」那就是說這個人有智慧，他說等到明心以後，拿經典來印證看看對不對，這才算是有智慧的人。最怕的是沒有智慧，來到同修會連個明心都還沒有混到，又聽人家講一些奇奇怪怪的莫須有的閑話，又走掉了，這個就是遠緣；這種人修學佛菩提或者聲聞菩提，都要久遠方得；他們還要經過很長的時間之後才能夠得到菩提。

這兩種緣——近緣與遠緣——都各有兩種差別：近緣裡面有增行緣，遠緣裡面也有增行緣。但是如果我來寫這個論的話，我們會這麼說：「此緣有二：一、增行緣，二、入道緣。此二復各有差別二種：一、近緣，二、遠緣。」我將會這樣講。也就是說 馬鳴菩薩所講的：近緣有兩個緣，一個是增行緣，另一是入道緣，他是從另一個方向來說的。

什麼是近緣的增行緣？比如說你接觸到這個法，但是在你接觸到之前，已經有一些增行緣在裏頭了；怎麼說呢？就是你聽聞過某一些善知識開示，或你讀過某些經典開示，大意是說：「菩薩於聞所未聞法心不驚畏，菩薩於聞所未聞大乘方廣、般若諸經，信受奉持而不誹謗。」你已經有這個正確知見記在心裏頭了，後來有一天你聽到善知識所說般若正法的妙義，和以前從諸方大師那裡聽來的大不相同，但是你不會生起煩惱，你也不會害怕，你會想：「**我去學學看，聽起來好像很有道理，不如先去學看看。**」所以就不畏深法、不畏聞所未聞的妙法，就去修學，這就表示你已經有增行緣了。就是說，關於這一世就可以證得菩提的增行因緣，你已經增修過了。

又譬如有的人想求大乘見道，所以他還沒有接觸到我們正覺的法門之前，他一天到晚努力護持三寶，然後每天求佛、菩薩指引，有許多人就是因爲這樣來的；他很努力在護持三寶，雖然那些道場只是表相的正法道場，都不是了義法的道場，因爲那些大師們並沒有眞正的開悟；但是表相的正法道場也是正法啊！不能說他們不是正法啊！除非他們破壞或者抵制正法，或者以外道法來取代正法。正因爲他努力護持三寶而祈求佛、菩薩指引，終於緣熟了，善知識出世弘法了，佛、菩薩就安排因緣讓他遇見了義正法；遇見了之後，他就因爲善根、福德與慧力夠了，所以能分別正邪，就一頭栽進來了。接著修行很快，也許半年、也許一年就悟了，也許兩年半以後一次過兩關也不一定，這很難講；這表示他的增行緣已經有了，過去已經爲自己做了。所以進了正覺同修會之後，他就很努力、很用心在護持；雖然他不是很有錢，但是他的護持心，大家都是看得出來的，大家都能感受得到，這就是他爲自己所作的增行緣。

什麼叫入道緣？每一次上課共修，無論風雨，他一定會到，颱風天他也趕來，這就是入道緣。有人對親教師講的課不想聽，心裡說：「親教師老是講這個，六度我早就聽過了，太粗淺了！聽起來蠻枯燥的。」但我告訴你：枯燥的東西在我們會裡，卻是很有法味的；如果像外面那些善知識上台來，都是講笑話給你聽，我告訴你：你甭聽了！聽得再多也沒有用。學佛法、聞佛法，不是要來聽故事與笑話的；聽那些人講些插科打諢的笑話，對佛法的增上沒有幫助。眞正具足妙理的知見，都是很嚴肅的，但是裡面有很多智慧在裡頭，我們的教材就是這樣編的。

有的人學佛久了，來到講堂學法時，不想再聽我們講持戒、忍辱，但是那些其實都很重要；而且有的人來到正覺以前，是從來都沒有學過佛法的，所以也得爲他們設想，從基礎開始教起。但是大家風雨無阻的每一堂課都來聽講，一直到最後半年開始講般若，這裡面包含四聖諦、八正道、十二因緣、五蘊、十八界、四加行等等，讓你好好的觀行而把我見斷除掉，也就除掉三縛結了，然後再告訴你禪宗的禪是怎麼參的，實相是該怎麼證的；這些你都得好好的聽聞熏習，這就是入道緣；入道緣具足了，你想要進入佛菩提道的緣就已經具足了。因爲你有如實的聽取、攝受，回家以後再用心的思惟整理，這樣就能具足入道的緣。入道就是見道，見道以後就可以開始進入內門廣修菩薩行了，那就是眞正的菩薩。

可是有了入道緣，用功的修行以後，是不是就一定能夠見道呢？那也不見得！那要看你的入道緣是近緣？還是遠緣？如果你的入道緣是近緣，那就是證悟菩提的因緣都具足了，當你學完兩年半的課程時，只要一些見道的增行，就可以見道了；我就算想要擋住你見道的因緣，都擋不住，沒辦法遮障你證悟。這就是說，有了近緣的入道緣，就是早已具增行緣了，所以不悟也難。假使你是遠緣，那就不要怨天尤人，因爲在過去世中所應作的增行緣尙未具足啊！所以你的入道因緣必須久遠方得。

同樣的道理，遠緣裡面也有增行緣，也有入道緣。但是由於他還不具足見道的條件，他的見道時間就會往後拖久一點，這叫做遠緣。那麼由於增行的關係：有的人得到了這個熏習的因緣，就容易悟道。你如果沒有增行，就得不到熏習正法的因緣，就得不到熏習佛菩提道的因緣，乃至想要熏習二乘菩提的因緣都不會有。這有現成的例證，現在有些人請求南洋的一行禪師、恰密禪師、帕奧禪師、葛印卡禪師……禪師等人來台灣指導禪法，想要獲得解脫果的見道因緣，但是他們能不能因爲那些南洋大師的教導而證得解脫道呢？不能！連破除我見都做不了，因爲他們那些所謂的阿羅漢來到台灣時，都教大眾要保持覺醒，要用你的覺知去觀察，要覺知了了的保持覺醒而一念不生，不可以昏沉而斷掉覺醒性，要守護正念不失，卻都不教人斷除意識覺知心常不壞的我見；這都是落在意識心上，也就是說，那些南洋大禪師們都還沒有斷除我見，這證明他們的二乘菩提增行緣還沒有完成，還沒有二乘解脫道的見道近緣；所以他們還得要再作許多的增行，單靠這一世的增行，並不一定就能夠得到解脫道的近緣，當然更不可能獲得佛菩提道的近緣。所以，你得要有智慧，要知道怎麼樣去做增行，並且確定你所做的那些增行，一定能讓你得到解脫道或者佛菩提道證悟的近緣，這樣的增行才是我們大家所應該要做的。

往世學佛晚的人，得要修集增行緣很多劫以後，才能夠具足證道之因緣，才能轉遠緣成近緣。換句話說他證悟的條件還不成熟：或者由於他的福藏還不夠，或者由於他熏習般若的時劫仍太短暫，尚未具足信力。在般若的證悟以前得要過去很多劫以來的熏習，菩薩證悟時所需要的是多劫的正知見的熏習；有的修行人性障輕微，信根與慧根淳熟，只要一劫的正知見熏習，他的信力就成熟了，這就是近緣；但有的人則是遠緣，他得要修學整整十劫或一萬劫的正知見，才能夠具足見道的入道緣，所以他是遠緣。這就是過去無量世以來的熏習差別不等，所產生的不同現象。至於入道緣，如果是近緣的話，你很可能一世、兩世的親近正法就可以證悟了；雖然過去世熏習佛法以來還不很長久，但是你本身有希求出離的種子早已存在，種子已經發芽了；雖然出離心是在外道當中修學而發起的，並不是眞正在佛道當中學習的；但是這個種子已經出現了，所以當人家說到眞正的解脫道的時候，你很容易就相應了。

因爲能相應的緣故，所以做了一部分增行緣以後，你就具備了近緣；又由於接觸到眞正解脫道正法的緣故，就有了入道緣；這個近緣成就，在這一世的熏習和修行過程中，就證得解脫道的斷我見、斷三縛結的功德。佛菩提道的修學也是一樣的道理，因此在佛菩提道以及解脫道上面都有近緣和遠緣。所以你如果來學正法時，不要向我抱怨說：「**我也很努力參禪，可是我總沒有辦法破參，您都不肯爲我明講。**」請不要怪我！該給的知見與方法我都會給。同樣的給予知見與方法，很多人能悟，而你不能悟，那一定是你自己的問題，你得要去檢討自己。

我現在不開保證班，現在不像以前是統統有獎的，因爲恐怕會有後遺症。也就是說，要隨順著大家的近緣或者遠緣去做；如果你是近緣的人，自然在這一世能夠破參、能夠見性，乃至能夠走到初地、二地，那都有可能。如果是遠緣，有可能這一世連破參都做不到，所以各人因緣差別不同，不能一概而論。接下來要說明第二個部分，前面說這個用熏有兩種，一是差別緣，二是平等緣。現在差別緣說過了，接下來說平等緣：

論文：【平等緣者，謂一切諸佛及諸菩薩，以平等智慧、平等志願，普欲拔濟一切眾生，任運相續常無斷絕；以此志願熏眾生故，令其憶念諸佛菩薩，或見或聞而作利益，入淨三昧、隨所斷障得無礙眼，於念念中，一切世界平等現見無量諸佛及諸菩薩。】

講解：平等緣是說，一切諸佛及一切菩薩，都是用平等智慧和平等志願，普遍的想要拔濟一切苦難眾生；這種平等智慧和平等志願，是任運相續而常無斷絕的。「一切諸佛、一切菩薩以平等智慧和平等志願來度眾生」，這句話中所說的平等的意思，請大家不要誤會了。譬如有個人在寺院裡面開示，又印出來流通，他說：「印光大師講：『閒時莫論人非。』要常常看見自己的過失。」他接著就說：「我們學禪就是要這樣，不要常常看見別人有過失，應該常常看見自己的過失。」然後話鋒一轉，就談到我頭上來（當然啦！他沒有指名道姓，是我自己對號入座），他說：「有一個人很強勢，他總是希望我們轉變想法，強迫我們要認同他的想法。但他的想法是不對的：他是在分別我們的法是不是錯了。這就是分別心。我們學禪就是要無念、無分別，只要照見自己的過失就夠了，不要去分別他人的法有沒有過失。」

像這種說法，就是誤會了「無分別、平等」的意思了。眞正的無分別智的修證，是你用能分別的覺知心去參禪，去證得另一個跟你同在一起的本來就無分別的無分別心；當你證得那個無分別心的時候，你會發覺祂本來就已經是無分別性的；可是證得那個無分別心的你自己仍然是有分別性的，不因爲證得無分別性的第八識心，而使得本來會分別的覺知心自己，變成不能分別的木頭或變成不能分別他人法義嚴重錯誤的白痴，這才是眞正的證得無分別心。如果你證得無分別智的時候，覺知心自己就變成眞的無分別性；那麼請問：「你在寺院中悟了以後要怎麼回家？」你連煮飯都不會煮啦！你連走路都會掉到水溝裡面去了！還能回家嗎？走路也得要有覺知心的色塵分別性啊！所以，並不是打坐到沒有念頭、一念不生而不去分別諸法，叫作證得無分別智。無分別智證得以後，不妨你自己依舊照樣有分別，不妨你所證得的背後的第八識自己照樣無分別，這樣才是有了無分別，也有智。智就是分別性啊！如果是只有無分別而沒有智，那就成爲白痴了。眞正的無分別智不是教你修禪時保持無念、無分別，不是這個意思。

同理，一切諸佛、一切菩薩以平等智慧——無分別智——來普遍的拔濟眾生；這不是說諸佛菩薩都好像白癡一樣，不管是誰來，都同樣的叫他證悟，而不分別各人的因緣適合不適合現在悟。我早期就是幹了這種傻事，所以常常被那些我所明說幫助的人們反咬好幾口，所以我罵當年的自己是濫慈悲的白癡；現在不幹這種傻事了，現在總是要觀察眾生的證悟因緣，然後才決定要不要幫他證悟。這就是說，你們悟後固然應該廣度眾生，可是你也得要觀察所想要廣度的眾生是不是有悟道之緣啊！所以我們說的是「廣度有緣的眾生」。換句話說，無緣的眾生我就不廣度了，再廣都沒有用。那就是說：你得要用平等的智慧，但是卻要用分別心去觀察眾生，看眾生有沒有見道的因緣？如果他有入道的緣，還得要觀察他的入道緣是近緣還是遠緣？

所以每次禪三第一天開始不久，在那個早上我就摸清楚了：這一回大概多少人見性、多少人明心？就已經摸清楚了。雖然見性不一定是我所能控制的，但是因緣大概都曉得了。這個就是說你要會觀察啊！這也得要有分別智啊！但是菩薩發願想要讓眾生悟入的內容，卻是對如來藏體性本來就無分別的智慧；這就是眾生等有的無分別性的心體，證知這個心體的時候，就會出生親證無分別心的智慧來；以這種無分別智為標的來度眾生，就是平等智慧、平等志願。因此我們悟後度眾生的時候，得要學習諸佛菩薩以平等智慧來度眾生；這個平等智慧是說一切眾生都平等：等有這個無分別心。但是平等之中卻有不平等，不平等的地方就是差別緣的所在，平等的地方就是平等緣的所在。

但是平等緣是在化主的我身上，所以我是平等的，但是我卻能用智慧來觀察眾生的差別緣；諸佛也是一樣，祂們也都是平等的，可是在平等智慧中卻又有差別緣的智慧來觀察眾生，判斷應當針對不同的眾生給與不同的法；判斷眾生之中的某部分人可以度來當菩薩，某些人則是要讓他斷我執而入無餘涅槃。所以眾生都有種種的差別緣不同，所以諸佛菩薩的平等智慧並不是像白痴一樣都不分別，更不是坐在蒲團上一念不生而不分別；而是說眾生的眞實心是平等的，所悟證的無分別智也是平等的；是說體性都是平等的——有情的本體都是平等的；但是在平等性之中卻有種種的差別緣，得要有智慧用分別心去分別觀察他們。

上週講到平等智慧、平等志願，平等智慧我們說過了，平等志願又是什麼呢？平等志願是說諸佛諸菩薩度眾生的時候，以平等智慧爲本，生起平等的志向和願力。平等的志向就是說，對眾生一視同仁，就像孔老夫子講的「有教無類」，這就是平等的志向。不管什麼樣的人都不放棄，最多就是暫時把他放下不度，因爲互相之間的緣還不具足，但未來世還是要度他的，這就是平等志向——不捨一切的有情。平等的願就是說，這種願是依於平等的智慧，於未來無量世之中都不更改，永遠如是奉行。這一種平等的志、願，眾生是不會瞭解的。一般而言，眾生總是看到諸佛菩薩有偏心；譬如聲聞種性的凡夫會這樣說：「佛把菩薩的法傳給文殊、普賢、彌勒、維摩，對我們這些聲聞弟子就不肯傳；甚至於對俱解脫的三明六通大阿羅漢，也一樣不肯傳授，所以《楞嚴經》裡面才會有聲聞法上的圓通法門，不能契合佛菩提道。這樣看來，佛是偏心的。」但實際上不是佛不肯傳，而是觀察那些人證悟佛菩提的因緣還不成熟；勉強傳了法，將會徒增困擾，所以觀察因緣之後，得要等到後來時節因緣成熟了才會傳法，這就是諸佛菩薩觀察眾生修證佛菩提道的因緣，但是並不會影響到諸佛菩薩的平等智慧、平等志願。可是這道理是很難使眾生瞭解的，所以諸佛菩薩攝受眾生的作法，凡夫眾生們是不會眞正瞭解的，所以傳法得要看因緣的。

就像《不思議光菩薩所說經》中的 賢天菩薩一樣，他觀察到 不思議光比丘心性仍然惡劣，悟入佛菩提的緣還不具足，所以暫時把他捨下不理，先去攝受、度化別的眾生；等候未來世緣熟的時候，還是會度他的，這就是平等志向與平等願力。這種平等志、願，是要在實質上的平等來說的，而不是在事相上的平等來說的；譬如某甲證悟的緣仍不具足，那就暫時把他放下；某乙證悟的緣已經具足了，就先度他證悟。某甲不瞭解狀況，就會說菩薩偏心，不肯幫他一起證悟。其實不是這樣，得要觀察過去世和這一世的狀況，判斷學人所熏習的慧力夠不夠？定力夠不夠？信力夠不夠？然後還要觀察他的福德。因爲唯一佛乘的菩薩想要證悟大法，必須要具足福德才能證悟，並不是只有信力慧力和定力就可以證悟了。如果是修學解脫道聲聞法，福德的具足或不具足，也就不是很重要的事了。

因此緣故，諸佛菩薩度眾的時候都會有所觀察，會從實質上來看某人證道的各種條件是不是都具足了；如果還沒有具足的話，那他就只好暫時放下他，等待以後的因緣，這並不是說諸佛、菩薩有所偏頗。有時從表面上看某一個人，好像證悟的福德與慧力都很具足，但是諸佛、菩薩竟然把他擺著不管，不幫助他證悟，好像很不合理；這就是說，某人的福德因緣不是眾生所能瞭解的。往往有人在禪三前宣示說：「某某人這一回去參加禪三，大概明心與見性兩關都沒問題。」沒想到四天三夜下來，他連第一關都沒過，常有這個情形。這就是說，一定要有觀察眾生得道因緣的直覺，你才能正確的判斷；所以起三後第一天的清晨過堂前，我一定會先去觀察；我在禪堂裡面繞來繞去，不是在散步，而是在觀察：這一回大概多少人可以明心，大概有哪些人可以見性。

這樣走上兩、三圈下來，就知道得差不多了；所以往往護三菩薩們會問我這一回到底預測是多少人？每次預測的結果大多跟實際上相差不多，這就是說有一些因緣是平常共修時在表面上看不出來的，得要靠那個時候才提起觀察因緣的能力來，平常我絕不去觀察；各人的因緣夠不夠，在平常我並不關心，只有到了禪三的時候我才會去注意。是不是那一些沒有破參的人，是我們不理他呢？不是！是因為他們自己的緣不具足嘛！就好像陽光普照，可是有的樹太小而被大樹遮障了，有的草被樹擋住了，所以照不到陽光，那他們當然不能怪太陽不照他們。同樣的道理，有些人報名禪三，我們一直不加以錄取，不是不肯度他們，而是他們明心的緣還不具足，得要再等以後的因緣；有些人甚至被我一再刷掉，直到第四次報名才錄取，也有這種人啊！但是後來他們的受用很大呀！這種人能安住下來等候時節因緣，我個人也很敬佩他。

這意思是說，每個人的緣都是不一樣的，不能夠從表相上去看，要從實質上去觀察；因爲學佛並不是只有這一輩子，得要加上過去的無量世累積起來的資糧與磨練才能算數的。所以有些人會跟我說：「**某某人離開了，老師你爲什麼不打個電話叫他回來？**」但我一向說的是：來者不拒、去者不追。爲什麼要這樣呢？因爲我的看法是：必須隨順因緣。如果近緣熟了，他自然就會回來；當他回來時，我就會很歡迎：熱誠的歡迎。這個人不久就會悟入，將來也不會再有問題。但如果是遠緣，是應該離開一段時間的人，他就得要自己離開：不需要我去開口請他離開，他自己就會離開的。但有的人不需要我們去叫喚他，他自己就會懂得回來，這就是我們眞正要度的人；因爲能夠放下面子再回來，這個人就很篤定了，也就是證悟的因緣熟了；這個人一回來，不悟也難！因爲緣已經熟了。

所以實際上諸佛、菩薩度眾生的時候，祂們都是以實質上的平等來看待眾生的，而不是從表相上的平等來看待的。早期我辨禪三時是統統有獎，最少一定可以明心，這就是不平等，這就違背了平等志、願；因爲有的人根本福德都還不夠，並且信力不夠、慧力不夠、定力也不夠，結果濫慈悲的都把他們弄出來，對他們反而不好；因爲他們的信力與慧力都不夠，不能信入，也不能整理；不能整理的時候，他就無法了知與判斷：到底這個法是對？還是錯？又加上書讀的不多，文字上有障礙，所以經典也讀不懂，那就沒有辦法靠經典來自我印證，所以心裡面的疑就無法自行消除，所以後來就會信受月溪法師的邪妄說法，所以就退轉了（編案：這是指第一批退轉的人）。這就是說，以前我是建立齊頭式的平等：大家來了，統統都可以明心。但這是不對的，應該從實質上、立足點上的平等來作，這樣才是佛法上應該有的平等志、願。這樣大家就能瞭解諸佛、菩薩的平等志願了。

這種平等的智慧與平等的志、願，必定會導致諸佛、菩薩普遍的想要去拔度救濟一切的眾生；佛、菩薩救度眾生，絕對不會是只想救度局部的眾生；即使像天魔波旬那樣不斷的在破壞佛法，可是佛仍然對他授記成佛呀！所以他下了地獄以後，未來將在地獄當中懺悔、發願：修學佛道、護持正法。等他離開地獄之後就不同了，就會成爲菩薩了；再經過幾許劫以後他就會成佛，他已經被授記了。

這就是宣示 佛的平等智慧、平等志願。我們大家也應當如是，所以佛地的平等智慧、平等志願應當要學，所以學佛的首要就是先修證平等智慧——無分別智；這樣才是眞正的在學佛。有了平等智慧之後，你才能夠漸漸的觀察衆生實際上的福德因緣，然後生起平等志願，你才能無厭無悔去度衆生。佛既如是，我們也應當如是，這就是大家應該建立起來的正確觀念。

正因爲如此，我們同修會並不偏好學歷高的學員，對於沒有讀書的、國民小學都沒畢業的老同修，也是完全平等的相待；有時候同時修得三個碩士學位、一個博士學位的人，還不一定能明心；但是往往有人不過只是國民小學畢業而已，卻照樣能夠明心，反而參得快。所以在正覺同修會中，佛法的修證是很平等的；就像六祖慧能大師，斗大的字可能還識不了一籮筐，但他也能明心見性啊！所以佛法就是這樣的平等，而不是在世間法上的平等。當你有了這種平等智慧（你眞能悟了，才能生起平等智慧），之後才能起平等的志願；有了平等志願，才能夠產生普遍的想要拔濟一切衆生的力量。

你的這個力量是從哪裡來的？答：是從悲心而來的。因爲悟後親眼看見衆生和自己平等、平等，可是衆生卻得要這樣輪轉生死；又悲憐衆生被那些邪師們所誤導，所以普遍的想要救度眾生。可是如果空有這個悲心而沒有平等智慧，你的平等志願就起不來了；必須證得平等智慧以後，你才能眞的知道：「**原來這一些大師們講錯了，都在誤導眾生。**」可是那些學人們卻都不瞭解，跟著大師們這樣走上岔路；但因爲你悟了以後，已經有平等智慧，你才能看得很清楚。當你看得很清楚的時候，你會感嘆的說：「**佛法的見道是很單純的事情，可是這麼單純的事情爲什麼那些大師們會誤導眾生呢？爲何會誤導到這麼嚴重的地步呢？**」就想要救度那些被大師們誤導的廣大眾生了。

這就是說，你有了平等智慧，因此生起大悲心，所以能夠生起平等志願，想要普遍的救度一切眾生。所以說「菩薩由大悲中生」，但是大悲卻要由平等智慧生，未悟、錯悟的人，以及外道修行者們，都是沒有辦法生起這種平等大悲心的；只有菩薩能夠，但是菩薩的大悲卻是從平等的智慧而來的；由於平等的智慧，才能夠發願普遍的想要拔濟一切的眾生。

這就像是我們以前宣講《護法集》、出版《護法集》，也是爲了拔濟那些退轉的人，可是仍然沒有辦法成功啊！我們努力的說明正法的眞實義，以教證與理證來舉證說明月溪法師的法義完全錯誤，但是他們因爲迷信表相與顧慮面子的關係，狡辯說：「人家月溪法師有肉身舍利，他著作有九十六種，你蕭平實算老幾？兩、三本著作就想跟人家比？」因爲我當時只有兩、三本著作，他們就這樣想，就不信我所列舉出來的教證與理證。他們只看表面，不曉得月溪法師那個肉身舍利的實情，不知道其實是以屍乾去整修的，並不是眞正的肉身舍利，並不是像六祖那種肉身舍利。如果你們看過他的屍身開缸時的照片，那種口歪眼邪的可怖模樣，你們女眾看了都會害怕的；那是屍乾整修出來的，不是眞正的肉身舍利。

對於他的法，我們也不斷的加以教證與理證上的說明，可是他們都不肯聽，就走掉了；走掉以後，我們又選擇重要的經文段落，拿出來詳細講解，證明給他們看，印證給他們看：我們所悟的心到底是不是眞實心？也請他們再回來聽；但是他們回來聽了以後，還是沒效，還是不信經典的正說，還是退失了。那他們退失菩提以後，我們就不攝受他們嗎？不是！只是這一世暫時把他們放著，但是我們也不在外面或書中指名道姓的指責他們；但是我們一定得要把他們否定正法而改信月溪法師邪法的緣起給說出來，那個緣起就是羅東的自在居士（編案：後來出家名為法禪），所以我們並不是不攝受那些退轉的人，只是要等到下一世，等我和他們都往生再回來的時候，重新遇見的時候再重新攝受他們。

因爲那時他們都已經換了一個意識，他們都已經忘了這一世跟我的緣，那時如果我修行比今生更好，可能他們就會徹底的相信了。也許我下一輩子有修得的神通，或者說今生晚年有時間修一點神通，也許他們將來就會相信了。度凡夫是要有神通的，度你們這些人倒是用不著神通啦！因爲你們是學人。可是那一些人是俗人，俗人就得要有神通才能攝受他們；因爲他們喜歡追求有境界的法，這是無可奈何的。但我們不是不攝受，未來世還是要攝受他們的。那就像 賢天菩薩一樣，未來世、未來劫中有緣的人，他會在未來世加以度化，這一世沒緣時他就先把他們放著，但是他也不會去對他們作什麼不好的事。經中曾說，護法神想要處理那些背叛他的人，可是 賢天菩薩不允許，因爲在未來世還想要攝受他們，所以那個誹謗 賢天菩薩的不思議光菩薩，就不必下地獄受苦；這是 賢天菩薩運用神力暗中攝受，讓他不下地獄，但是卻要讓不思議光菩薩在人間世世都生在婬女之腹——生生世世都是被妓女所生——出生以後就立刻被妓女丟棄，丟棄以後就被狐狼狗作爲食物，一直到緣熟以後才遇 釋迦佛而得度。

所以說，諸佛菩薩度眾生時，表面上大家看不出個道理，等到你有一天眞正在度眾生時才會眞的瞭解；在人間眞正度眾生時，並不是像那些大師們那樣，一度就是幾萬個人、十幾萬、二十幾萬人，不是這樣的；是眞正度人明心、度人見性，而且能夠往初地、二地前進，這樣才叫眞正的度眾生，所以能被你度化的人當然不多。當你有了這個能力的時候，你就漸漸會了知這裡面的因緣。這個善觀眾生因緣的能力，歸結到最後還是要有平等智慧。所以，平等智慧是那麼的重要，所以學佛的第一要務，特別是修學大乘佛法，第一要務就是見道，也就是明心啦！

可是明心之前，你的基本條件有沒有具足呢？你的性障有沒有消除掉？這可是很重要的事喔！很切實的事喔！有的人知道密意了，但是慢心很重，自信滿滿；偏偏去到禪三共修時，什麼古怪的事情他都遇上了，眞的是被障住了，冤親債主都找上門來了。因爲明心這事兒非同小可，這一明心就永離三惡道了；又成爲眾生的功德田，福德跟著變大了，冤親債主以後再想找他要債的機會就不多了；套句俗話說，你的運越來越強，一世比一世增上，他們哪還有機會找你？所以在明心之前，障礙會不斷的顯現出來；所以常常有人因爲性障、業力所障，就障礙了他的見道因緣。所以在修除性障上面要很小心去做，要很用心去做；而且在修集福德上面也要注意，每一次修集福德以後，就把所修集的福德迴向給冤親債主，要不斷的指明自己的冤親債主而誠心迴向，這很重要。

因爲到四月就要舉辦禪三了，準備參加禪三的人該怎麼辦？應該多修集福德，每天都迴向，不能停止迴向。但迴向時不要像有些人那樣打高空：「我某某某以什麼功德迴向法界。」你迴向法界做什麼？什麼叫法界？法界無非就是十八界加上如來藏，以及如來藏藉十八法界變生的一切法，這就是法界嘛！你迴向給法界做什麼？法界不需要你迴向啊！應當說：「迴向給我某某某的一切冤親債主。」再發願：以自己的功德迴向給他們早生善處、見佛聞法、得證菩提……等等。要具體的迴向。就像我們講經完畢時的迴向那樣，得要指名道姓啊！你自己要稱名道姓，指稱你自己的冤親債主，並且以具體的福德而作具體的迴向，讓他們領受你的迴向功德，讓他們領受你的誠意。你每天這麼迴向，一天他不信，兩天他不信，每天迴向過五個月、六個月，他們總該信了吧！謊話講一千遍，人家就會相信了嘛！何況你的迴向並不是謊話啊！你是眞誠的迴向啊！並且是有眞修福德來迴向給他們，不是空口白話的迴向啊！

並且你已經發願未來世要度他，希望他成爲你在菩提道上的法侶，世世互相增上，世間還有什麼比這件事對他更有利益的呢？那他想通了，當然會接受嘛！當然趕快就投胎去啦，這一世就不會障礙你了嘛！只是未來年老時，你度眾生的時候可得要有警覺：「我現在年老度眾的時候，一定會有一些過去世欠了他的，也會有我年輕時聽我的勸而投胎再來我這裡學法的怨家債主；當年我勸他們趕快往生再來人間，現在再來人間學我的法，不免就會有要債的心態而覺得我教導他是理所當然的，所以我得要好好對待他們，不可起瞋心、慢心。」所以娑婆世界的菩薩們弘法的過程當中會有障礙，那是正常的，所以就不要因此生起煩惱，該怎麼做就怎麼做。

這意思是說，由於平等智慧的關係而產生了平等志願；由這個平等志願，所以能夠有悲心，無盡期的、普遍的想要拔濟一切眾生；這一種平等智慧和平等志願，將會在菩薩心中任運相續、常無斷絕。有時候你不覺得有自己這個志願與智慧在，但其實它是一直都在的，這就是任運。當你們破參以後每遇到一件事情，你都會把它跟明心所得的中道觀、實相觀，搭配在一起來觀行；這就表示說，你的平等智慧是任運的、相續的，是常無斷絕的。假使不信的話，你們破參的人在夢中注意看看：在夢中時，你破參所得的智慧也是在呀！不會遺失啊！你也常常在夢中為眾生說法，在夢中度眾生，這就是用平等智慧而任運的相續運行。

上週有人問我一個問題說：「我們證悟了之後，捨報了，到中陰身階段的時候還記不記得生前所悟的實相智慧？」當然記得！因為中陰身的意識心是跟這一世的意識心連接的，就好像昨晚的意識與今天的意識一樣的連續起來，所以當你捨報轉入中陰身的時候，你這一世所悟的智慧都還在；明心的人能夠正知入胎的原因就在這裡。在中陰身階段的意識心，生前聽過蕭平實講：「凡夫眾生都是於來世父母起顛倒想而入胎的。」你當時可以不起顛倒想，因為你已經證悟啦！知道說自己不可以起顛倒想，但是照樣可以像一般凡夫去入胎，這就是開悟見道的功德。所以生前所悟的智慧與志願，繼續會存在中陰身境界裡面，並不會消失。

可是入胎以後中陰身就消失了，這一世的意識就永遠斷滅了，永遠都不會再生起了。快的話，入胎後的四、五個月；慢的話，一直要到七、八個月以後，下輩子全新的另一個簡單分別的意識覺知心才會漸漸的生起；出生以後從頭開始熏習世間法，但這並不是上一世的意識覺知心。所以如果要做胎教的話，懷胎四個月之前都不必做，做了也沒有用的，因為四個月之前胎兒根本沒有意識現起嘛！你的胎教要教給誰？沒有用嘛！但是母親自己常聽音樂來保持心情平和，這是對的。因為孕婦如果一天到晚生氣或是緊張，身體就會分泌很多化學毒素，就會影響到胎兒的色身，所以保持心情平靜愉快是正確的，但這絕對沒有胎教的功能。

所以對胎兒的胎教，最快也得要等到滿四個月以後才做；通常滿六個月以後來做，會比較有用；因爲未滿四個月以前，胎兒的意識覺知心根本都還沒現起，有誰能接受你的胎教？這種道理，胎教專家也不懂的。所以，學一切種智就是有這個好處：人家所不知道的，你都可以知道。

言歸正傳，即使你正在夢中，開悟見道的智慧還是會任運不斷的，它已經在你的第八識中生根與發芽了；雖然有時候你看花芽好像沒有在成長，等過二、三天再來看，它又長出一、兩寸了。破參回來以後也一樣：剛回來那一天、二天，你請閱經典的時候會覺得自己的般若智慧進步很快；過了七、八天，你又覺得好像沒有在進步啦！但其實不然，只是你自己沒發覺罷了！所以經過五個月、六個月，你再檢查看看：「**哎唷！我現在的智慧眞的進步太多了，跟當初破參的時候距離很遠了！**」智慧又不一樣了。這就是說，你只要眞的見道了，這個平等智慧就會任運相續而不斷絕的；表面上也許你不覺得它有在現行，但是實際上它一直都在，隨時影響著你的心行與判斷。

修學佛法的人不可以都不念佛，不可以仿學禪宗祖師的表相而說心裡面沒有佛。禪師說：「無佛、無眾生」；《般若經》講：「無佛、無菩薩、無阿羅漢」，是因為沒有我相、人相、眾生相、壽者相，這是在實際理地上來講的。可是在事相上來看，包括等覺菩薩在內，卻都是時時刻刻有佛在心中，他們雖然沒有佛的名號在心裡面打轉，但卻是時時刻刻有佛在心中的。密宗有一點倒是蠻值得效法的，只是他們作得過當了；他們教導弟子說：「**你想要修學密法，先得要供養上師；供養以後則要常常打坐觀想上師在自己頭頂，常與自己在一起，這樣才是眞正的皈依上師。**」這還眞的是攝受弟子的好方法。

想想看：如果對上師沒有信心，一天到晚在想：「**我的這位上師有多壞。**」那麼上師所講授的東西你還能接受嗎？當然沒辦法接受嘛！更何況每天觀想上師在自己頭頂上？所以這是攝受弟子的好方法。但是他們作得有點兒過當，也就是說，他們對弟子這樣教導：上師比三寶重要。有的密宗上師則說歸依四寶，把上師和三寶並尊。這都是他們過當之處，都是不對的！他們西藏密宗的出家上師們，充其量也只不過是佛門凡夫僧寶中的一部分而已（編案：其實連凡夫僧寶都不夠格，詳見《狂密與眞密》書中舉證辨正）。但是弟子對上師的恭敬是正確的，所以我們才會一直要求：「**所有的學員對親教師都要恭敬、要誠懇！**」就是這個道理。如果對親自教授正法給你的上師，都不能恭敬、心不誠懇，他所說的正法你能收受得了嗎？

你一定一天到晚在想：「他講這句話有毛病，那句話有毛病。」但其實只是自己的邪見作祟，親教師教的法哪裡有問題呢？都是自己想差了！但是你已經聽不進去啦！當你聽不進去的時候，你又如何能從他那邊得到法益呢？

所以，學人一定是要有佛菩薩在心中。當你跟著佛、菩薩修學佛法，而你心中老是在找佛、菩薩的毛病，那你就沒有辦法得到法益。這就像月溪法師說：「釋迦牟尼佛就是沒有神通啦，所以祂不知道人家要謀害祂，因此人家滾石頭下來，還會把祂的大拇指砸傷。祂也是因爲沒有神通，所以祂才會吃三個月的馬麥⋯。」他不曉得人家是爲了度眾生而方便示現，他根本就不曉得，就這樣「胡言亂語」，所以我說月溪法師是胡人，不是中國人，才會說出這種胡言。這就是說，你既然要學佛法，就得心裡面常常有佛、菩薩！菩薩是我們的上師，佛是我們究竟皈依的和尚，爲什麼心中不念佛、不念菩薩呢？所以說，用這個平等志、平等願來度眾生的時候，還要教導眾生心中要有佛、要有菩薩。

然後眾生由於這樣的度化，或者看見你這麼對佛、菩薩的禮敬，或者看見你宣說諸佛、菩薩的功德，弘揚念佛的法門⋯等等，眾生就能生起對三寶的信心，從這裡面就獲得利益了。獲得利益是說，能夠讓他修學佛法而進入清淨的三昧裡面去；能夠進入清淨三昧之後就能夠依你所教的，隨著他的因緣去斷障——斷障就是斷煩惱障和斷所知障兩種——斷障之後才可以得到無礙眼。無礙眼就是講慧眼、天眼、法眼，佛眼就不必提了；因爲你還沒有成佛，當然不可能有佛眼；至於肉眼更不必提了，因爲大家都有；所以無礙眼講的就是慧眼、天眼與法眼。那麼佛眼呢？只要你到最後具足一切種智了，自然而然你就得到佛眼。這「淨三昧」又是什麼樣的三昧呢？既然加個「淨」字，當然就不是講世間的三昧了，世間的三昧都是有執著性的，淨三昧當然是沒有執著性的，只是用來增益佛法證量而方便度化眾生罷了。清淨三昧通常都講三三昧。

三三昧有兩種：一種是世間的三三昧，叫做有覺有觀、無覺有觀、無覺無觀，也就是四禪八定的修證，這是世間的三昧。證得世間三昧的人，脾氣照樣大得不得了，慢心重得不得了，他心裡面會想：「我有這個功夫，你們眾生都沒有！」心中就起慢了；但是，菩薩證得這個三三昧之後卻不會起慢，因爲他同時另外有一種淨三昧，也叫做三三昧，叫做「空、無相、無願三昧」，或者叫做「空、無願、無作三昧」。空、無願、無作這個三三昧又分爲：「聲聞二乘的三三昧」及「大乘菩薩的三三昧」，又不一樣了！

二乘聖人的「空、無相、無願」三三昧，是從五蘊、十二處、十八界來現觀五蘊、十二處、十八界都是無常、苦、空、無我，所以證實蘊、處、界都空。爲什麼是空？因爲無常、變異，所以是空；無常、變異，所以是苦；苦則非我，不應是眞實不壞我；無我故，斷我見與我執。二乘聖人因爲這樣的現觀而證得空三昧。證得蘊處界空的三昧之後，就必然生起無相三昧：原來五陰、十二處、十八界都是空相，都是無常空，都是緣起法；緣起所以其性是空，既然其性空無，就沒有一定不壞的法相；那就只有「暫時而有，幻起幻滅」的法相，最多一百年、一百五十年，最後還是滅了；這樣子現觀的緣故，無相三昧就證得了。既然蘊、處、界都是空、無相，那又何必在心裡面一天到晚生起種種願求呢？又希望得這個，又希望得那個，所得的一切都不離蘊處界我以及我所的範疇，終究還是一場空；萬貫家財還是帶不走，只有一個東西可以帶走，叫做「業種」，其它都帶不走——業當然有善業、惡業、淨業——只有這些跟著你，其他的都帶不走；完成這個現觀的時候，心中了無願求，就不需要一天到晚去造作那些求有爲法的事和業了嘛！那就是無作啊！這樣的現觀就稱爲「空、無相、無願」三三昧，或者「空、無願、無作」三三昧。

大乘菩薩除了這種二乘聖人在解脫道上所證得的現觀以外，還得再加上另一個眞如法性的現觀；這也就是現觀：我們的第八識眞如心，從來沒有得到過六塵中的一切法，第八識從來不曾在六塵上面有過痛苦、快樂，沒有！一向是空！因爲祂離見聞覺知，所以從來不受苦樂受。我們的第八識從無量劫以來，還要到未來無量劫以後，永遠不斷，但是祂從來無所得，因爲祂是空性，又離見聞覺知，所以祂從來無所得，所以這個空性心根本就沒有所得相可說嘛！覺知心不管是有念靈知或是離念靈知，都還是有相啊！因爲祂一直在六塵上面運作、分別、執取啊！所以覺知心一定會有種種的苦、樂、捨相，當然就一定會有種種的煩惱相以及種種的清淨相啊！但是眞如心離開這一些相，既無染相也無淨相；因爲不在六塵中相應，所以就無清淨相可說了，這才是眞正的清淨心；因爲有六塵中的清淨相，有時就一定會相對的產生染污相。但是眞如心第八識從來離六塵見聞覺知，所以永遠「空、無相」，所以從來都無所得。從來都無所得的心才有可能是眞心，既然從來無所得的眞如心才許是常住眞心，然而有所得的覺知心又是變異無常相，當然不是眞實心，那我爲什麼爲了這個覺知心的妄心自己，一天到晚在世間法上面有爲有作？爲何要不斷的造作貪求有漏法的惡業呢？所以我們轉依眞如心以後就不需要再作有求有作的事業了，這就是菩薩所證得的另一種淨三昧。所以菩薩兼得兩種淨三昧；同樣是空、無相、無願三昧，二乘法的淨三昧他也得，大乘法的淨三昧他也得；有了淨三昧，才能斷煩惱障以及所知障。二乘法的淨三昧只能斷煩惱障，不能斷所知障，但是菩薩的淨三昧是可以通達法界實相的，所以兩種障都可以破，都可以分斷，這就是菩薩的淨三昧。

然後隨著他過去無量世所累積的福德，修除的性障，以及過去世所修集的智慧的累積；他這一世雖然有隔陰之迷所障，但是這一世重新悟入的時候，隨著他過去世所修行累積的智慧功德，得斷煩惱障現行的全部和所知障的某一個部分。所以一切仍有胎昧的菩薩們雖然獲得同樣的證悟，但是久學菩薩和新學菩薩悟後所得的功德受用是不一樣的；久學菩薩悟後的斷障很徹底，新學菩薩悟後的斷障就要很長久、很辛苦的去斷。因此所斷的成佛障礙，會隨著各人過去世的狀況不同，而導致今生悟後斷障的狀況會有不同。因為所斷的煩惱障和所知障有所不同的緣故，所得的慧眼、法眼就一定不相同。

有的人破參之後，他的智慧增長很快速，因為他是久學菩薩，過去世無量劫以來就已經熏習很久了，過去世早就曾經悟過了；有的人證悟後，他的平等智慧

——實相智慧——的增長很慢，就是因爲他過去世是個新學菩薩，學佛以來可能只有一劫、三劫、十劫等，還不是很久。他的正見、種智的熏習與福德的修集都還不夠，因此，他這一世開悟後，智慧的增長很慢而不迅速。所以當你破參的時後，你不要去跟人家比較說：「哎呀！你怎麼這麼菜？你都破參了，怎麼連這個也不懂？」不要去比較！然後你也不要去跟人家比較說：「哎呀！人家怎麼破參了智慧一直出來，怎麼我都這麼慢呢？我進步好慢欸！是不是老師給我的法不一樣？」不是不一樣！都是一樣的！只因新學與久學的不同，所以悟後的智慧增長也會不一樣。

正因爲過去世在佛道的修學熏習上，尤其是菩薩道的修學熏習的時劫比較晚，你悟後就會比人家差一點，所以這事兒不能強求，因爲因果一定是這樣的。過去早很多劫學佛，今生悟了智慧一定會比較好；過去世晚學，今生悟了智慧就會比較差一點，不然的話就沒有因果了嘛！那麼隨著這個差別，就會使得你的慧眼比較好或是比較差，乃至慧眼很好的人悟後幾年就會產生法眼。慧眼與法眼有什麼差別呢？慧眼是說，你有智慧了，經典所講的般若總相智甚至別相智，你請出來一讀：「啊！原來是講這個。」知道了！以前讀不懂的，現在讀懂了。所以我們的同修們才會在破參回來時，讀經讀到三更半夜還放不下經典；因為你現在讀懂了，讀起來就變成很有意思啊！講的都是你心裡面的東西呀！並且還有許多是你從來都沒想過的更深妙的義理，等著你深入探討，所以你就放不下啦！破參前請出經典時，愈讀眼皮就愈重，一直昏沈的會睡著，因為根本就讀不懂，不曉得佛菩薩在講什麼？現在你能夠讀懂，就表示你已經有了慧眼了。

有慧眼時會有什麼現象呢？也就是說，當善知識在說法的時候，你可以眞的聽懂；如果有個假善知識未悟示悟，所說的般若正法不符合實相，你也會知道：「**啊！他講錯了！**」是哪一句話講錯？又是為何錯了？你都可以知道了，這就是說你已經有了慧眼了；但是這時還沒有法眼哩！因為有一些善知識窮經皓首的研究經論，懂得很多法相，他所說的法似是而非，表面上看起來都對，可是實際上不對；但因為他的錯誤很微細，你就檢查不到了啦！如果他們說法時引經據典，看起來好像他對，但是你會發覺他是斷章取義，也能指出他的邪謬所在，那就表示你有一些種智了，成就初分的道種智了，就是有法眼了。

法眼是因為般若裡面的道種智而得，慧眼是因為般若中的總相智與別相智而得；有時候善知識宣說般若總相智與別相智的法，你覺得這怪怪的，好像不對，可是到底怪在哪裡？不對在哪裡？又講不出來，沒有辦法提示出來告訴人家說：「這一段的講法有問題，錯在何處！」那就表示你只有總相智的慧眼，還沒有別相智的慧眼。如果只能說：「我知道他講錯了，可是什麼原因而說他講錯了，我也講不上來。」這就表示你的慧眼還不具足。如果你慧眼具足以後，就漸漸會發起了法眼；當你生起了法眼的時候，看善知識的著作時只要讀一段就夠了，不必看他講出所悟的眞如、佛性是什麼；只要看到其中的一段開示，你就知道這個人落處在哪裡？就知道他是有證悟菩提，或是沒有證悟，這就是法眼。

所以，有一些狂慢的凡夫，不瞭解這個情形，就公開的罵：「這蕭平實好狂傲，看人家講這麼一段開示，人家也沒說是悟個什麼，他就斷定人家落在哪裡，就斷定人家沒有悟，眞是狂傲。」這就是說他們既沒有法眼，也沒有慧眼，他們沒有判斷善知識落處的能力。可是當你有法眼的時候，你只要讀一段就夠了，雖然他沒有說他悟的是什麼，但是你就已經可以判斷他的落處在哪裡，這就是法眼。所以，法眼與慧眼之間，落差是很大的；但是那些人連總相智的慧眼都沒有，就敢公開的大放厥辭，誹謗善知識依法眼而作的定論，成爲謗法行爲，眞是大膽！

當你有了法眼的時候，三乘經典你就可以讀通了，不必再看人家的註解了。

有兩位古德註解《楞伽經》，但是註解出來的結果卻無法把 佛的眞實義顯現出來，爲什麼呢？因爲那兩位註解的法師們都沒有慧眼，更談不上法眼；而楞伽所講的牽涉到種智的內涵，所以他們不可能懂得，所以註解都是很簡略，經中眞正的意旨都講不出來；所以，我在寫《楞伽經詳解》第一輯的時候，把他們翻出來參考看看，可是寫不到一半就不參考了，因爲沒有辦法參考；因爲我講出來的法，他們都講不出來；他們所講出來的法，我已經都有了，再怎麼參考也只是浪費時間而已。這意思是說：當你有法眼的時候，你就可以貫通前後三轉法輪的經典，不是只有第二轉法輪般若系的經典，包括第三轉法輪的方廣唯識經典，也可以通。

但其實這樣的說法有一點兒倒果爲因，其實應該說：你得了慧眼以後，你得要具足攝取第三轉法輪的經典，把它們貫通了以後，你才會生起法眼。當你對第三轉法輪的經典通達了，對般若系的經典當然更沒問題，那你回頭再來讀《阿含經》的時候，就能一目了然。包括崇尚阿含的那些佛學研究者（譬如印順法師……等人），他們所不知道的阿含密意，你也都可以了知，這樣才叫做有法眼。可是他們那些人根本就不曉得這裡面的機關，所以他們大大的誤會了，就以爲我是在否定阿含，他們都不曉得我們禪淨班的課程，有一半以上的教材都是從《阿含經》

裡面取材的。他們也不知道：我在破參前，就先把四阿含諸經讀過一遍了；所以我們的教材後面的不到一半的內容，才是第二轉法輪、第三轉法輪經典所說的般若妙法；前面超過一半的教材，其實是偏重在阿含諸經所說的「蘊處界苦、空、無常、無我」。這就是說：他們誤會了阿含，我把阿含的眞義說出來時，他們卻反而誣賴說我否定阿含。

所以說，慧眼與法眼是有連帶關係的，有了慧眼才能有法眼；你沒破參就沒有初分慧眼，你沒有初分慧眼就不會有具足的慧眼，就不可能發起法眼。三地滿心以下的菩薩們，由於隔陰之迷而忘失了往世所修習過的妙法，出生時就不會有慧眼；由於往世悟後沒有修習第三轉法輪的一切種智，今世悟後就無法發起法眼；假使沒有法眼，法眼不具足，就一定無法證得佛眼；證得佛眼時，就是五眼具足。五眼中的另一個眼是天眼，是由於你的證悟，加上過去世曾經修過天眼，現在就會使你過去世所修的天眼又因爲悟後心地清淨而再度自己出生，這就是《俱舍論》中所說的「曾修（者）離染得」。

原則上天眼屬於五神通，一般是修得的，今天我們不談它，因爲跟佛法沒有直接的關係，但有間接的關係。到了三地之後，還是得要修，因爲三地菩薩要爲四地無生法忍的修證工作做準備。四地菩薩不只是度化一個世界的眾生，還要現起化身到十方世界去度眾生。在三地滿心之前，只在他的色身所住的世界度眾就可以了；但四地滿心之前，就必須開始到十方世界去度化眾生，才能滿足他在四地中所修的無生法忍的現觀；那他當然就得要有天眼及神足通等世間有爲法，所以在三地滿心之前，就爲了想要發起意生身，而在無生法忍修習滿足時，還得要加修四禪八定及五神通，藉此發起意生身及輪寶，所以三地滿心菩薩當然一定會有天眼。

修天眼要作什麼呢？天眼既跟修學佛法沒有直接關係，爲什麼菩薩還要辛苦去修它呢？因爲四地菩薩需要觀察各個世界的因緣：哪一個世界是適合他去度眾？他對哪一個世界的眾生可以有利益？都得要觀察，所以，菩薩於三地滿心前得要修習五神通。三地滿心轉入四地時，就要到十方世界去度化眾生了，就不只是度化此一世界的眾生了。

但是菩薩度眾生，是要讓眾生證得淨三昧，「隨所斷障」而獲得「無障礙眼」。這個無障礙眼還有個意思是說：「你念念中平等現見一切世界無量諸佛及諸菩薩。」這個只需要有慧眼就行了，有眞正破參明心的證量就行了。當你破參時，你在這個世界也可以平等現見無量諸佛、菩薩，因爲你看到每個人、每個眾生都是未來佛，因爲他們的眞如心都與你一樣；既然同樣有眞如心，將來必定成佛，這就是親見未來佛。即使是破壞佛法的天魔波旬都是一樣，將來必定成佛；所以悟後可以看見十方三世有情同此一心，皆有眞如心，於未來無量劫以後皆將成佛，這就是親見十方三世一切諸佛菩薩。

一切佛子在無盡的未來當然會有無量世，有可能在某一時節因緣之下，佛法的親證因緣成熟，他就悟了；只要悟了實相，就會一步一步開始往前走，那他們未來一定可以成佛。如果你有因緣遇見了應身佛，你也可以觀見他的眞如心也跟你一樣，這不就是平等現見嗎？也現見所有菩薩——凡夫菩薩、賢位菩薩、聖位菩薩——大家的眞如心都是平等平等，從實際理地看來都沒有差別，只是蘊處界以及顯現出來的覺知心所有的智慧表相有所差別而已：也就是說，只有福德莊嚴跟沒有福德莊嚴差別，只有慧力高低的差別，但是眞如心體都是完全一樣，都是平等平等的，這就是平等現見。

馬鳴菩薩說：「現見無量的菩薩」，爲什麼會現見無量的菩薩？當你悟後，如果牆壁間剛好爬出蜈蚣菩薩，那我可得要閃人啊！讓牠先走！因爲牠是蜈蚣菩薩；同理，還有其它的許多動物菩薩——未來世的菩薩們——因爲從實際理地看來牠們也是和我們一樣的。如果是講狹義的菩薩，則是說他受了菩薩戒，那就是凡夫菩薩；但是這個凡夫菩薩的眞如心，不論他有沒有悟，都是和我們一樣而沒有差別。如果你遇見了地上菩薩，譬如八地、十地菩薩，你也會見到他的眞如心跟你完全一樣，沒有不同，這就是平等現見無量的菩薩。

在這個世界或其他世界，所有菩薩們的眞如心都跟你一樣，所以證悟眞如心的機會是平等的，所以 馬鳴菩薩說大家都有平等緣；但是因爲學佛早晚和所遇善知識的緣有種種差別，所以在這個平等緣之中還是會有差別緣。從實際理地來看，大家都平等，因爲大家都同樣有這個第八識眞如心，而大家的第八識眞如心也都同樣有這樣的平等性，但是顯現出來時卻有表相上的種種差別不同的緣起。這都是因爲眾生們在過去無量世中所熏習的差別，和無量世中所造作的護法、謗法因緣差別，就會導致其平等緣中蘊藏了無量無數的差別緣。

所以我說，一定得要有一個實際理地上的平等心，才會有現象界中種種的不平等，所以平等就等於不平等，所以不平等才是眞平等，所以齊頭式的平等絕非眞平等。如果你不明白其中的道理，聽我這麼一講，心想：「**蕭平實好像是顚三倒**

四的，竟然敢說『平等就是不平等』！」但是佛法確實就是這樣：「一即是多，多即是一。」一與多的關係就像上面所說；因爲多就是現象界中的萬法，但是這個多卻是從一——法界萬法根源的心眞如——中生出來的，不是像未悟示悟的禪師、居士們，專在文字想像中亂講的那些意思。

「一等於多」，是因爲一能生多，多是從一而來，一與多是永遠都不可能分離的，是永遠同爲一體才能運作的，所以一等於多；那個「一」是講平等性的眞如本體，多則是講祂的無量差別的功能體性；也正因爲一與多是非一非異的關係，所以一就等於多，所以眞如心的一等於萬法的多，所以多只是附在一上面不斷顯現運作而已，其實仍然是一所顯現的種種自性中的一種，本屬於一的自性，所以平等的一就等於不平等的多，所以一等於多。因爲現象上的種種緣——多，就顯示出差別緣；因爲實際法界的平等理體皆同——一，就顯示出平等緣；所以你不能夠說這些差別緣與平等緣無關，你也不能夠說五蘊、十二處、十八界與你的眞如心無關，它們畢竟都是由眞如心——阿賴耶識心體所出生，一直都附屬於眞如心而運作，而又屬於眞如心所有的自性之一。這就是說，由於有用熏的關係，使得平等心產生不平等的現象，所以才會有無量無數眾生法界的種種差別，那麼這個用熏以及前面所講的體熏又有不同的差別：

論文：【此體用熏復有二別：一、未相應，二、已相應。未相應者，謂凡夫、二乘、初行菩薩以意、意識熏，唯依信力修行，未得無分別心修行，未與真如體相應故；未得自在業修行，未與真如用相應故。】

講解：接下來，從另一個方向來說**體熏和用熏**，又有兩種的差別不同：第一是**未相應**，第二是**已相應**。**未相應**的意思是指凡夫菩薩，以及不學佛的凡夫和二乘法中的修學者，當然也包括二乘法中的有學及無學聖人，還要再加上大乘別教法中的初行菩薩。初行菩薩是說還沒有到達初地，在論中 馬鳴菩薩說未到初地心的菩薩們都是初行菩薩，都是未與體熏和用熏相應者，包括破參明心的人都在這裡面，明心及見性具足的人也在裡面；意思是說，悟後尚未通達般若的人也都算是**初行菩薩**，這些人是以意根和意識的熏習而有**體熏與用熏**。

不學佛的凡夫們，他們的體熏和用熏都是世間有漏有為法的體熏和用熏，都不會有眞如心性的體熏與用熏。入了佛門之中，在還沒見道之前，也都是在眞如心性的聽聞所知上面來作體熏和用熏，並不是眞的在眞如心的體與用上面來熏習的，所以都是與眞如心性尚未相應的人。佛門中的凡夫們在大乘佛法上面開始聞熏習，聞熏習什麼法呢？就是聽聞及熏習「眞如與佛性」的法義，這是大乘法中凡夫的體熏和用熏，純依信心而聞熏，因為他們都還沒有證得眞如心性。二乘人聞熏習的是解脫道，也就是五蘊、十二處、十八界的空相觀，就是蘊處界緣起性空的現觀，這個是二乘法解脫道的內涵；大乘法的凡夫在未見道之前，正在聞熏習的是屬於六住位的菩薩們。菩薩剛開始修學佛法時，以一劫到一萬劫而修習對於三寶的信心；信心眞的具足了，悟後就不會退失；信心不具足而悟者，就會退失，就像 佛說正法時，十數億人天悟後，其中有八萬人退失菩提，不入七住位中。有時候甚至於佛菩薩加以慈悲攝受，他們還是照樣會退失，這就是說他們是不具足般若密意信心的人。一劫到一萬劫修習信心具足了以後，進入初住位時專修布施，其餘五度隨分修習；到了二住位時專修持戒，其餘五度隨分修習；乃至到六住位中專修般若，其餘五度隨分修習。

菩薩六住位的觀行，你們在參加禪三之前就得要先完成，要你們於六住位四加行之中去現觀五陰、十二處、十八界的虛妄、無常、空相。藉由這樣的觀行把我見斷了。在這裡要問你們這回四月準備參加禪三的人：「有沒有作這樣的觀行？

你的我見斷了沒？」因為六住位是加行位，六住位的加行法門就是要把我見斷了，你得要在四加行中雙證能取空與所取空。所取是說你的色聲香味觸法六塵，能取是說你的七轉識，包括處處作主的你；這兩個所取與能取的我見斷了沒？所取的六塵是空、能取的七識心也是空，有沒有去作加行呢？我見斷了以後再破參明心了，就能很輕鬆的承擔起來了；我見若不斷，當你找到眞如心體的時候，你還是承擔不起來的，所以諸位在禪三以前就要去把它觀行完畢。

這意思就是說，六住位未滿心的人都還是凡夫啊！到了觀行能取所取皆空，六住滿心了，成為聲聞教和大乘通教中的初果人，但仍然是大乘別教中的凡夫；等到破參明心而認定第八識眞如心才是眞我，眞我則是無我性的心，無我性而永遠不壞，所以叫做眞我；你把這個「我」承擔起來了，你將會發覺「這個我眞的不像我，不像我的我，才是眞的我！」眞正的深妙了義佛法，聽起來好像有點兒顚三倒四：「不像我的我，才是眞的我」，這樣親證不退了，才算進入大乘別教中的初行菩薩位。

為什麼叫做初行菩薩呢？因為你剛剛親證眞如心，可是還沒有辦法完全轉依祂的體性，過去無量世所熏習的很多習氣都還沒辦法轉變，還無法跟眞如心的無我體性完全相應。原來脾氣爆躁的人，破參回來過幾天後還是照樣有脾氣；本來沒有什麼智慧的人，破參回來時會發覺自己的無明還是蠻重的；這是因爲你還沒有跟眞如心的自體性完全相應，現在才剛剛見道，一時還無法完全與眞如心體的自性相應；還得要學著轉依眞如那個體性，來修正你的身口意行，這就是初行菩薩悟後所應作的體熏，才剛要進入眞如心的體熏階段。

悟後爲什麼就能夠開始有眞如的體熏呢？因爲：找不到眞如心體所在的人，是無法用眞如心的體性來熏習覺知心與意根的啊！如何能向自己熏習眞如心的體性呢？當然不可能！但是尚未證悟之前，你爲什麼肯依眞如心的體性去轉變自己？就是因爲你有了對於眞如心的信力，你相信透過破參之後觸證眞如心的體驗，可以使你有信心確定這個眞實不壞的法就是實相心。聞熏習而加以確定後，其實是唯依信力修行；如果信不具足，我跟你印證了也沒用的，蓋了印章也沒有用；在印證之後當你被人否定：「哎呀！那個不對啦！」因爲眞如心體太現成了，所以你沒辦法相信祂就是；由於信不具足，結果人家說一句話就把你轉掉了，你就退失掉了。如果信力具足，本身慧力亦夠，而能夠反覆地證驗祂；然後你又夠聰明，你就會請出經典來閱讀，印證我所說的到底對不對！印證後確定正確時，你的信力就具足了。

可是七識心王的習性是無量劫以來就一直熏習染法的，習性根深柢固，一時畢竟不容易改，那得歷緣對境去漸漸的修正，要在境界當中去修正改變；所以悟後一天到晚打坐是沒有用的，因爲這樣的修行方法，你並沒有在眞如的體熏上面用心，你將會長時間住在一念不生之中；這樣子，你就不會產生體熏的作用。所以悟後要靠你的意根、意識，在歷緣對境中去熏習你的眞如體性；從日常生活、四威儀當中，去體驗自己正在生氣的時候，眞如有沒有生氣？七識心的我正在高興的時候，眞如有沒有高興？這樣去體驗，最後完成轉依眞如的體性，凡夫性已經永伏不起，聖性已經發起了，才能進入初地的入地心中。還沒有完成轉依而入初地時，你還會有一些自己的想法、觀念、私心、我所的執著。這些七識心的染污心行還存在的時候，你沒有辦法完全依照般若種智而任運轉依眞如的時候，你的法眼就出不來；因爲你不能依眞如而住——不與眞如的體性相應，而跟你的意根、意識原有習性相應。

所以有人悟後習性全部轉變，也有的人悟後一點兒都沒改變，這就是因爲有的人已經在作體熏與用熏的觀行與轉依，有的人則還沒有作，或是根本就不想作。

所以有時候禪師說的眞是沒錯，說悟了以後你的慧眼縱使不同於以前了，但還是舊行履，因為還是舊時人；如果是禪師所講的另一種人：「還是舊時人，不是舊行履。」就是說，悟後不再以七識心自己為眞實法，轉變自己而改依眞如心，所以把執著和邪見滅掉了，所說、所行就和以前不一樣了，這就是說，悟後有確實觀行而轉依眞如了。如果悟後不作觀行，不如實轉依眞如的話，那就是還未與眞如的體熏、用熏相應的人；所以說，未相應就是尚未證得心眞如，對於完全依意根、意識證悟所聞所知而去熏習眞如心的眞實如如體性，就不能現觀了，只是完全依信力來修行眞如、佛性的人，他還沒有得到無分別心的修習。

眞正的得到無分別心的修習，那是初地以後的事。初地是怎樣的心境？如果你想要進入初地的心境，首先得要親證十住菩薩的世界身心如幻的現觀。第二須證陽焰觀：七轉識之晃動猶如陽燄，色身猶如陽燄，受想行陰猶如陽燄。就像熱沙地上面，遠遠看去有飄動的熱氣好像陽燄一樣，這是十行位所要修證的現觀。然後在十迴向位裡面必須不斷地修學一切種智，以及修集入地所須的大福德，十迴向位主要是學一切種智和修集福德；也要不斷摧邪顯正、救護眾生迴向正道，這不但是修集大福德的最好法門，也是發起聖性的最好行門，因為必須不畏懼喪身捨命來摧邪顯正，不怕得罪人而喪失性命，才能夠發起聖性。諸位悟後只要做這兩件事，這是悟後最重要的兩件事。

當你依照前面所說的如幻觀、陽燄觀，你在十迴向位修學種智與修集大福德的過程當中，一步一步的使得如夢觀自動發起：修行菩薩道跟作夢其實並沒有差別。如果你到了這個地步，你就會出現一個現象：常常在定中或夢中看見過去做了一些事，哪一世又做了什麼事，將會陸續看見往世的許多事情，現觀往世諸事都如作夢一般的過去了，這並不是由於宿命通而看見的；接著有時又會觀察這一世小時候曾做了什麼事情，去年又做了什麼，現在正在作什麼弘法修行的事與業，跟過去無量世所做了的那些事情一樣，與作夢完全沒有差別；這樣的現象出現了以後，你的如夢觀才能完成，才能進入初地的入地心中。

這三種現觀境界假使還沒有完成，你絕對進不了初地心中。完成這三種現觀之後，由於十迴向位所修學的一切種智，使你有了法眼，而努力修集的大福德也具足了，性障也因爲轉依眞如心而永遠伏除了，這時只要發起增上意樂，也就是發起十無盡願而沒有絲毫畏懼，那你就進入初地了。但是法眼的增長，有一個妙門，這個妙門卻是很多人不敢做的，即是破邪顯正。你如果敢不斷的破邪顯正，我跟你保證：你的法眼會很快的發起，因爲你的智慧增長將會非常迅速。特別是我們都會持續的安排一切種智的課程，讓你可以一面熏習一切種智，一面用來破邪顯正，這樣互相增益的結果，你的法眼將會很快的發起；這是我走過來的路，我的法眼正是這樣來的；所以，依照我的經驗告訴給你們。這樣子到了初地時，才算是眞正的與無分別心的心行相應，來修行成佛之道。

不懂佛法的人往往會說：「既然你以無分別心來修行，那你的心都無分別了，怎麼還會分別人家的法是對或錯？」這就是不懂佛法的人所說的夢話。如果你證得無分別心以後，你就變成和石頭一樣的無分別，那請問：你還會想要證無分別心嗎？那你豈不是變成白癡了？那爲什麼你去見 佛的時候，佛會說：「你多少劫以前你修過什麼法，你和某一個法有因緣。」那 佛不就是已經有分別了嗎？那是不是說 佛根本就沒有證得無分別心？又如有的人想要出家，佛說：「你沒有出家的因緣。」不讓他出家，那 佛不就是有分別了嗎？就像 佛的堂弟提婆達多想要出家，佛不讓他出家，那是不是 佛有分別？

是的！佛一定是有分別的，但是有分別並不妨礙無分別智的修行與親證，有分別和無分別是並行的。譬如 佛不讓提婆達多出家，祂是有觀察因緣的，所以 佛早就分別過了，所以吩咐諸大比丘不讓他出家。如果讓他出家，則佛教僧團就會亂七八糟了。提婆達多很聰明， 佛不讓他出家，他就去找遠方還沒聽過 佛吩咐這件事情的大比丘，幫他剃度出家；因為阿羅漢沒辦法觀察八萬大劫以前的事，而且又知道他是 佛的堂弟，看在他與 佛是堂兄弟的情分上，就將他剃度出家；已經剃度之後， 佛也只好承認了，這是佛教中很有名的典故。這樣看來， 佛是不是有分別心？當然 佛得要有所分別，否則悟了菩提就像石塊一樣的沒分別，那大家都甭悟了，因為悟了就像白癡了，就沒有智慧來分別諸法了，那還要求悟作什麼？所以佛法的觀念要正確的建立，還眞的不容易。

當你開悟了以後，是以你原有的能分別的覺知心第六識，來悟得你本有的、本來就無分別的第八識心。由第八識無分別心體性的證驗，所以使得你的意識產生了勝妙的觀察能力，就稱為妙觀察智；因為你已經有能力現觀無分別心如何運作了，所以稱為下品妙觀察智的初分，也就是根本無分別智，這是眾生所沒有的智慧。由於能夠觀察無分別心的運行，這個智慧就稱為無分別智；無分別智的證得，並不是要你壓抑能分別的覺知心自己，去處在不能分別的狀態中，不能分別就不是智。由於發起無分別智，所以能現觀一切有情都同有這種無分別心，平等、平等而無差別，所以你的意根就產生了平等觀，心住於平等觀中，就是下品平等性智的初分生起。因此你的意根、意識依這平等心，而不針對衆生的貧富及窮通壽夭上面去作分別；但是卻要在度衆生時分別：衆生的福德因緣具不具足？衆生修學三乘法時適合學習哪種法？這都是要做分別的；若是悟後只有無分別、而無能分別的智慧，悟後豈不成了白痴？

所以說：眞正證悟了，才能夠往無分別心的方向去轉依，以及修學更深入的妙法；沒有證悟的人，是不可能在這上面進修的！證悟而不肯轉依的人，就無法改變心性，就會維持原有的貪瞋痴。這也就是說，見道之後，有的人已經開始轉依眞如的體性去修行；可是有的人見道就只是見道，就當作學問一樣來探討罷了：**反正人家能夠悟，我就來悟悟看，到底證悟是怎麼樣的滋味？**他只是想要嚐一嚐證悟的滋味，只要瞭解而已。有的人則是悟了以後，心想：「**沒有多聽、多熏習妙法就太可惜了，所以我只是來聽聞熏習。**」因爲他只在世間法上繼續享受，不想改變原來的習性與貪欲，未轉依無分別心而修行，因爲他的覺知心與作主心，都還沒有跟眞如的體性相應；他雖然已觸證到眞如心，可是眞如心體的無分別性、平等性、不執著性，他卻不想轉依，還不想與眞如心體性相應，這就是初行菩薩。

還有一種人，他悟了之後，有在修行，但也還得歸類在初行菩薩裡面，因爲他還未得自在業的修行，表示他還沒進入到初地心中。由於未得自在業的修行，初地及諸地都有一分自在，初地心就有自在業。可是他還沒有獲得初地心的自在業修行成果，所以還算是初行菩薩，只是少分相應、即將相應而已。所以這個時候你叫他出來護持正法，他心裡面就很猶豫；有時請他捐出一些錢來利益眾生，雖然是拔九牛之一毛以利佛教，他照樣不爲，心想：「好可惜！一百元還可以吃幾天的燒餅油條呢？」他可捨不得了，根本不會想到自己拿出一百元來，就可以印出幾本書來利益眾生；他不會這樣想的，因爲他還沒有跟眞如心的不執取性相應。

未得自在，是因爲什麼原因而不得自在呢？是因爲對自我的執著還沒有丟掉，是因爲對欲界的色聲香味觸等我所的執著還沒有丟掉：「我這一百元放在口袋裏，隨時可以用來吃冰淇淋、餅乾。」對欲界五塵的執著還沒有丟掉。他爲什麼還會有欲界我所的貪？正是因爲有覺知心的我，這個我見並沒有眞的斷除，所以就無法眞正的轉依眞如心體了。心裡其實還是認定覺知心爲眞實心；這就是說，他的我見並沒有究竟斷盡，還是藕斷絲連的存在著，那他就無法斷離我見的束縛，沒辦法獲得初分的解脫。

有的人我見的束縛斷了，但是欲界貪還沒有斷；因爲欲界貪還沒有斷，他就不得自在，所以要把這一百元留著去吃三天、五天的燒餅油條，這就是未得自在，被欲界的法所繫縛。有的人被色界、無色界境界所繫縛，有的人是被我執所繫縛；被我執所繫縛的現象並不可恥，這是世間人很正常的現象；但是對於已經證道的人來講，對於**自稱已經開悟**的大師們來講，我見還沒有斷除，卻是很可恥的，也是欺瞞眾生的不誠實行爲。這些都是自稱開悟的大師們所必須要斷除的惡見，如果不能斷除的話，就沒有機會證得眞如心，更沒有機會進入初地。

我執如果沒有降伏如阿羅漢的話，就一定無法進入初地，爲什麼呢？因初迴向位你就過不了了，心裡老是怕死！哪還有可能不賣人情的出來摧邪顯正呢？怕死啦！因爲你心裡面想：「**我如果去摧邪顯正，萬一出去在路上，人家把我暗算了，那該怎麼辦呢？那不就死路一條了？**」他害怕了，就不敢做；不敢做的人，初迴向位「救護一切眾生離眾生相」的功德就圓成不了；圓成不了這個功德時，又如何進到六迴向位乃至十迴向位？想入初地更是不可能。

這就是說，他不能獲得自在業的修行，是由於我執的習氣或是三界愛的貪著。因爲有障礙的關係，所以他就不能夠與眞如的用熏相應；如果能夠與眞如的用熏相應，你遲早會進入到初地，也就是說：有一天，突然間會有一件事情使你產生一個疑情，你就會去作觀行與思維。因緣成熟時，你就會親證猶如鏡像的現觀境界。這猶如鏡像的境界證得了，初地就滿心了，你就能轉入二地心去。

二地菩薩也是一樣，由於與眞如心的清淨體性相應，也已經有了用熏的成績，所以有一天忽然有一個因緣出現；而這個因緣你得要在度眾的過程當中才會遇到，我跟你保證：絕對不是你一天到晚都在那裏打坐可以遇到的。你遇到這個因緣的時候，智慧與福德夠了，就會使你產生一個疑問；就好像你參禪：「**到底哪一個才是我的眞實心呢？**」它也會產生一個疑問，但不是在這個問題本身上面，而是另一個疑問；由於那個疑情，在你證得初地以後，要滿二地心就沒什麼問題。只是說那個疑情有沒有出現，以及出現時你的福德夠不夠、智慧夠不夠的問題而已；而那個因緣的出現也不容易。那你如果有不斷地在攝受眾生、破邪顯正，這個因緣遲早都會出現的；正當因緣出現時，你就會像參禪一樣不斷地去參究；參究到最後，猶如光影的現觀就完成了，就滿足二地心了。

此時的持戒才算是眞正的持戒，自然而然不會去犯戒。在持戒時就不會像初地心時還得要有短暫的加行，才能把那些往世所熏的不好習性的觀念壓制住。在二地滿心時，你如果證得猶如光影的現觀，就不會有這個現象，心地自然就會清淨，自然的不貪眾生的一切身財；這個無生法忍眞的很奇怪，猶如光影這個現觀，就是說開始進入到與體熏及用熏都相應的境界中了。那麼已相應是講什麼人呢？馬鳴菩薩說：

論文：【已相應者，謂法身菩薩得無分別心，與一切如來自體相應故；得自在業、與一切如來智用相應故，唯依法力任運修行熏習眞如，滅無明故。】

講解：這是講已相應的部份。我們剛才所講的過程：初地、二地的修行，就是已相應的菩薩行者啊！因爲已得自在業的緣故；但是眞正的自在業，那是到達佛地的境界。菩薩的自在業，可以分成三個部分或四個部分來說，都是分證自在業。哪三個部分呢？

第一、初地菩薩的自在業：初地菩薩絕不會爲了想要表現不畏死的大勇氣，就去作無意義而會導致死亡的行爲；但是諸地菩薩也絕不畏懼有意義的死亡，這是由於大悲心而緣於眾生的緣故，也是由於護法大願的緣故，所以他不樂見正法被外道法取代，不忍眾生被誤導，所以他出面去做別人所不敢做的事；另一原因也是因爲他隨時能夠取證慧解脫果，但是卻能故意不斷除最後一分的思惑，完全是爲了利益眾生而去努力，不考慮自己的利害得失。

第二個自在業，是講三地滿心的菩薩們。三地滿心菩薩的自在業，是由於他已經證得三地所應有的無生法忍，以及三地最後的猶如谷響現觀：由於四禪八定、四無量心、五神通的具足，使他可以發起漏盡通和俱解脫果，然而他以無生法忍的功德所持故而不取證滅盡定；也因爲他現在已經可以遠離隔陰之迷了，也有意生身了，所以能證得猶如谷響的現觀。在未到三地滿心之前，三地菩薩都還有隔陰之迷，除了三明六通的大阿羅漢迴心大乘；所以三地滿心了就沒有隔陰之迷，所以他是眞正得自在者。因爲三地滿心菩薩對於未來世的自己，將出生在哪個世界？哪個國家？哪個村落？哪個家庭？父母是誰？他都可以自己決定。那他出生的時候，過去世所修習的一切無漏法種都還存在，不會因爲胎昧而忘失掉；不像我這一生還要從頭再參究，他不需要這樣；三地滿心菩薩還可以十方世界來去自在，這些都是三地滿心菩薩的自在業。所以說，三地的滿心菩薩是另一個層次的自在，因爲他有這些功德，所以他有自在業。

第三種自在業是講八地菩薩，因爲八地菩薩於相於土自在的緣故。他的煩惱障斷盡了，永不現行，他的煩惱障上的習氣種子隨眠也修除很多了，他的所知障上的隨眠也是任運斷除的，不必再起作意而可任運而斷，一步一步一直去斷；煩惱障的習氣也是任運斷的，並且因爲於相於土得大自在的緣故，所以他獲得大自在業。

如果眞要再加上第四個業自在的話，可以把六地滿心菩薩加上去，因爲六地滿心菩薩證得滅盡定的緣故；他在三地心時就可以取證滅盡定，但因爲目的不在取證解脫果，而是在成就佛菩提的究竟果，以及廣泛利樂眾生，所以在三地滿心時有能力取證滅盡定而故意不取證；延到無量世後的六地即將滿心時，他是不得不證，一定要去證那個滅盡定，否則即不能再往上進修七地的道業，所以他才取證滅盡定。證得滅盡定的人，一定可以獲得有餘涅槃，可以取證無餘涅槃；但是六地滿心菩薩由於無生法忍的緣故，能夠不取證無餘涅槃，而在證得滅盡定的境界中，故意再生起一分極微細的思惑，用以滋潤未來世生，作爲未來世繼續受生的依憑。六地滿心證得滅盡定，隨時隨地都可以入無餘涅槃而不受三界苦，並且已有三明六通了，但卻不必像阿羅漢一樣的灰身泯智，而以悲願再起一分思惑，潤未來世生而利眾生，這也是自在業。但通常都說初地、三地、八地得自在業，以這三位作爲菩薩自在業的相應境界。

這就是說，初地以上聖人都是法身菩薩，地上菩薩的眞正五分法身就是戒身、定身、慧身、解脫身、解脫知見身，他的如來藏以此五法爲身故名法身。戒身是指增上戒學，他有增上戒，不像十迴向位以下持戒時還會有多多少少違犯的狀況，所以他這叫做增上戒。第二個法身就是定身，是指增上心學，也就是定學。一般而言，初地菩薩多少都會證得初禪或二禪，雖然四禪八定還不具足，但多少也要證得一點禪定。因爲證初禪的境界，定力不必很強，如果無相念佛的憶佛功夫很好，只要你性障消除了，初禪的定境就自然會出現了。這就是說，他也得分證一些禪定，但是功夫不一定要很好；既然在禪定上面有所修證，而他的禪定境界一定會與無漏的般若慧相應，那他在定學上面就又證得一分法身。

第三個法身就是慧身，就是增上慧學——以無生法忍的智慧爲身。諸地菩薩在增上慧學上面的修證，當然更沒問題，他已具足五法、三自性、七種性自性……的智慧，也有了如幻觀、陽焰觀、如夢觀、猶如鏡像……等等現觀，這些都是唯識種智——增上慧學，所以他有了特別不同於二乘聖人的實相般若智慧，故名增上慧學；他的如來藏因爲以增上智慧爲身，故名智慧法身。有時也稱這個增上智慧所成就的意生身爲法身，也就是八地菩薩意生身法身，名爲知諸法法性意生身，因爲已經如實了知諸法法性而能於相於土皆得自在故。

除了戒身、定身、慧身三種法身之外，初地菩薩也可以證得慧解脫果，所以經論中說初地菩薩永伏性障如阿羅漢。他雖然不取證有餘、無餘涅槃，但他也有能力可以證得，卻故意保留最後一分已經有能力斷除的思惑而不斷除，所以他不取證有餘及無餘涅槃。如果他想要證有餘、無餘涅槃，就會進斷所保留的最後一分微細思惑，他就會像阿羅漢一樣：「**你們這些眾生被誤導了，都跟我無關；破邪顯正是佛與菩薩們的事，與我無關；我最多就是在世時隨緣作一些，不需要努力去作，也不需要為眾生悲苦。**」他將會變成這樣，他不會再爲眾生而生起大悲心。但是初地菩薩有能力去斷這些煩惱，他卻故意不斷除，生起大悲心，只是將最後一分思惑保留而永伏性障如阿羅漢，所以他住在慧解脫的境界裡面，這就是他的解脫身；以此解脫爲身故名法身。加上他的無漏妙慧，就會產生了解脫知見，能爲大眾宣說種種涅槃妙理，宣說種種涅槃境界，不是二乘聖人所能具足宣說的，這就是解脫知見身；以勝妙的解脫知見爲另一分法身，就是解脫知見身。這樣子，戒身、定身、慧身、解脫身、解脫知見身，以戒、定、慧、解脫、解脫知見等五法為身，就是五分法身。有了五分法身，所以稱為得自在業的菩薩。

這些菩薩們都有無生法忍的智慧，所以能獲得自在業；因為他們都能與一切如來的智慧作用相應的緣故；而這些菩薩們都能依憑親證般若正法的智慧力量、斷惑力量，開始任運相續的修行，不斷的在三界中繼續熏習他們所證得的眞如體性；轉依這個自己所現觀的眞如體性，任運的斷除一念無明的習氣種子隨眠，任運的斷除無始無明的塵沙惑，不像地前菩薩有時不能與眞如相應，不能任運的斷除塵沙惑與思惑煩惱，所以諸地菩薩就稱為已與體熏及用熏相應的人。

論文：【復次，染熏習，從無始來不斷，成佛乃斷；淨熏習，盡於未來，畢竟無斷。以眞如法熏習故，妄心則滅，法身顯現。用熏習起，故無有斷。】

講解：這段論文的眞義，從古到今，一直有善知識會錯意而對學人作錯誤解釋，那就是「妄心則滅、法身顯現」八字的眞義，普遍的被錯會、錯解、錯說了，隨後我們將加以解釋。

聖 馬鳴菩薩說：染污熏習就是眞如心中所含藏的種子加以熏習而改易。一切人從出生以來就有熏習，嬰兒時期是種子生現行比較多；漸漸成長到少年時期，就變成現行與熏習大約各佔一半；從青年期開始，一直到老年時期，可以說絕大部分都是現行熏種子。這意思是說，從無量劫以來，凡是有出生就一定會有熏習。熏習有二種：一種是染污法的熏習，一種是清淨法的熏習。在唯識種智法上來說，有漏法種的熏習增長，以及無漏法種的熏習增長，就是染熏習及淨熏習。

染污熏習，從無始劫以來未曾斷過；甚至最後身菩薩位，都還有染熏習。譬如悉達多太子降生皇宮，他年輕時有許多的染熏習。這種染污熏習，特別是在他父親幫他相過命以後就更加努力的熏習他，怕他會出家成佛，王位就沒有人繼承了；所以他身邊總是圍繞著許多父王所安排的漂亮女人，要讓他熏習染法而生貪著，免得他出家成佛。但是因爲他來人間出生的目的就是爲了要成佛度眾生，這個悲願與智慧還存在著，所以那些熏習對他並沒有作用；但是從這個現象中可以知道：染污熏習一直到成佛前還會存在著。後來六出皇宮，親見生老病死…等苦，於是緣熟而出家，開始修學種種出世間法，那才算已經遠離染污的熏習；但是這種離開染污法的熏習，剛開始時的遠離也並不是完全的遠離，因爲在跟外道學法的過程中，還是有許多染污的法在熏習著；但因爲悉達多太子有智慧去判斷：這是染污的、貪著境界的法，是不了義、不究竟的法，所以就離開了。這樣子示現：

跟外道學習四禪八定，隨即一一證得四禪八定，了知外道所講、所修的還是染污的法；確認外道們雖然口說是出世間法，其實卻落在意識心上，我見不斷，其實仍在三界染污法中。所以一一離開外道染污熏習，自己參禪證悟，這些染熏習的示現才斷除了。

至於淨熏習，馬鳴菩薩說：「淨熏習，盡於未來，畢竟無斷。」但是我們不這麼說，因淨熏習也有階段性，到你的無漏法種增長完成而圓滿時——本有之無漏法種經由熏習增長完成後——不會再變成染污了，已經圓滿清淨了，當然就不必再熏習了。就像黃金的鍛鍊一樣，從礦坑中挖出來，鍛鍊很久了以後，已經純然淨化了就不須再鍛鍊；所以，成佛以後永遠不必再熏習淨法了，因爲已經究竟清淨了；所以淨法的熏習，到成佛時斷盡。

這段論文不知是否翻譯有錯誤？但是我得要跟諸位說明：淨法的熏習不是盡未來際的，它是有始也有終的。從你學習佛菩提道的熏習，到未來三大阿僧祇劫後成佛時，染法與淨法的熏習都是畢竟永斷的；如果不是畢竟永斷的，那就顯示你成佛的時候其實是還沒有成佛，也表示任何人都不能成佛。因爲成佛之後還要熏習淨法，就表示你的無漏法種還沒有具足圓滿——本有無漏法種還沒有成長具足——所以應該說淨熏習也是可以永斷的。如果方便把它解釋爲無斷，那也可以，但畢竟只是方便說，不是究竟說；但是可以說：成佛以後的淨業種子畢竟無斷，那也是可以通的。

由於眞如法熏習的緣故，明心以後開始熏習阿賴耶識心體的眞如性；因爲急著要離開習種性位，不斷的以眞如體性爲依歸，不斷熏習，妄心就會被滅除了；但是這句話很容易誤會，就像種智上說：「**阿賴耶識阿羅漢位捨**」，但是有許多末法時代的大師們弄錯了，說既然阿賴耶識在成爲阿羅漢時就要捨棄掉，當然就是妄心了；印順在《佛教思想史》裡面也都這麼說，所以他就反問：**既然阿賴耶識在阿羅漢位就要捨棄，那爲什麼唯識家可以主張說一切法相唯識所生**？原來他們都在這一句話上誤會了，讀到馬鳴菩薩論中所說「妄心則滅，法身顯現」，又因爲阿羅漢必須捨棄阿賴耶識，所以認爲阿賴耶識當然就是虛妄心了，那麼當然就一定是有另一個眞如才是眞心了，這就是他們所誤會了的佛法。

但是，滅阿賴耶識、捨阿賴耶識，講的是捨棄第八阿賴耶識原有的阿賴耶性，第八識正是因爲有阿賴耶性而被稱爲阿賴耶識；「妄心則滅」是滅掉七轉識妄心的染污體性，成爲無漏的有爲法，所以滅的是七轉識的染污體性，使阿賴耶識心體滅掉了阿賴耶性，不再執取分段生死的染污種子，而不是滅掉第八阿賴耶識心體。七轉識在以前是有漏有爲法，本是依於他法而生起的體性，也不斷的在意根主導下維持著遍計所執性的執著性；現在證悟菩提而轉變了，乃至到了六地滿心以後，成爲滅盡定的俱解脫菩薩了，七轉識妄心的遍計執性斷了，特別是在三界貪愛以及我見、我執斷除了，妄心的體性滅了，但七轉識也還是繼續存在的；所以「妄心則滅、法身顯現」的意思，不是那些大師們所說的「將妄心七識心體消滅了以後才顯現出法身第八識來」，而是將七轉識妄心的體性加以消滅——不再承認七轉識妄心是眞實法，開始轉依第八識心的眞如性，這才是 馬鳴菩薩所說的「妄心則滅，法身顯現」的眞正意義。

末法時代的今天，有很多主七的「禪師」這麼說：「打得妄念死，許汝法身活。」如果你的法身還要妄念死掉以後才能活轉過來，那就證明佛法實相理體是後來才有的，那你所悟的佛法就不是現成的，就是後來才生的，但是有生的法將來就一定會有滅。所以許多講經說法的大德們腦筋不清楚，說：「妄念打死了以後，法身才會活過來；妄心滅掉了，眞心才會出現。」就教人一直打坐，想要進入無念阿呆的境界中；你如果跟他講般若、唯識，他們都不懂，還會指責你所說的般若、唯識是錯誤的說法，不服你所說的正理，堅持他們所說的誤解　佛意的說法才是正法，就繼續打坐以求一念不生，妄說一念不生時的覺知心就是法身，結果是愈學佛、愈沒有智慧、我見愈深。但是眞正懂得佛法的人，他把妄心的貪著性滅掉了——否定七識心是眞實心而斷了我見——一直想找出自己的眞心，如果沒有找出來，他就會如喪考妣一般的難過的不得了，一直到他找到如來藏而認定爲法身爲止。這樣子修行，才是般若的正理。

臺灣這幾年很流行元音老人的開示錄；大陸會廣大的流通起來，是因爲有大陸一位居士整理他的開示而出版流通起來，大約快五年了。後來他讀到我的書，又看見元音老人私下閱讀我的《護法集》，並且把重點作筆記，才知道他在偷偷修學我所說的法義；所以他就用心閱讀我的書籍，才知道是被元音老人印證錯了。他後來離開元音老人，又出家了；可是到現在已經快五年了，還是沒有證悟的消息，他很難過，最近忍不住打電話來，說修行很苦，一直參不出來，問我原因。我說：「如果你現在就破參，以你的個性，有一天會死無葬身之地；現在大陸跟我們臺灣二十五年前一樣，你不應該太早出道。」他很想來台灣，卻又不能過來，問我什麼時候才會到大陸去？我說：「短期内不會去大陸，因爲大陸佛弟子對於了義法的證悟因緣還沒成熟，最快得要二十年，最慢二十五年。」所以我說你們是很幸福。（作者案：後來他已有觸證，但因尚未參加禪三整理，會裡規矩也不許在禪三外的場合給與印證，故至今尚未給與勘驗及印證。）

四川省有一位老居士約有八十五、八十六歲了，他在信中曾發願下一世要生來臺灣，好學我們這個法。這位老居士當年大陸改幟時才三十幾歲，有天睡午覺時有人跟他講：「你去臺灣！」呼喚了好幾聲，他剛聽到時以爲是自己亂夢一場，倒頭又睡，又有同樣的聲音呼喚他去台灣，起身尋找還是找不到人；這樣連著三次，才知道原來是 觀世音菩薩要他來臺灣，因爲他很虔誠篤信 觀世音菩薩。但是他想：到臺灣去的話，只怕這一輩子回不了大陸了，就不肯來台灣；但是現在他很後悔當初沒聽菩薩的話來臺灣，所以沒法子修學這個法；後來讀到《邪見與佛法》後，改變心意：覺得還是留在大陸好，一動不如一靜。因爲從書中知道佛法的未來還是在大陸；所以，將來等你們往生到大陸去了，你們的福報也會跟著轉到大陸去。南京也有一位年輕人，自己在那邊印了《無相念佛》在流通，有一天也忍不住打電話來，述說學法的辛苦。所以說你們都應該珍惜既有的好處與方便，也應該珍惜開悟這件事：**能明心是非常有福報的，你們可以請三乘經典來一**

一檢驗。

我說這些事，是因爲一般人都會把《大乘起信論》中的開示拿來講：「妄心滅了，法身才出現。」都是想要把妄心打死了，就成爲覺知心沒有分別了，誤認爲這樣就是證得無分別心、法身；那你的兒女、父母來了，你也不知道，原來想打兒子卻一掌打到父母親身上去，豈不成了白痴？上自諸佛世尊，下至雞鴨貓狗，各個都有八識心王具足，當然就一定會有六識分別心啊！爲什麼修行的結果卻要六識心沒有分別性呢？如果修行眞的像他們說的那樣，要把覺知心變成沒有分別，說是要把妄心打死、消滅，那爲什麼 佛還能有分別心去觀察眾生的根器？明明 佛是有分別心存在的，爲什麼他們那些大師們卻硬要把能分別的覺知心變成沒有分別的白痴呢？這意思是說：無分別心第八識如來藏與分別心前六識同在，這才是眞正的佛法。

但 馬鳴菩薩說「妄心滅了」，這個滅妄心，不是滅掉妄心的存在，而是否定妄心，不再誤認妄心是眞實法，就方便說是滅掉了妄心；「滅」了妄心以後，才有可能發起法身，這就得要求悟了；等你悟了以後，轉依第八識如來藏時，就說妄心的體性消滅了；然後次第修行用功，你具足金剛性與道種智就進入初地，叫做

「法身顯現」。

諸位常常聽過這個名詞：「五分法身」。有些大師以爲：「初地菩薩證得五分法身，剩下五分則是要等到將來進入佛地時才能具足，所以法身的證得是一分一分漸漸證得的。」大部分大乘行者是這樣想的。但是五分法身是說有五種法具足而稱爲法身，也就是戒身、定身、慧身、解脫身、解脫知見身。可是，這五法本身並不是法身，而是第八識以這五法爲身故名法身，所以法身還是指第八阿賴耶、異熟、無垢識心體，這個第八識以五法爲身故名法身；所以證得法身時，是一時具足親證的，是開悟之時就已經全體證得了，並不是那些悟錯了的大師們所說的：「初地時先證得法身的十分之一，然後地地增上各證法身的一分，到佛地時具足圓滿。」這就是不懂法身正義的凡夫大師「僧寶」，根本就不是法身大士。所以，初地所證得的五分法身，是說：初地菩薩已經親證第八阿賴耶識，轉依第八識之清淨自性而消除了妄心的體性，發起戒、定、慧、解脫、解脫知見等五法，所以能忍於一切法無生：一切法本是如來藏生起的自性，依如來藏心體而無生滅，故說一切法無生。如是安忍，名爲證得無生法忍。如是初地菩薩的阿賴耶識因爲有戒身、定身……等五法爲身，故名法身大士、法身菩薩。

二乘阿羅漢們之中，有許多人證得解脫而沒有解脫知見；大阿羅漢們雖然有解脫，也有解脫知見，可是他的解脫與解脫知見都不能稱爲法身，爲什麼呢？因爲般若實相之理未明，解脫的眞實義還不完全明瞭，所以他們所證得的解脫境界與知見，都與無餘涅槃的實際、本際還不能相應，所以他們都還不知道無餘涅槃中的本際是什麼；眞正的解脫身，得要有解脫後的無餘涅槃中的本際的實證，才能稱之爲「身」；所以，你不但要像二乘聖人一般的親證解脫，還得要明白你所證得的解脫是依什麼而得解脫？解脫知見又是怎麼產生的？解脫知見的究竟義又是什麼？這些是二乘聖人所不能了知的。但是諸大菩薩都知道：解脫是依第八識才有解脫，不是把蘊、處、界的自己滅掉而成爲斷滅時可以得解脫；而是滅了蘊處界的自己以後，剩下自己的第八識離見聞覺知而獨存，這才是眞正的解脫；實證這個涅槃的本際，才能稱爲解脫知見的究竟義。這是大乘解脫知見與二乘解脫知見不同的所在，這樣才能稱爲法身菩薩，因爲與實相第八識相應了，與法身第八識相應了。

菩薩就是依第八識而產生了戒定慧三學，所以法身菩薩的戒定慧三學稱爲增上學。而他的解脫及解脫知見也是依八識而證的，所以他的解脫有身，而非猶如二乘聖人有解脫而無身——不知不證解脫境界以何爲身——所以諸地菩薩的解脫稱爲解脫身；所以菩薩的解脫知見也有身，所以稱爲解脫知見身。因此，菩薩得要有五分法身都生起了，才能稱爲法身大士。五分法身得要到初地時才會顯現，其實應該說五法都生起了才能說是發起法身，因爲這五法都生起時，他的第八阿賴耶識才能算是已經有了五分法身的一一身。

以戒身來說，未入地以前的菩薩們，增上戒學都很差，所知障含攝的異生性障都還很強烈；就算已到初地了，也都不敢誇口說自己是眞正持戒的人，只能自稱：「我是學戒的人。」只能這麼說：「我入菩薩學處。」才只是開始學戒而已。必須到了二地滿心的時候，證得猶如光影的現觀時，才敢說自己是眞正持戒的人，他的增上戒學已經完成了，從此不再犯戒了。從初地到二地未滿心前，增上戒學算是起步了，但是還不能說是眞正的持戒；這個持戒的圓滿具足，要到佛地時才算圓滿，所以說從初地開始都有五分法身。

我們講過，如果想要入初地，必須性障永伏如阿羅漢。換句話說，煩惱障中的我見與思惑都不會再生起了，已能永遠的伏住不現行了，也不再生起貪、瞋、癡，也不會對人生慢。換句話說，他的見、思惑煩惱的現行已經完全降伏了；降伏了以後，就可以捨報後在中陰階段，斷除故意所留最後一分思惑而取無餘涅槃，這叫做中般涅槃。但因爲他沒有究竟斷盡煩惱，只是現行斷了——永伏性障如阿羅漢——故意保留一分思惑來滋潤未來世的受生愛，以便繼續投胎，使他不會在中陰階段去入涅槃；但他故意保留的最後一分極微細思惑，其實是隨時都有能力斷除的，是因爲大悲願的緣故而故意不斷它，所以他在中陰階段能夠取證中般涅槃而不取證。

所以地上菩薩的解脫境界相，必須是現行已斷才可以成立，習氣不斷則沒有關係；必須是現行永斷如阿羅漢——性障永遠不現行——並且對無餘涅槃中的實際內容已經親證，不是想像的實際而是親證了實際，所以他的解脫就稱爲解脫身。又因爲他有道種智，非常清楚的了知解脫身以及解脫境界的本際，而深妙的了知解脫之所以爲解脫的正確知見，所以說他有解脫知見；而這解脫知見跟第八識相應，不是想像的無餘涅槃境界，所以叫作解脫知見身，這是講他所親證的兩種無生法，加上他的增上戒學、增上定學、增上慧學，合起來叫做五分法身。未入地前，所知障中的異生性尚未斷盡，使得這五法尚未發起，或者雖發起而未具足五法，所以就進不了初地，所以他們的阿賴耶識不能以這五法爲身，所以他們還稱不上是法身大士；但是法身心體其實是在第七住位時就已經全部證得了。所以馬鳴菩薩在論中所說的「妄心滅了，法身顯現」，這個法身本際其實仍然還是第八識，也就是說，五分法身實際仍然是第八阿賴耶識心體。所以有很多大名氣的凡夫大師們誤會論意，總是認爲把妄心滅了，法身才會顯現。所以他們講經說法時就一定會講錯了。

你如果眞的有大福報，就會遇到眞正的善知識；你如果沒有大福報，就只好隨著自己的福德因緣去遇到所該遇的善知識。這些福報要從哪裡來呢？要從你往世和這一世孝順父母、慈愛子女、供養三寶、護持正法、布施眾生、利樂有情，以及去跟善知識深結善法緣。如果前面都做到了，最後一項沒有做，未來會很有錢，在佛教界也很有名——你是大護法——可是你卻沒有值遇善知識的好因緣，這是因爲你沒有深結善知識的善法緣；所以說眞實妙法可以值遇，但是不可強求，因爲要具種種緣。

現在諸位瞭解這個「妄心滅了，法身顯現」背後的眞正道理了，以後去到寺院裡面參與佛事時，有些寺院貼著「打得妄心死，許汝法身活」，或寫「打得念頭死，許汝法身活」，你就把它當場撕下來，然後你就找住持法師來，告訴他：「您想懂得眞正的佛法嗎？」你就告訴他說：「以眞如熏習故，妄心則滅，法身顯現」，就把 馬鳴菩薩所講的眞正道理告訴他，這樣你就能夠度了那位住持法師了。

「用熏習起，故無有斷」：這句論文中的「用」字，講的是眞如心的性用，這個留待以後再說，這裏暫時略過。「用熏習起，故無有斷」，意思是一直到成佛以後，這眞如之體性與作用的熏習一直都不會斷絕。 馬鳴菩薩這個說法是有問題的，如果不是翻譯錯誤的話。這眞如用的熏習，成佛以後如果仍然永遠不斷的話，那就表示所成的不是究竟佛，還是在因地中，所以還要再繼續熏習；因此 馬鳴菩薩的意思，應該是指成佛之前的熏習不斷。但是佛地的無漏法種已經究竟圓滿了，爲什麼還要熏習呢？諸佛對眞如心的無量功能差別，已經將祂全部現行而且永遠都不會暫斷，就表示諸佛的無垢識心體所含藏的一切種子都已經究竟圓滿而不再接受熏習，不再有任何的變易了，怎麼還需要再熏習呢？所以這句話，應該解釋爲菩薩地而不是佛地以後。

論文：【復次，眞如自體相者，一切凡夫、聲聞、緣覺、菩薩、諸佛無有增減，非前際生，非後際滅，常恒究竟；從無始來本性具足一切功德，謂大智慧光明義，遍照法界義，如實了知義，本性清淨義，常樂我淨義，寂靜不變自在義；如是等『過恆沙數非同非異不思議佛法』無有斷絕，依此義故名如來藏，亦名法身。】

講解：上面已說過佛有三身：法身、意生身、應化身，眞如心則是法身，即是如來藏，又名無垢識、阿陀那識。眞如心的自體相，是在一切凡夫位、聲聞阿羅漢位、緣覺辟支佛位、以及菩薩位、乃至成佛位中，祂的眞如體性都不會有所增減，這是說祂的眞實常住性與如如性，永遠都不會有增減。而眞如心心體也是無增無減的，但是心體內含藏的善惡業種子、善惡性習氣種子、有漏無漏法種都是會有變異增減的，除非已經成佛了，否則種子都有所變異增減的。譬如說菩薩悟後修道，煩惱種子越來越少，在煩惱種子越來越少的過程當中，就像秤的兩頭低昂時等的道理一樣，另一方的智慧就越來越多、無漏法種就越來越增長；所以內含的種子有變異、有增減，但是心體自身和心體自身的眞實性與如如性，都不會有所增減，這是一個很重要的觀念，要在悟前先建立起來，然後在悟時與悟後加以檢查驗證。

以前宣化法師持戒很清淨，不是一般大法師、大居士們所能比擬的，但是他曾經開示說：「一萬隻螞蟻的眞如合起來成爲一個人的眞如，一千個人的眞如合起來成為一隻鯨魚的眞如。」就因為這樣錯說第一義諦的正法，他落到鬼神道去，成為大力鬼神，無法回到人間重新受生，無法以人身來行菩薩道；如果不是他持戒很清淨的話，果報絕不會僅只如此。所以坐在我這個位子上說法，或者寫書時都要很小心，要像孔老夫子說的：「知之為知之、不知為不知，是知（智）也。」這樣才是有智慧的人。

我出來弘法，從來不打誑語；我如果曾經打過誑語，早就被人家拿來作證據，把我推翻掉了。但是我們出來度人至今十年，所弘的法就是「眞如與佛性」，從開始到現在，始終如一，絕不改易；一直都是同一個眞如心，同一個眼見佛性，始終不改；乃至到未來無量劫以後成佛時，還是這個親證眞如心與眼見佛性，永遠不改。這個就是《楞嚴經》中 佛所說的因地心和果地覺是同一心。如果所悟的心體會有增減，心體自性會有變異（從染變淨），那麼因地證悟時的心體與果地覺悟時的心體，就不可能是同一個心體囉！因為必定已經被轉變成不同於因地時的心體了。如果心體是可以增減的話，那就是可以合併的了，那就不必辛苦的修學佛法了，只要每天上香求 釋迦牟尼佛：「我的眞如心跟您的眞如心合併，求您慈悲合併了我吧！」這樣求就好了嘛！如果求不來，就大力的供養！供養如果還不夠，那就作大供養！那不就解決了嗎？就不必辛辛苦苦的修道啦！但是，事實上是不能夠合併的，佛是佛的眞如心，你是你的眞如心，所以說這個眞如心是沒有增減的；到了聖位，這個眞如心還是這樣；在凡夫位乃至螞蟻、蟑螂身上，這個眞如心也是一樣，祂永遠都沒有增減的，所以才會有一句大家耳熟能詳的話：「在聖不增，在凡不減」。

所以 馬鳴菩薩說：「非前際生，非後際滅。」是說這個眞如心體，不是在過去什麼劫以前生出而延續到現在的，祂從來沒有出生過！本來就一直存在著的。如果說祂是三大無量數劫以前、七百無量數劫以前出生的，那祂既然有生，未來無量數劫以後一定還會有滅壞的時候，那就不是眞正的常住法、眞實法了，既然是常住法、眞實法，當然是永遠不滅的；永遠不滅的法，一定是本來不生——從來就不生的——有生的法一定會滅，只是時間長短的差別而已。

馬鳴菩薩又說：「常、恆、究竟。」這是從祂本體來說，心眞如本體從一個沒有開始的無量劫數以前就是本來已有的法，本來就有的心體，一直延續到現在世，也將延續到未來無量世而沒有終止的時候，所以叫做常、叫做恆。「常」是說祂永遠不會斷滅，「恆」是說祂的眞實性與如如性始終如一；不會因爲還沒有悟，所以你的眞如心就比阿羅漢差一些，也不會因爲證悟了就使你的眞如心比阿羅漢勝妙，祂自身的體性始終如一（不是指所含藏的七識種子體性），所以叫做恆。「究竟」是說，不管你怎麼修，修到最後劫數圓滿成就時，還是同一個祂，這就是究竟。「究竟」還有一個意思：祂函蓋一切法——函蓋三界與出三界的法——沒有一法能超出祂的範圍，所以叫做究竟。換句話說，外道所說的法也包含在心眞如中，三界、六道、九地、二十五有、一切有情所有的法，也都函蓋在這個眞如心裡面；將來成佛時所有的智慧與不可思議神通，也都函蓋在這個眞如心中；將來成佛時所證得的智慧，都是從這個心體所含藏的種子的具足證知與發起功能而成就，無有任何一佛、任何一眾生能超出這個眞如心證知的境界，所以這個眞如心就稱爲究竟心。

「從無始來本性具足一切功德，謂大智慧光明義，遍照法界義，如實了知義，本性清淨心義，常樂我淨義，寂靜不變自在義；如是等過恆沙非同非異不思議佛法無有斷絕，依此義故名如來藏，亦名法身」：這個眞如心從無始劫以來，祂的本性就已經是這樣，不是因爲你修行開悟之後祂才變成這樣。可是眾生並不瞭解，都想要把這個覺知心修行清淨、一念不生，變成無分別性（編案：其實一念不生時仍然是具足分別性的，所以一念不生時照樣能了知一切法，「了知」就是已經分別完成了），就說那樣叫做證眞如；如果那樣就是變成眞如心的話，若你這個覺知心已經變成了眞如心，那你的覺知心妄心又到哪裡去了？是不是已經消失了？覺知心既然變成眞如心，而眞如心不分別，那你的分別覺知心應該已經不在了，那麼到底覺知心是哪裡去了？可是現見一念不生時還是覺知心啊！現見一念不生時還是能了知一切法的差異性啊！還是有分別的啊！如果覺知心變成眞如心而沒有六塵中的分別了，而沒有覺知心存在了，那麼開悟也就變成白癡了。

可是開悟的事絕不是這樣的，從凡夫地一直到究竟佛地，大家都是同樣有八個識並存的；除非你進入了初禪天以上的境界，八識的數目才會有減少。如果你成佛以後，繼續出現在人間，你還是照樣會有八個識具足。既然一定會有八個識，顯而易見：分別心和無分別心一定是同時存在，才能具足生起世間萬法，也能具足顯示出世間法——無餘涅槃的實際和法界的實相；這樣才是完整的人，才能叫做聖人。如果聖人只剩下無分別心，沒有能分別的心，那他一定是見了什麼都不能分別；父母親來了也不能分別，師長來了也不能分別，那這個聖人正是白癡，一絲絲的智慧也沒有；這樣的白癡聖人，不要也罷！這樣的白痴佛，不要也罷！

眞正說來：當有人主張分別心可以轉變成無分別心，而他的道理可以成立的時候，其實是應該連覺知性都不可能存在的；因爲在有覺有知的當下，就已經分別完成了；因爲覺與知正是分別性，所以一念不生的覺知心仍然是分別心。所以在阿含經典中說：知即是想陰。如果開悟了的聖人都是無分別能力的白痴，那顯然與開悟所生起智慧的實際情況不符，也與佛教歷史記錄不符。所以聖人也是照樣具足八識心王的，所以他們都有一個無分別心的如來藏在運作，也和眾生一樣有能分別的七識心存在與運作著，這樣具足無分別心與有分別心，才是眞正的佛法，才是眞正的開悟境界；由這樣的開悟境界，才能發起眞正的實相般若智慧，也才能因此而通達般若、發起勝妙的種智。

所以說，佛法一定是現成的，不是修成的：心眞如是從無始以來，祂的本性就已經具足一切法的功德；只因爲無明覆障的緣故，所以使得心眞如本有的功德不能彰顯。這一切的功德，馬鳴菩薩歸類舉出七種；這七種在下一段論文中會說到，這裡先省略不說。

這一段論文的意思，主要是說，這本性具足一切功德的法身就是第八識如來藏，祂從無始劫以來就已經是本性具足一切功德，不是修行以後才有的。「本性具足一切功德」的意思是說：一、具備了大智慧光明的眞實道理，二、眞如心遍照十八界法的眞實道理，三、眞如心如實了知一切法的道理，四、眞如心體本性清淨的道理，五、眞如心是常、是樂、是我、是淨的道理，六、眞如心寂靜不變而又自在的道理，七、以上六種超過恆河沙數非一亦非異的不可思議佛法永遠都不曾暫斷過、永遠都不會斷絕的道理。由於這七種道理具足的緣故，所以才說這個第八識眞如心又叫做如來藏，因爲祂含藏了成就如來果德的功能性；又因爲祂能出生萬法，所以又叫做法身。

正因爲祂含藏了讓眾生將來成就究竟佛道的所有功德，所以叫做如來藏；所以自古以來常有祖師說：「如來藏中藏如來」，也就是《如來藏經》裡面 佛所說的萎花喻的眞正意思。你未來成佛時的如來體性，就含藏在你的第八識心眞如當中；將來怎麼成佛，就看你怎樣去把第八識中的所有無漏有爲法上的功能性加以具足發揮出來，這都含藏在眞如心體中，所以才稱爲如來藏。那就是說，悟後想要成佛的話，你應該要怎樣去淨化自己？是值得認眞思考的問題；完全的無私、完全的無我之後，清淨了心體中所含藏的一切有漏種子，才會導致心眞如本有的佛地無漏有爲法上的功德具足現行；因爲祂有這個含藏一切功德法的功能性，所以才叫作法身。所以法身是指第八識如來藏，又稱爲眞如心、心眞如、阿賴耶識心體、異熟識心體、無垢識心體、阿陀那識心體。諸佛以無垢識心體爲法身，是因爲諸佛的無垢識心體都以五法爲身，故諸佛的無垢識心體即名爲法身。（第三輯完。餘續於第四輯中詳解。）

佛菩提二主要道次第概要表——二道並修，以外無別佛法

佛菩提道——大菩提道

十信位修集信心——一劫乃至一萬劫

資糧位

初住位修集布施功德（以財施爲主）。

二住位修集持戒功德。

三住位修集忍辱功德。

四住位修集精進功德。

五住位修集禪定功德。

六住位修集般若功德（熏習般若中觀及斷我見，加行位也）。

外門廣修六度萬行

遠波羅蜜多

七住位明心般若正觀現前，親證本來自性清淨涅槃。

八住位起於一切法現觀般若中道。漸除性障。

十住位眼見佛性，世界如幻觀成就。

一至十行位，於廣行六度萬行中，依般若中道慧，現觀陰處界猶如陽焰，至第十行滿心位，陽焰觀成就。

一至十迴向位熏習一切種智；修除性障，唯留最後一分思惑不斷。第十迴向滿心位成就菩薩道如夢觀。

內門廣修六度萬行

見道位

初地：第十迴向位滿心時，成就道種智一分（八識心王一一親證後，領受五法、三自性、七種第一義、七種性自性、二種無我法）復由勇發十無盡願，成通達位菩薩。復又永伏性障而不具斷，能證慧解脫而不取證，由大願故留惑潤生。此地主修法施波羅蜜多及百法明門。證「猶如鏡像」現觀，故滿初地心。

二地：初地功德滿足以後，再成就道種智一分而入二地；主修戒波羅蜜多及一切種智。滿心位成就「猶如光影」現觀，戒行自然清淨。

解脫道：二乘菩提

斷三縛結，成初果解脫 →

薄貪瞋癡，成二果解脫 →

斷五下分結，成三果解脫 →

入地前的四加行令煩惱障現行悉斷，成四果解脫，留惑潤生。分段生死已斷，煩惱障習氣種子開始斷除，兼斷無始無明上煩惱。

近波羅蜜多　大波羅蜜多　圓滿波羅蜜多

修道位　究竟位

三地：二地滿心再證道種智一分，故入三地。此地主修忍波羅蜜多及四禪八定、四無量心、五神通。能成就俱解脫果而不取證，留惑潤生。滿心位成就「猶如谷響」現觀及無漏妙定意生身。

四地：由三地再證道種智一分故入四地。主修精進波羅蜜多，於此土及他方世界廣度有緣，無有疲倦。進修一切種智，滿心位成就「如水中月」現觀。

五地：由四地再證道種智一分故入五地。主修禪定波羅蜜多及一切種智，斷除下乘涅槃貪。滿心位成就「變化所成」現觀。

六地：由五地再證道種智一分故入六地。此地主修般若波羅蜜多——依道種智現觀十二因緣一一有支及意生身化身，皆自心眞如變化所現，「非有似有」，成就細相觀，不由加行而自然證得滅盡定，成俱解脫大乘無學。

七地：由六地「非有似有」現觀，再證道種智一分故入七地。此地主修一切種智及方便波羅蜜多，由重觀十二有支一一支中之流轉門及還滅門一切細相，成就方便善巧，念念隨入滅盡定。滿心位證得「如犍闥婆城」現觀。

八地：由七地極細相觀成就故再證道種智一分而入八地。此地主修一切種智及願波羅蜜多。至滿心位純無相觀任運恆起，故於相土自在，滿心位復證「如實覺知諸法相意生身」故。

九地：由八地再證道種智一分故入九地。主修力波羅蜜多及一切種智，成就四無礙，滿心位證得「種類俱生無行作意生身」。

十地：由九地再證道種智一分故入此地。此地主修一切種智——智波羅蜜多。滿心位起大法智雲，及現起大法智雲所含藏種種功德，成受職菩薩。

等覺：由十地道種智成就故入此地。此地應修一切種智，圓滿等覺地無生法忍；於百劫中修集極廣大福德，以之圓滿三十二大人相及無量隨形好。

妙覺：示現受生人間已斷盡煩惱障一切習氣種子，並斷盡所知障一切隨眠，永斷變易生死無明，成就大般涅槃，四智圓明。人間捨壽後，報身常住色究竟天利樂十方地上菩薩；以諸化身利樂有情，永無盡期，成就究竟佛道。

七地滿心斷除故意保留之最後一分思惑時，煩惱障所攝色、受、想三陰有漏習氣種子全部斷盡。

煩惱障所攝行、識二陰無漏習氣種子任運漸斷，所知障所攝上煩惱任運漸斷。

斷盡變易生死成就大般涅槃

圓滿成就究竟佛果

佛子蕭平實　謹製
（二〇〇九、〇二　修訂）
（二〇一二、〇二　增補）

佛教正覺同修會〈修學佛道次第表〉

第一階段

* 以憶佛及拜佛方式修習動中定力。
* 學第一義佛法及禪法知見。
* 無相拜佛功夫成就。
* 具備一念相續功夫—動靜中皆能看話頭。
* 努力培植福德資糧，勤修三福淨業。

第二階段

* 參話頭，參公案。
* 開悟明心，一片悟境。
* 鍛鍊功夫求見佛性。
* 眼見佛性〈餘五根亦如是〉親見世界如幻，成就如幻觀。
* 學習禪門差別智。
* 深入第一義經典。
* 修除性障及隨分修學禪定。
* 修證十行位陽焰觀。

第三階段

* 學一切種智真實正理—楞伽經、解深密經、成唯識論…。
* 參究末後句。
* 解悟末後句。
* 透牢關—親自體驗所悟末後句境界，親見實相，無得無失。
* 救護一切眾生迴向正道。護持了義正法，修證十迴向位如夢觀。
* 發十無盡願，修習百法明門，親證猶如鏡像現觀。
* 修除五蓋，發起禪定。持一切善法戒。親證猶如光影現觀。
* 進修四禪八定、四無量心、五神通。進修大乘種智，求證猶如谷響現觀。

佛教正覺同修會 共修現況 及 招生公告　2016/1/16

一、共修現況：（請在共修時間來電，以免無人接聽。）

台北正覺講堂 103 台北市承德路三段 277 號九樓 捷運淡水線圓山站旁
Tel..**總機** 02-25957295（晚上）（**分機：九樓**辦公室 10、11；知客櫃檯 12、13。 **十樓**知客櫃檯 15、16；書局櫃檯 14。 **五樓**辦公室 18；知客櫃檯 19。**二樓**辦公室 20；知客櫃檯 21。）
Fax..25954493

第一講堂 台北市承德路三段 277 號九樓

禪淨班：週一晚上班、週三晚上班、週四晚上班、週五晚上班、週六下午班、週六上午班（皆須報名建立學籍後始可參加共修，欲報名者詳見本公告末頁）

增上班：瑜伽師地論詳解：每月第一、三、五週之週末 17.50～20.50 平實導師講解（僅限已明心之會員參加）

禪門差別智：每月第一週日全天　平實導師主講（事冗暫停）。

佛藏經詳解　平實導師主講。已於 2013/12/17 開講，歡迎已發成佛大願的菩薩種性學人，攜眷共同參與此殊勝法會聽講。詳解 釋迦世尊於《佛藏經》中所開示的眞實義理，更爲今時後世佛子四眾，闡述佛陀演說此經的本懷。眞實尋求佛菩提道的有緣佛子，親承聽聞如是勝妙開示，當能如實理解經中義理，亦能了知於大乘法中：如何是諸法實相？善知識、惡知識要如何簡擇？如何才是清淨持戒？如何才能清淨說法？於此末法之世，眾生五濁益重，不知佛、不解法、不識僧，唯見表相，不信眞實，貪著五欲，諸方大師不淨說法，各各將導大量徒眾趣入三塗，如是師徒俱堪憐憫。是故，平實導師以大慈悲心，用淺白易懂之語句，佐以實例、譬喻而爲演說，普令聞者易解佛意，皆得契入佛法正道，如實了知佛法大藏。

此經中，對於實相念佛多所著墨，亦指出念佛要點：以實相爲依，念佛者應依止淨戒、依止清淨僧寶，捨離違犯重戒之師僧，應受學清淨之法，遠離邪見。本經是現代佛門大法師所厭惡之經典：一者由於大法師們已全都落入意識境界而無法親證實相，故於此經中所說實相全無所知，都不樂有人聞此經名，以免讀後提出問疑時無法回答；二者現代大乘佛法地區，已經普被藏密喇嘛教滲透，許多有名之大法師們大多已曾或繼續在修練雙身法，都已失去聲聞戒體及菩薩戒體，成爲地獄種姓人，已非眞正出家之人，本質只是身著僧衣而住在寺院中的世俗人。這些人對於此經都是讀不懂的，也是極爲厭惡的；他們尚不樂見此經之印行，何況流通與講解？今爲救護廣大學佛人，兼欲護持佛教血脈永續常傳，特選此經宣講之。每逢週二 18.50~20.50 開示，不限制聽講資格。會外人士需憑身分證件換證入內聽講（此是大樓管理處之安全規定，敬請見諒）。桃園、台中、台南、高雄等地講堂，亦於每週二晚上播放平實導師所講本經之 DVD，不必出示身分證件即可入內聽講，歡迎各地善信同霑法益。

第二講堂　台北市承德路三段 267 號十樓。

禪淨班：週一晚上班、週六下午班。

進階班：週三晚上班、週四晚上班、週五晚上班（禪淨班結業後轉入共修）。

佛藏經詳解：平實導師講解。每週二 18.50~20.50（影像音聲即時傳輸）。本會學員憑上課證進入聽講，會外學人請以身分證件換證進入聽講（此爲大樓管理處安全管理規定之要求，敬請諒解）。

第三講堂　台北市承德路三段 277 號五樓。

進階班：週一晚上班、週三晚上班、週四晚上班、週五晚上班。

佛藏經詳解：平實導師講解。每週二 18.50~20.50（影像音聲即時傳輸）。本會學員憑上課證進入聽講，會外學人請以身分證件換證進入聽講（此爲大樓管理處安全管理規定之要求，敬請諒解）。

第四講堂　台北市承德路三段 267 號二樓。

進階班：週一晚上班、週三晚上班、週四晚上班、週五晚上班（禪淨班結業後轉入共修）。

佛藏經詳解：平實導師講解。每週二 18.50~20.50（影像音聲即時傳輸）。本會學員憑上課證進入聽講，會外學人請以身分證件換證進入聽講（此爲大樓管理處安全管理規定之要求，敬請諒解）。

第五、第六講堂　爲**開放式講堂**，不需以身分證件換證即可進入聽講，台北市承德路三段 267 號地下一樓、地下二樓。已規劃整修完成，每逢週二晚上講經時段開放給會外人士自由聽經，請由大樓側面梯階逕行進入聽講。**聽講者請尊重講者的著作權及肖像權，請勿錄音錄影，以免違法；若有錄音錄影被查獲者，將依法處理**。

正覺祖師堂　大溪鎭美華里信義路 650 巷坑底 5 之 6 號（台 3 號省道 34 公里處 妙法寺對面斜坡道進入）電話 03-3886110　傳眞 03-3881692 本堂供奉 克勤圓悟大師，專供會員每年四月、十月各二次精進禪三共修，兼作本會出家菩薩掛單常住之用。除禪三時間以外，每逢單月第一週之週日 9:00~17:00 開放會內、外人士參訪，當天並提供午齋結緣。教內共修團體或道場，得另申請其餘時間作團體參訪，務請事先與常住確定日期，以便安排常住菩薩接引導覽，亦免妨礙常住菩薩之日常作息及修行。

桃園正覺講堂（第一、第二講堂）：桃園市介壽路 286、288 號 10 樓（陽明運動公園對面）電話：03-3749363（請於共修時聯繫，或與台北聯繫）

禪淨班：週一晚上班、週三晚上班、週四晚上班、週五晚上班。

進階班：週六上午班、週五晚上班。

佛藏經詳解：平實導師講解。每週二晚上，以台北正覺講堂所錄 DVD 放映；歡迎會外學人共同聽講，不需出示身分證件。

新竹正覺講堂 新竹市東光路 55 號二樓之一　電話 03-5724297（晚上）

第一講堂：

禪淨班：週一晚上班、週五晚上班、週六上午班。

進階班：週三晚上班、週四晚上班（由禪淨班結業後轉入共修）。

佛藏經詳解：平實導師講解。每週二晚上，以台北正覺講堂所錄 DVD 放映。歡迎會外學人共同聽講，不需出示身分證件。

第二講堂：

禪淨班：週三晚上班、週四晚上班。

佛藏經詳解：每週二晚上與第一講堂同時播放佛藏經詳解 DVD。

台中正覺講堂 04-23816090（晚上）

第一講堂 台中市南屯區五權西路二段 666 號 13 樓之四（國泰世華銀行樓上。鄰近縣市經第一高速公路前來者，由五權西路交流道可以快速到達，大樓旁有停車場，對面有素食館）。

禪淨班：週三晚上班、週四晚上班。

進階班：週一晚上班、週六上午班（由禪淨班結業後轉入共修）。

增上班：單週週末以台北增上班課程錄成 DVD 放映之，限已明心之會員參加。

佛藏經詳解：平實導師講解。每週二晚上，以台北正覺講堂所錄 DVD 放映。歡迎會外學人共同聽講，不需出示身分證件。

第二講堂 台中市南屯區五權西路二段 666 號 4 樓

禪淨班：週一晚上班、週三晚上班、週六上午班。

進階班：週五晚上班（由禪淨班結業後轉入共修）。

佛藏經詳解：每週二晚上與第一講堂同時播放佛藏經詳解 DVD。

第三講堂、第四講堂：台中市南屯區五權西路二段 666 號 4 樓。

嘉義正覺講堂 嘉義市友愛路 288 號八樓之一　電話：05−2318228

第一講堂：

禪淨班：週一晚上班、週四晚上班、週五晚上班。

進階班：週三晚上班（由禪淨班結業後轉入共修）。

佛藏經詳解：平實導師講解。每週二晚上，以台北正覺講堂所錄 DVD 放映。歡迎會外學人共同聽講，不需出示身分證件。

第二講堂 嘉義市友愛路 288 號八樓之二。

台南正覺講堂

第一講堂 台南市西門路四段 15 號 4 樓。06-2820541（晚上）

禪淨班：週一晚上班、週三晚上班、週四晚上班、週五晚上班、週六下午班。

增上班：單週週末下午，以台北增上班課程錄成 DVD 放映之，限已明心之會員參加。

佛藏經詳解：平實導師講解。每週二晚上，以台北正覺講堂所錄 DVD 放映。歡迎會外學人共同聽講，不需出示身分證件。

第二講堂　台南市西門路四段 15 號 3 樓。

佛藏經詳解：每週二晚上與第一講堂同時播放佛藏經詳解 DVD。

第三講堂　台南市西門路四段 15 號 3 樓。

進階班：週三晚上班、週四晚上班、週六上午班（由禪淨班結業後轉入共修）。

佛藏經詳解：每週二晚上與第一講堂同時播放佛藏經詳解 DVD。

高雄正覺講堂　高雄市新興區中正三路 45 號五樓 07-2234248（晚上）

第一講堂（五樓）：

禪淨班：週一晚上班、週三晚上班、週四晚上班、週五晚上班、週六上午班。

增上班：單週週末下午，以台北增上班課程錄成 DVD 放映之，限已明心之會員參加。

佛藏經詳解：平實導師講解。每週二晚上，以台北正覺講堂所錄 DVD 放映。歡迎會外學人共同聽講，不需出示身分證件。

第二講堂（四樓）：

進階班：週三晚上班、週四晚上班、週六上午班（由禪淨班結業後轉入共修）。

佛藏經詳解：每週二晚上與第一講堂同時播放佛藏經詳解 DVD。

第三講堂（三樓）：

進階班：週四晚上班（由禪淨班結業後轉入共修）。

香港正覺講堂　**☆已遷移新址☆**

九龍觀塘，成業街 10 號，電訊一代廣場 27 樓 E 室。

（觀塘地鐵站 B1 出口，步行約 4 分鐘）。電話：(852) 23262231

英文地址：Unit E, 27th Floor, TG Place, 10 Shing Yip Street, Kwun Tong, Kowloon

禪淨班：雙週六下午班 14:30-17:30，已經額滿。
雙週日下午班 14:30-17:30，2016 年 4 月底前尚可報名。

進階班：雙週五晚上班（由禪淨班結業後轉入共修）。

增上班：單週週末上午，以台北增上班課程錄成 DVD 放映之，限已明心之會員參加。

妙法蓮華經詳解：平實導師講解。雙週六 19:00-21:00，以台北正覺講堂所錄 DVD 放映；歡迎會外學人共同聽講，不需出示身分證件。

美國洛杉磯正覺講堂　☆已遷移新址☆

825 S. Lemon Ave Diamond Bar, CA 91798 U.S.A.
Tel. (909) 595-5222（請於週六 9:00~18:00 之間聯繫）
Cell. (626) 454-0607

禪淨班：每逢週末 15：30~17：30 上課。

進階班：每逢週末上午 10：00~12：00 上課。

佛藏經詳解：平實導師講解。每週六下午 13：00~15：00，以台北正覺講堂所錄 DVD 放映。歡迎各界人士共享第一義諦無上法益，不需報名。

二、招生公告　**本會台北講堂及全省各講堂，每逢四月、十月下旬開新班，每週共修一次**（每次二小時。開課日起三個月內仍可插班）；**但美國洛杉磯共修處之禪淨班得隨時插班共修。各班共修期間皆爲二年半，欲參加者請向本會函索報名表**（各共修處皆於共修時間方有人執事，非共修時間請勿電詢或前來洽詢、請書），**或直接從本會官方網站**(http://www.enlighten.org.tw/newsflash/class)**或成佛之道網站下載報名表**。共修期滿時，若經報名禪三審核通過者，可參加四天三夜之禪三精進共修，有機會明心、取證如來藏，發起般若實相智慧，成爲實義菩薩，脫離凡夫菩薩位。

三、新春禮佛祈福　農曆年假期間停止共修：自農曆新年前七天起停止共修與弘法，正月 8 日起回復共修、弘法事務。新春期間正月初一～初七 9.00～17.00 開放台北講堂、正月初一~初三開放新竹講堂、台中講堂、台南講堂、高雄講堂，以及大溪禪三道場（正覺祖師堂），方便會員供佛、祈福及會外人士請書。美國洛杉磯共修處之休假時間，請逕詢該共修處。

密宗四大派修雙身法，是外道性力派的邪法；又以生滅的識陰作為常住法，是常見外道，是假的藏傳佛教。

西藏覺囊巴以他空見弘揚第八識如來藏勝法，才是真藏傳佛教

佛教正覺同修會　弘法行事表　2014/08/19

1、**禪淨班**　以無相念佛及拜佛方式修習動中定力，實證一心不亂功夫。傳授解脫道正理及第一義諦佛法，以及參禪知見。共修期間：二年六個月。每逢四月、十月開新班，詳見招生公告表。

2、**《佛藏經》詳解**　平實導師主講。已於 2013/12/17 開講，歡迎已發成佛大願的菩薩種性學人，攜眷共同參與此殊勝法會聽講。詳解釋迦世尊於《佛藏經》中所開示的眞實義理，更爲今時後世佛子四眾，闡述 佛陀演說此經的本懷。眞實尋求佛菩提道的有緣佛子，親承聽聞如是勝妙開示，當能如實理解經中義理，亦能了知於大乘法中：如何是諸法實相？善知識、惡知識要如何簡擇？如何才是清淨持戒？如何才能清淨說法？於此末法之世，眾生五濁益重，不知佛、不解法、不識僧，唯見表相，不信眞實，貪著五欲，諸方大師不淨說法，各各將導大量徒眾趣入三塗，如是師徒俱堪憐憫。是故，平實導師以大慈悲心，用淺白易懂之語句，佐以實例、譬喻而爲演說，普令聞者易解佛意，皆得契入佛法正道，如實了知佛法大藏。每逢週二 18.50~20.50 開示，不限制聽講資格。會外人士需憑身分證件換證入內聽講（此是大樓管理處之安全規定，敬請見諒）。桃園、新竹、台中、台南、高雄等地講堂，亦於每週二晚上播放平實導師講經之 DVD，不必出示身分證件即可入內聽講，歡迎各地善信同霑法益。

有某道場專弘淨土法門數十年，於教導信徒研讀《佛藏經》時，往往告誡信徒曰：「後半部不許閱讀。」由此緣故坐令信徒失去提升念佛層次之機緣，師徒只能低品位往生淨土，令人深覺愚癡無智。由有多人建議故，平實導師開始宣講《佛藏經》，藉以轉易如是邪見，並提升念佛人之知見與往生品位。此經中，對於實相念佛多所著墨，亦指出念佛要點：以實相爲依，念佛者應依止淨戒、依止清淨僧寶，捨離違犯重戒之師僧，應受學清淨之法，遠離邪見。本經是現代佛門大法師所厭惡之經典：一者由於大法師們已全都落入意識境界而無法親證實相，故於此經中所說實相全無所知，都不樂有人聞此經名，以免讀後提出問疑時無法回答；二者現代大乘佛法地區，已經普被藏密喇嘛教滲透，許多有名之大法師們大多已曾或繼續在修練雙身法，都已失去聲聞戒體及菩薩戒體，成爲地獄種姓人，已非眞正出家之人，本質上只是身著僧衣而住在寺院中的世俗人。這些人對於此經都是讀不懂的，也是極爲厭惡的；他們尚不樂見此經之印行，何況流通與講解？今爲救護廣大學佛人，兼欲護持佛教血脈永續常傳，特選此經宣講之，主講者平實導師。

3、**瑜伽師地論**詳解　詳解論中所言凡夫地至佛地等 17 師之修證境界與理論，從凡夫地、聲聞地……宣演到諸地所證一切種智之眞實正理。由平實導師開講，每逢一、三、五週之週末晚上開示，僅限已明心之會員參加。

4、**精進禪三**　主三和尚：平實導師。於四天三夜中，以克勤圓悟大師及大慧宗杲之禪風，施設機鋒與小參、公案密意之開示，幫助會員剋期取證，親證不生不滅之眞實心——人人本有之如來藏。每年四月、十月各舉辦二個梯次；平實導師主持。僅限本會會員參加禪淨班共修期滿，報名審核通過者，方可參加。並選擇會中定力、慧力、福德三條件皆已具足之已明心會員，給以指引，令得眼見自己無形無相之佛性遍佈山河大地，眞實而無障礙，得以肉眼現觀世界身心悉皆如幻，具足成就如幻觀，圓滿十住菩薩之證境。

5、**阿含經**詳解　選擇重要之阿含部經典，依無餘涅槃之實際而加以詳解，令大眾得以現觀諸法緣起性空，亦復不墮斷滅見中，顯示經中所隱說之涅槃實際—如來藏—確實已於四阿含中隱說；令大眾得以聞後觀行，確實斷除我見乃至我執，證得**見到**眞現觀，乃至**身證**……等眞現觀；已得大乘或二乘見道者，亦可由此聞熏及聞後之觀行，除斷我所之貪著，成就慧解脫果。由平實導師詳解。不限制聽講資格。

6、**大法鼓經**詳解　詳解末法時代大乘佛法修行之道。佛教正法消毒妙藥塗於大鼓而以擊之，凡有眾生聞之者，一切邪見鉅毒悉皆消殞；此經即是大法鼓之正義，凡聞之者，所有邪見之毒悉皆滅除，見道不難；亦能發起菩薩無量功德，是故諸大菩薩遠從諸方佛土來此娑婆聞修此經。由平實導師詳解。不限制聽講資格。

7、**解深密經**詳解　重講本經之目的，在於令諸已悟之人明解大乘法道之成佛次第，以及悟後進修一切種智之內涵，確實證知三種自性性，並得據此證解七眞如、十眞如等正理。每逢週二 18.50~20.50 開示，由平實導師詳解。將於《大法鼓經》講畢後開講。不限制聽講資格。

8、**成唯識論**詳解　詳解一切種智眞實正理，詳細剖析一切種智之微細深妙廣大正理；並加以舉例說明，使已悟之會員深入體驗所證如來藏之微密行相；及證驗見分相分與所生一切法，皆由如來藏—阿賴耶識—直接或展轉而生，因此證知一切法無我，證知無餘涅槃之本際。將於增上班《瑜伽師地論》講畢後，由平實導師重講。僅限已明心之會員參加。

9、**精選如來藏系經典**詳解　精選如來藏系經典一部，詳細解說，以此完全印證會員所悟如來藏之眞實，得入不退轉住。另行擇期詳細解說之，由平實導師講解。僅限已明心之會員參加。

10、**禪門差別智**　藉禪宗公案之微細淆訛難知難解之處，加以宣說及剖析，以增進明心、見性之功德，啓發差別智，建立擇法眼。每月第一週日全天，由平實導師開示，僅限破參明心後，復又眼見佛性者參加（事冗暫停）。

11、**枯木禪**　先講智者大師的《小止觀》，後說《釋禪波羅蜜》，詳解四禪八定之修證理論與實修方法，細述一般學人修定之邪見與岔路，及對禪定證境之誤會，消除枉用功夫、浪費生命之現象。已悟般若者，可以藉此而實修初禪，進入大乘通教及聲聞教的三果心解脫境界，配合應有的大福德及後得無分別智、十無盡願，即可進入初地心中。親教師：平實導師。未來緣熟時將於大溪正覺寺開講。不限制聽講資格。

註：本會例行年假，自 2004 年起，改爲每年農曆新年前七天開始停息弘法事務及共修課程，農曆正月 8 日回復所有共修及弘法事務。新春期間（每日 9.00~17.00）開放台北講堂，方便會員禮佛祈福及會外人士請書。大溪鎭的正覺祖師堂，開放參訪時間，詳見〈正覺電子報〉或成佛之道網站。本表得因時節因緣需要而隨時修改之，不另作通知。

佛教正覺同修會　贈閱書籍 目錄　　2015/09/29

1.**無相念佛**　平實導師著　回郵 10 元
2.**念佛三昧修學次第**　平實導師述著　回郵 25 元
3.**正法眼藏—護法集**　平實導師述著　回郵 35 元
4.**真假開悟簡易辨正法&佛子之省思**　平實導師著　回郵 3.5 元
5.**生命實相之辨正**　平實導師著　回郵 10 元
6.**如何契入念佛法門**（**附：**印順法師否定極樂世界）平實導師著　回郵 3.5 元
7.**平實書箋**—答元覽居士書　平實導師著　回郵 35 元
8.**三乘唯識**—如來藏系經律彙編　平實導師編　回郵 80 元
（精裝本　長 27 cm　寬 21 cm　高 7.5 cm　重 2.8 公斤）
9.**三時繫念全集**—修正本　回郵掛號 40 元（長 26.5 cm×寬 19 cm）
10.**明心與初地**　平實導師述　回郵 3.5 元
11.**邪見與佛法**　平實導師述著　回郵 20 元
12.**菩薩正道**—回應義雲高、釋性圓…等外道之邪見　正燦居士著　回郵 20 元
13.**甘露法雨**　平實導師述　回郵 20 元
14.**我與無我**　平實導師述　回郵 20 元
15.**學佛之心態**—修正錯誤之學佛心態始能與正法相應　孫正德老師著　回郵35元
附錄：平實導師著**《略說八、九識並存…等之過失》**
16.**大乘無我觀**—《悟前與悟後》別說　平實導師述著　回郵 20 元
17.**佛教之危機**—中國台灣地區現代佛教之真相（附錄：公案拈提六則）
平實導師著　回郵 25 元
18.**燈　影**—燈下黑（覆「求教後學」來函等）　平實導師著　回郵 35 元
19.**護法與毀法**—覆上平居士與徐恒志居士網站毀法二文
張正圜老師著　回郵 35 元
20.**淨土聖道**—兼評**選擇本願念佛**　正德老師著　**由正覺同修會購贈**　回郵 25 元
21.**辨唯識性相**—對「紫蓮心海《辯唯識性相》書中否定阿賴耶識」之回應
正覺同修會 台南共修處法義組 著　回郵 25 元
22.**假如來藏**—對法蓮法師《如來藏與阿賴耶識》書中否定阿賴耶識之回應
正覺同修會 台南共修處法義組 著　回郵 35 元
23.**入不二門**—公案拈提集錦 第一輯（於平實導師公案拈提諸書中選錄約二十則，
合輯為一冊流通之）平實導師著　回郵 20 元
24.**真假邪說**—西藏密宗索達吉喇嘛《破除邪說論》真是邪說
釋正安法師著　回郵 35 元
25.**真假開悟**—真如、如來藏、阿賴耶識間之關係　平實導師述著　回郵 35 元
26.**真假禪和**—辨正釋傳聖之謗法謬說　孫正德老師著　回郵 30 元

27.**眼見佛性**—駁慧廣法師眼見佛性的含義文中謬說
游正光老師著　回郵 25 元

28.**普門自在**—公案拈提集錦 第二輯（於平實導師公案拈提諸書中選錄約二十則，合輯為一冊流通之）平實導師著　回郵 25 元

29.**印順法師的悲哀**—以現代禪的質疑為線索　恒毓博士著　回郵 25 元

30.**識蘊真義**—現觀識蘊內涵、取證初果、親斷三縛結之具體行門。
—依《成唯識論》及《唯識述記》正義，略顯安慧《大乘廣五蘊論》之邪謬
平實導師著　回郵 35 元

31.**正覺電子報** 各期紙版本　免附回郵　每次最多函索三期或三本。
（已無存書之較早各期，不另增印贈閱）

32.**現代人應有的宗教觀**　蔡正禮老師 著　回郵 3.5 元

33.**遠惑趣道**—正覺電子報般若信箱問答錄　第一輯　回郵 20 元

34.**遠惑趣道**—正覺電子報般若信箱問答錄　第二輯　回郵 20 元

35.**確保您的權益**—器官捐贈應注意自我保護　游正光老師 著　回郵 10 元

36.**正覺教團電視弘法三乘菩提 DVD 光碟（一）**
由正覺教團多位親教師共同講述錄製 DVD 8 片，MP3 一片，共 9 片。有二大講題：一為「三乘菩提之意涵」，二為「學佛的正知見」。內容精闢，深入淺出，精彩絕倫，幫助大眾快速建立三乘法道的正知見，免被外道邪見所誤導。有志修學三乘佛法之學人不可不看。（製作工本費 100 元，回郵 25 元）

37.**正覺教團電視弘法 DVD 專輯（二）**
總有二大講題：一為「三乘菩提之念佛法門」，一為「學佛正知見（第二篇）」，由正覺教團多位親教師輪番講述，內容詳細闡述如何修學念佛法門、實證念佛三昧，以及學佛應具有的正確知見，可以幫助發願往生西方極樂淨土之學人，得以把握往生，更可令學人快速建立三乘法道的正知見，免於被外道邪見所誤導。有志修學三乘佛法之學人不可不看。（一套 17 片，工本費 160 元。回郵 35 元）

38.**佛藏經** 燙金精裝本　每冊回郵 20 元。正修佛法之道場欲大量索取者，請正式發函並蓋用大印寄來索取（2008.04.30 起開始敬贈）

39.**喇嘛性世界**—揭開假藏傳佛教譚崔瑜伽的面紗　張善思 等人合著
由正覺同修會購贈　回郵 20 元

40.**假藏傳佛教的神話**—性、謊言、喇嘛教　張正玄教授編著　回郵 20 元
由正覺同修會購贈　回郵 20 元

41.**隨　緣**—理隨緣與事隨緣　平實導師述　回郵 20 元。

42.**學佛的覺醒**　正枝居士 著　回郵 25 元

43.**導師之真實義**　蔡正禮老師 著　回郵 10 元

44.**淺談達賴喇嘛之雙身法**—兼論解讀「密續」之達文西密碼
吳明芷居士 著　回郵 10 元

45.**魔界轉世**　張正玄居士 著　回郵 10 元

46.**一貫道與開悟**　蔡正禮老師 著　回郵 10 元

47.**博愛**—愛盡天下女人　正覺教育基金會 編印　回郵 10 元
48.**意識虛妄經教彙編**—實證解脱道的關鍵經文　正覺同修會編印　回郵 25 元
49.**邪箭囈語**—破斥藏密外道多識仁波切《破魔金剛箭雨論》之邪說
陸正元老師著　上、下冊回郵各 30 元
50.**真假沙門**—依 佛聖教闡釋佛教僧寶之定義
蔡正禮老師著　俟正覺電子報連載後結集出版
51.**真假禪宗**—藉評論釋性廣《印順導師對變質禪法之批判
及對禪宗之肯定》以顯示真假禪宗
附論一：凡夫知見 無助於佛法之信解行證
附論二：世間與出世間一切法皆從如來藏實際而生而顯
余正偉老師著　俟正覺電子報連載後結集出版　回郵未定
52.**假鋒虛焰金剛乘**—揭示顯密正理，兼破索達吉師徒《般若鋒兮金剛焰》。
釋正安 法師著　俟正覺電子報連載後結集出版

★ 上列贈書之郵資，係台灣本島地區郵資，大陸、港、澳地區及外國地區，請另計酌增（大陸、港、澳、國外地區之郵票不許通用）。尚未出版之書，請勿先寄來郵資，以免增加作業煩擾。

★ 本目錄若有變動，唯於後印之書籍及「成佛之道」網站上修正公佈之，不另行個別通知。

函索書籍請寄：佛教正覺同修會　103 台北市承德路 3 段 277 號 9 樓
台灣地區函索書籍者請附寄郵票，無時間購買郵票者可以等值現金抵用，但不接受郵政劃撥、支票、匯票。大陸地區得以人民幣計算，國外地區請以美元計算（請勿寄來當地郵票，在台灣地區不能使用）。欲以掛號寄遞者，請另附掛號郵資。

親自索閱：正覺同修會各共修處。　★請於共修時間前往取書，餘時無人在道場，請勿前往索取；共修時間與地點，詳見書末正覺同修會共修現況表（以近期之共修現況表為準）。

註：正智出版社發售之局版書，請向各大書局購閱。若書局之書架上已經售出而無陳列者，請向書局櫃台指定洽購；若書局不便代購者，請於正覺同修會共修時間前往各共修處請購，正智出版社已派人於共修時間送書前往各共修處流通。 郵政劃撥購書及 大陸地區 購書，請詳別頁正智出版社發售書籍目錄最後頁之說明。

成佛之道 網站：http://www.a202.idv.tw　正覺同修會已出版之結緣書籍，多已登載於 成佛之道 網站，若住外國、或住處遙遠，不便取得正覺同修會贈閱書籍者，可以從本網站閱讀及下載。　書局版之《宗通與說通》亦已上網，台灣讀者可向書局洽購，售價 300 元。《狂密與眞密》第一輯~第四輯，亦於 2003.5.1.全部於本網站登載完畢；台灣地區讀者請向書局洽購，每輯約 400 頁，售價 300 元（網站下載紙張費用較貴，容易散失，難以保存，亦較不精美）。

＊＊假藏傳佛教修雙身法，非佛教＊＊

正智出版社 籌募弘法基金發售書籍目錄　2016/11/11

1.**宗門正眼**—公案拈提 第一輯 重拈　平實導師著　500 元
因重寫內容大幅度增加故，字體必須改小，並增爲 576 頁 主文 546 頁。比初版更精彩、更有內容。初版《禪門摩尼寶聚》之讀者，可寄回本公司免費調換新版書。免附回郵，亦無截止期限。（2007 年起，每冊附贈本公司精製公案拈提〈超意境〉CD 一片。市售價格 280 元，多購多贈。）
2.**禪淨圓融**　平實導師著　200 元（第一版舊書可換新版書。）
3.**真實如來藏**　平實導師著　400 元
4.**禪—悟前與悟後**　平實導師著　上、下冊，每冊 250 元
5.**宗門法眼**—公案拈提 第二輯　平實導師著　500 元
（2007 年起，每冊附贈本公司精製公案拈提〈超意境〉CD 一片）
6.**楞伽經詳解**　平實導師著　全套共 10 輯　每輯 250 元
7.**宗門道眼**—公案拈提 第三輯　平實導師著　500 元
（2007 年起，每冊附贈本公司精製公案拈提〈超意境〉CD 一片）
8.**宗門血脈**—公案拈提 第四輯　平實導師著　500 元
（2007 年起，每冊附贈本公司精製公案拈提〈超意境〉CD 一片）
9.**宗通與說通**—成佛之道 平實導師著 主文 381 頁 全書 400 頁售價 300 元
10.**宗門正道**—公案拈提 第五輯　平實導師著　500 元
（2007 年起，每冊附贈本公司精製公案拈提〈超意境〉CD 一片）
11.**狂密與真密 一～四輯**　平實導師著　西藏密宗是人間最邪淫的宗教，本質不是佛教，只是披著佛教外衣的印度教性力派流毒的喇嘛教。此書中將西藏密宗密傳之男女雙身合修樂空雙運所有祕密與修法，毫無保留完全公開，並將全部喇嘛們所不知道的部分也一併公開。內容比大辣出版社喧騰一時的《西藏慾經》更詳細。並且函蓋藏密的所有祕密及其錯誤的中觀見、如來藏見……等，藏密的所有法義都在書中詳述、分析、辨正。
每輯主文三百餘頁　每輯全書約 400 頁　售價每輯 300 元
12.**宗門正義**—公案拈提 第六輯　平實導師著　500 元
（2007 年起，每冊附贈本公司精製公案拈提〈超意境〉CD 一片）
13.**心經密意**—心經與解脱道、佛菩提道、祖師公案之關係與密意　平實導師述　300 元
14.**宗門密意**—公案拈提 第七輯　平實導師著　500 元
（2007 年起，每冊附贈本公司精製公案拈提〈超意境〉CD 一片）
15.**淨土聖道**—兼評「選擇本願念佛」　正德老師著　200 元
16.**起信論講記**　平實導師述著　共六輯　每輯三百餘頁　售價各 250 元
17.**優婆塞戒經講記**　平實導師述著 共八輯 每輯三百餘頁 售價各 250 元
18.**真假活佛**—略論附佛外道盧勝彥之邪説（對前岳靈犀網站主張「盧勝彥是證悟者」之修正）　正犀居士（岳靈犀）著　流通價 140 元
19.**阿含正義**—唯識學探源　平實導師著　共七輯　每輯 300 元

20.**超意境** CD 以平實導師公案拈提書中超越意境之頌詞，加上曲風優美的旋律，錄成令人嚮往的超意境歌曲，其中包括正覺發願文及平實導師親自譜成的黃梅調歌曲一首。詞曲雋永，殊堪翫味，可供學禪者吟詠，有助於見道。內附設計精美的彩色小冊，解說每一首詞的背景本事。每片 280 元。【每購買公案拈提書籍一冊，即贈送一片。】

21.**菩薩底憂鬱** CD 將菩薩情懷及禪宗公案寫成新詞，並製作成超越意境的優美歌曲。 1.主題曲〈菩薩底憂鬱〉，描述地後菩薩能離三界生死而迴向繼續生在人間，但因尚未斷盡習氣種子而有極深沈之憂鬱，非三賢位菩薩及二乘聖者所知，此憂鬱在七地滿心位方才斷盡；本曲之詞中所說義理極深，昔來所未曾見；此曲係以優美的情歌風格寫詞及作曲，聞者得以激發嚮往諸地菩薩境界之大心，詞、曲都非常優美，難得一見；其中勝妙義理之解說，已印在附贈之彩色小冊中。 2.以各輯公案拈提中直示禪門入處之頌文，作成各種不同曲風之超意境歌曲，值得玩味、參究；聆聽公案拈提之優美歌曲時，請同時閱讀內附之印刷精美說明小冊，可以領會超越三界的證悟境界；未悟者可以因此引發求悟之意向及疑情，眞發菩提心而邁向求悟之途，乃至因此眞實悟入般若，成眞菩薩。 3.正覺總持咒新曲，總持佛法大意；總持咒之義理，已加以解說並印在隨附之小冊中。本 CD 共有十首歌曲，長達 63 分鐘。每盒各附贈二張購書優惠券。每片 280 元。

22.**禪意無限** CD 平實導師以公案拈提書中偈頌寫成不同風格曲子，與他人所寫不同風格曲子共同錄製出版，幫助參禪人進入禪門超越意識之境界。盒中附贈彩色印製的精美解說小冊，以供聆聽時閱讀，令參禪人得以發起參禪之疑情，即有機會證悟本來面目而發起實相智慧，實證大乘菩提般若，能如實證知般若經中的眞實意。本 CD 共有十首歌曲，長達 69 分鐘，每盒各附贈二張購書優惠券。每片 280 元。

23.**我的菩提路**第一輯　釋悟圓、釋善藏等人合著　售價 300 元

24.**我的菩提路**第二輯　郭正益、張志成等人合著　售價 300 元

25.**鈍鳥與靈龜**—考證後代凡夫對大慧宗杲禪師的無根誹謗。

平實導師著　共 458 頁　售價 350 元

26.**維摩詰經講記**　平實導師述　共六輯　每輯三百餘頁　售價各 250 元

27.**真假外道**—破劉東亮、杜大威、釋證嚴常見外道見　正光老師著　200 元

28.**勝鬘經講記**—兼論印順《勝鬘經講記》對於《勝鬘經》之誤解。

平實導師述　共六輯　每輯三百餘頁　售價250 元

29.**楞嚴經講記**　平實導師述　共 **15** 輯，每輯三百餘頁　售價 300 元

30.**明心與眼見佛性**—駁慧廣〈蕭氏「眼見佛性」與「明心」之非〉文中謬說

正光老師著　共 448 頁　售價 300 元

31.**見性與看話頭**　黃正倖老師 著，本書是禪宗參禪的方法論。

內文 375 頁，全書 416 頁，售價 300 元。

32.**達賴真面目**—玩盡天下女人 白正偉老師 等著 中英對照彩色精裝大本 800 元

33.**喇嘛性世界**—揭開假藏傳佛教譚崔瑜伽的面紗　張善思 等人著　200 元
34.**假藏傳佛教的神話**—性、謊言、喇嘛教　正玄教授編著　200 元
35.**金剛經宗通**　平實導師述　共九輯　每輯售價 250 元。
36.**空行母**—性別、身分定位，以及藏傳佛教。
珍妮・坎貝爾著 呂艾倫 中譯 售價 250 元
37.**末代達賴**—性交教主的悲歌　張善思、呂艾倫、辛燕編著 售價 250 元
38.**霧峰無霧**—給哥哥的信　辨正釋印順對佛法的無量誤解
游宗明 老師著　售價 250 元
39.**第七意識與第八意識？**—穿越時空「超意識」
平實導師述　每冊 300 元
40.**黯淡的達賴**—失去光彩的諾貝爾和平獎
正覺教育基金會編著　每冊 250 元
41.**童女迦葉考**—論呂凱文〈佛教輪迴思想的論述分析〉之謬。
平實導師 著 定價 180 元
42.**人間佛教**—實證者必定不悖三乘菩提
平實導師 述，定價 400 元
43.**實相經宗通**　平實導師述　共八輯　每輯 250 元
44.**真心告訴您(一)**—達賴喇嘛在幹什麼？
正覺教育基金會編著　售價 250 元
45.**中觀金鑑**—詳述應成派中觀的起源與其破法本質
孫正德老師著　分爲上、中、下三冊，每冊 250 元
46.**佛法入門**—迅速進入三乘佛法大門，消除久學佛法漫無方向之窘境。
○○居士著　將於正覺電子報連載後出版。售價 250 元
47.**藏傳佛教要義**—《狂密與真密》之簡體字版　平實導師 著 上、下冊
僅在大陸流通　每冊 300 元
48.**法華經講義**　平實導師述　共二十五輯　每輯 300 元
已於 2015/05/31 起開始出版，每二個月出版一輯
49.**西藏「活佛轉世」制度**—附佛、造神、世俗法
許正豐、張正玄老師合著　定價 150 元
50.**廣論三部曲**　郭正益老師著　定價 150 元
51.**真心告訴您(二)**—達賴喇嘛是佛教僧侶嗎？
—補祝達賴喇嘛八十大壽
正覺教育基金會編著　售價 300 元
52.**廣論之平議**—宗喀巴《菩提道次第廣論》之平議　正雄居士著
約二或三輯　俟正覺電子報連載後結集出版　書價未定
53.**末法導護**—對印順法師中心思想之綜合判攝　正慶老師著　書價未定
54.**菩薩學處**—菩薩四攝六度之要義　陸正元老師著　出版日期未定。
55.**八識規矩頌**詳解　○○居士 註解　出版日期另訂　書價未定。
56.**印度佛教史**—法義與考證。依法義史實評論印順《印度佛教思想史、佛教史地考論》之謬說　正偉老師著　出版日期未定　書價未定

57.**中國佛教史**—依中國佛教正法史實而論。 ○○老師 著　書價未定。

58.**中論正義**—釋龍樹菩薩《中論》頌正理。

孫正德老師著　出版日期未定　書價未定

59.**中觀正義**—註解平實導師《中論正義頌》。

○○法師（居士）著　出版日期未定　書價未定

60.**佛藏經講記**　平實導師述　出版日期未定　書價未定

61.**阿含經講記**—將選錄四阿含中數部重要經典全經講解之，講後整理出版。

平實導師述　約二輯　每輯300元　出版日期未定

62.**寶積經講記**　平實導師述　每輯三百餘頁 優惠價300元 出版日期未定

63.**解深密經講記**　平實導師述 約四輯　將於重講後整理出版

64.**成唯識論略解**　平實導師著　五～六輯　每輯300元　出版日期未定

65.**修習止觀坐禪法要講記**　平實導師述　每輯三百餘頁

將於正覺寺建成後重講、以講記逐輯出版　出版日期未定

66.**無門關**—《無門關》公案拈提　平實導師著　出版日期未定

67.**中觀再論**—兼述印順《中觀今論》謬誤之平議。正光老師著 出版日期未定

68.**輪迴與超度**—佛教超度法會之真義。

○○法師（居士）著　出版日期未定　書價未定

69.**《釋摩訶衍論》平議**—對偽稱龍樹所造《釋摩訶衍論》之平議

○○法師（居士）著　出版日期未定　書價未定

70.**正覺發願文**註解—以真實大願為因 得證菩提

正德老師著　出版日期未定　書價未定

71.**正覺總持咒**—佛法之總持　正圜老師著　出版日期未定　書價未定

72.**涅槃**—論四種涅槃　平實導師著　出版日期未定　書價未定

73.**三自性**—依四食、五蘊、十二因緣、十八界法，說三性三無性。

作者未定　出版日期未定

74.**道品**—從三自性說大小乘三十七道品　作者未定　出版日期未定

75.**大乘緣起觀**—依四聖諦七真如現觀十二緣起 作者未定　出版日期未定

76.**三德**—論解脫德、法身德、般若德。　作者未定　出版日期未定

77.**真假如來藏**—對印順《如來藏之研究》謬說之平議　作者未定 出版日期未定

78.**大乘道次第**　作者未定　出版日期未定　書價未定

79.**四緣**—依如來藏故有四緣。　作者未定　出版日期未定

80.**空之探究**—印順《空之探究》謬誤之平議　作者未定 出版日期未定

81.**十法義**—論阿含經中十法之正義　作者未定　出版日期未定

82.**外道見**—論述外道六十二見　作者未定　出版日期未定

正智出版社有限公司 書籍介紹

禪淨圓融：言淨土諸祖所未曾言，示諸宗祖師所未曾示；禪淨圓融，另闢成佛捷徑，兼顧自力他力，闡釋淨土門之速行易行道，亦同時揭櫫聖教門之速行易行道；令廣大淨土行者得免緩行難證之苦，亦令聖道門行者得以藉著淨土速行道而加快成佛之時劫。乃前無古人之超勝見地，非一般弘揚禪淨法門典籍也，先讀為快。平實導師著 200元。

宗門正眼—公案拈提第一輯：繼承克勤圜悟大師碧巖錄宗旨之禪門鉅作。先則舉示當代大法師之邪說，消弭當代禪門大師鄉愿之心態，摧破當今禪門「世俗禪」之妄談；次則旁通教法，表顯宗門正理；繼以道之次第，消弭古今狂禪；後藉言語及文字機鋒，直示宗門入處。悲智雙運，禪味十足，數百年來難得一睹之禪門鉅著也。平實導師著　500元（原初版書《禪門摩尼寶聚》，改版後補充為五百餘頁新書，總計多達二十四萬字，內容更精彩，並改名為《宗門正眼》，讀者原購初版《禪門摩尼寶聚》皆可寄回本公司免費換新，免附回郵，亦無截止期限）（2007年起，凡購買公案拈提第一輯至第七輯，每購一輯皆贈送本公司精製公案拈提〈超意境〉CD一片，市售價格280元，多購多贈）。

禪—悟前與悟後：本書能建立學人悟道之信心與正確知見，圓滿具足而有次第地詳述禪悟之功夫與禪悟之內容，指陳參禪中細微淆訛之處，能使學人明自真心、見自本性。若未能悟入，亦能以正確知見辨別古今中外一切大師究係真悟？或屬錯悟？便有能力揀擇，捨名師而選明師，後時必有悟道之緣。一旦悟道，遲者七次人天往返，便出三界，速者一生取辦。學人欲求開悟者，不可不讀。　平實導師著。上、下冊共500元，單冊250元。

真實如來藏：如來藏眞實存在，乃宇宙萬有之本體，並非印順法師、達賴喇嘛等人所說之「唯有名相、無此心體」。如來藏是涅槃之本際，是一切有智之人竭盡心智、不斷探索而不能得之生命實相；是古今中外許多大師自以爲悟而當面錯過之生命實相。如來藏即是阿賴耶識，乃是一切有情本自具足、不生不滅之眞實心。當代中外大師於此書出版之前所未能言者，作者於本書中盡情流露、詳細闡釋。眞悟者讀之，必能增益悟境、智慧增上；錯悟者讀之，必能檢討自己之錯誤，免犯大妄語業；未悟者讀之，能知參禪之理路，亦能以之檢查一切名師是否眞悟。此書是一切哲學家、宗教家、學佛者及欲昇華心智之人必讀之鉅著。　平實導師著　售價400元。

宗門法眼—公案拈提第二輯：列舉實例，闡釋土城廣欽老和尚之悟處；並直示這位不識字的老和尚妙智橫生之根由，繼而剖析禪宗歷代大德之開悟公案，解析當代密宗高僧卡盧仁波切之錯悟證據，並例舉當代顯宗高僧、大居士之錯悟證據（凡健在者，爲免影響其名聞利養，皆隱其名）。藉辨正當代名師之邪見，向廣大佛子指陳禪悟之正道，彰顯宗門法眼。悲勇兼出，強捋虎鬚；慈智雙運，巧探驪龍；摩尼寶珠在手，直示宗門入處，禪味十足；若非大悟徹底，不能爲之。禪門精奇人物，允宜人手一冊，供作參究及悟後印證之圭臬。本書於2008年4月改版，增寫爲大約500頁篇幅，以利學人研讀參究時更易悟入宗門正法，以前所購初版首刷及初版二刷舊書，皆可免費換取新書。平實導師著　500元（2007年起，凡購買公案拈提第一輯至第七輯，每購一輯皆贈送本公司精製公案拈提〈超意境〉CD一片，市售價格280元，多購多贈）。

宗門道眼—公案拈提第三輯：繼宗門法眼之後，再以金剛之作略、慈悲之胸懷、犀利之筆觸，舉示寒山、拾得、布袋三大士之悟處，消弭當代錯悟者對於寒山大士……等之誤會及誹謗。　亦舉出民初以來與虛雲和尚齊名之蜀郡鹽亭袁煥仙夫子——南懷瑾老師之師，其「悟處」何在？並蒐羅許多眞悟祖師之證悟公案，顯示禪宗歷代祖師之睿智，指陳部分祖師、奧修及當代顯密大師之謬悟，作爲殷鑑，幫助禪子建立及修正參禪之方向及知見。假使讀者閱此書已，一時尚未能悟，亦可一面加功用行，一面以此宗門道眼辨別眞假善知識，避開錯誤之印證及歧路，可免大妄語業之長劫慘痛果報。欲修禪宗之禪者，務請細讀。平實導師著　售價500元（2007年起，凡購買公案拈提第一輯至第七輯，每購一輯皆贈送本公司精製公案拈提〈超意境〉CD一片，市售價格280元，多購多贈）。

楞伽經詳解：本經是禪宗見道者印證所悟眞僞之根本經典，亦是禪宗見道者悟後起修之依據經典；故達摩祖師於印證二祖慧可大師之後，將此經典連同佛缽祖衣一併交付二祖，令其依此經典佛示金言、進入修道位，修學一切種智。由此可知此經對於眞悟之人修學佛道，是非常重要之一部經典。此經能破外道邪說，亦破佛門中錯悟名師之謬說，亦破禪宗部分祖師之狂禪：不讀經典、一向主張「一悟即成究竟佛」之謬執。並開示愚夫所行禪、觀察義禪、攀緣如禪、如來禪等差別，令行者對於三乘禪法差異有所分辨；亦糾正禪宗祖師古來對於如來禪之誤解，嗣後可免以訛傳訛之弊。此經亦是法相唯識宗之根本經典，禪者悟後欲修一切種智而入初地者，必須詳讀。平實導師著，全套共十輯，已全部出版完畢，每輯主文約320頁，每冊約352頁，定價250元。

宗門血脈——公案拈提第四輯：末法怪象——許多修行人自以爲悟，每將無念靈知認作眞實；崇尚二乘法諸師及其徒衆，則將外於如來藏之緣起性空——無因論之無常空、斷滅空、一切法空——錯認爲 佛所說之般若空性。這兩種現象已於當今海峽兩岸及美加地區顯密大師之中普遍存在；人人自以爲悟，心高氣壯，便敢寫書解釋祖師證悟之公案，大多出於意識思惟所得，言不及義，錯誤百出，因此誤導廣大佛子同陷大妄語之地獄業中而不能自知。彼等書中所說之悟處，其實處處違背第一義經典之聖言量。彼等諸人不論是否身披袈裟，都非佛法宗門血脈，或雖有禪宗法脈之傳承，亦只徒具形式；猶如螟蛉，非眞血脈，未悟得根本眞實故。禪子欲知 佛、祖之眞血脈者，請讀此書，便知分曉。平實導師著，主文452頁，全書464頁，定價500元（2007年起，凡購買公案拈提第一輯至第七輯，每購一輯皆贈送本公司精製公案拈提〈超意境〉CD一片，市售價格280元，多購多贈）。

宗通與說通：古今中外，錯誤之人如麻似粟，每以常見外道所說之靈知心，認作眞心；或妄想虛空之勝性能量爲眞如，或錯認物質四大元素藉冥性（靈知心本體）能成就吾人色身及知覺，或認初禪至四禪中之了知心爲不生不滅之涅槃心。此等皆非通宗者之見地。復有錯悟之人一向主張「宗門與教門不相干」，此即尚未通達宗門之人也。其實宗門與教門互通不二，宗門所證者乃是眞如與佛性，教門所說者乃說宗門證悟之眞如佛性，故教門與宗門不二。本書作者以宗教二門互通之見地，細說「宗通與說通」，從初見道至悟後起修之道、細說分明；並將諸宗諸派在整體佛教中之地位與次第，加以明確之教判，學人讀之即可了知佛法之梗概也。欲擇明師學法之前，允宜先讀。平實導師著，主文共381頁，全書392頁，只售成本價300元。

宗門正道—公案拈提第五輯：修學大乘佛法有二果須證—解脫果及大菩提果。二乘人不證大菩提果，唯證解脫果；此果之智慧，名為聲聞菩提、緣覺菩提。大乘佛子所證二果之菩提果為佛菩提，故名大菩提果，其慧名為一切種智—函蓋二乘解脫果。然此大乘二果修證，須經由禪宗之宗門證悟方能相應。而宗門證悟極難，自古已然；其所以難者，咎在古今佛教界普遍存在三種邪見：1.以修定認作佛法，2.以無因論之緣起性空—否定涅槃本際如來藏以後之一切法空作為佛法，3.以常見外道邪見（離語言妄念之靈知性）作為佛法。如是邪見，或因自身正見未立所致，或因邪師之邪教導所致，或因無始劫來虛妄熏習所致。若不破除此三種邪見，永劫不悟宗門真義、不入大乘正道，唯能外門廣修菩薩行。平實導師於此書中，有極為詳細之說明，有志佛子欲摧邪見、入於內門修菩薩行者，當閱此書。主文共496頁，全書512頁。售價500元（2007年起，凡購買公案拈提第一輯至第七輯，每購一輯皆贈送本公司精製公案拈提〈超意境〉CD一片，市售價格280元，多購多贈）。

狂密與真密：密教之修學，皆由有相之觀行法門而入，其最終目標仍不離顯教經典所說第一義諦之修證；若離顯教第一義經典、或違背顯教第一義經典，即非佛教。西藏密教之觀行法，如灌頂、觀想、遷識法、寶瓶氣、大聖歡喜雙身修法、喜金剛、無上瑜伽、大樂光明、樂空雙運等，皆是印度教兩性生生不息思想之轉化，自始至終皆以如何能運用交合淫樂之法達到全身受樂為其中心思想，純屬欲界五欲的貪愛，不能令人超出欲界輪迴，更不能令人斷除我見；何況大乘之明心與見性，更無論矣！故密宗之法絕非佛法也。而其明光大手印、大圓滿法教，又皆同以常見外道所說離語言妄念之無念靈知心錯認為佛地之真如，不能直指不生不滅之真如。西藏密宗所有法王與徒眾，都尚未開頂門眼，不能辨別真偽，以依人不依法、依密續不依經典故，不肯將其上師喇嘛所說對照第一義經典，純依密續之藏密祖師所說為準，因此而誇大其證德與證量，動輒謂彼祖師上師為究竟佛、為地上菩薩；如今台海兩岸亦有自謂其師證量高於　釋迦文佛者，然觀其師所述，猶未見道，仍在觀行即佛階段，尚未到禪宗相似即佛、分證即佛階位，竟敢標榜為究竟佛及地上法王，誑惑初機學人。凡此怪象皆是狂密，不同於真密之修行者。近年狂密盛行，密宗行者被誤導者極眾，動輒自謂已證佛地真如，自視為究竟佛，陷於大妄語業中而不知自省，反謗顯宗真修實證者之證量粗淺；或如義雲高與釋性圓…等人，於報紙上公然誹謗真實證道者為「騙子、無道人、人妖、癩蛤蟆…」等，造下誹謗大乘勝義僧之大惡業；或以外道法中有為有作之甘露、魔術……等法，誑騙初機學人，狂言彼外道法為真佛法。如是怪象，在西藏密宗及附藏密之外道中，不一而足，舉之不盡，學人宜應慎思明辨，以免上當後又犯毀破菩薩戒之重罪。密宗學人若欲遠離邪知邪見者，請閱此書，即能了知密宗之邪謬，從此遠離邪見與邪修，轉入真正之佛道。平實導師著 共四輯 每輯約400頁（主文約340頁）每輯售價300元。

宗門正義—公案拈提第六輯：佛教有六大危機，乃是藏密化、世俗化、膚淺化、學術化、宗門密意失傳、悟後進修諸地之次第混淆；其中尤以宗門密意之失傳，爲當代佛教最大之危機。由宗門密意失傳故，易令 世尊本懷普被錯解，易令 世尊正法被轉易爲外道法，以及加以淺化、世俗化，是故宗門密意之廣泛弘傳與具緣佛弟子，極爲重要。然而欲令宗門密意之廣泛弘傳予具緣之佛弟子者，必須同時配合錯誤知見之解析、普令佛弟子知之，然後輔以公案解析之直示入處，方能令具緣之佛弟子悟入。而此二者，皆須以公案拈提之方式爲之，方易成其功、竟其業，是故平實導師續作宗門正義一書，以利學人。 全書500餘頁，售價500元（2007年起，凡購買公案拈提第一輯至第七輯，每購一輯皆贈送本公司精製公案拈提〈超意境〉CD一片，市售價格280元，多購多贈）。

心經密意—心經與解脫道、佛菩提道、祖師公案之關係與密意。 二乘菩提所證之解脫道，實依第八識心之斷除煩惱障現行而立解脫之名；大乘菩提所證之佛菩提道，實依親證第八識如來藏之涅槃性、清淨自性、及其中道性而立般若之名；禪宗祖師公案所證之眞心，即是此第八識如來藏；是故三乘佛法所修所證之三乘菩提，皆依此如來藏心而立名也。此第八識心，即是《心經》所說之心也。證得此如來藏已，即能漸入大乘佛菩提道，亦可因證知此心而了知二乘無學所不能知之無餘涅槃本際，是故《心經》之密意，與三乘佛菩提之關係極爲密切、不可分割，三乘佛法皆依此心而立名故。今者平實導師以其所證解脫道之無生智及佛菩提之般若種智，將《心經》與解脫道、佛菩提道、祖師公案之關係與密意，以演講之方式，用淺顯之語句和盤托出，發前人所未言，呈三乘菩提之眞義，令人藉此《心經密意》一舉而窺三乘菩提之堂奧，迴異諸方言不及義之說；欲求眞實佛智者、不可不讀！ 主文317頁，連同跋文及序文…等共384頁，售價300元。

宗門密意—公案拈提第七輯：佛教之世俗化，將導致學人以信仰作爲學佛，則將以感應及世間法之庇祐，作爲學佛之主要目標，不能了知學佛之主要目標爲親證三乘菩提。大乘菩提則以般若實相智慧爲主要修習目標，以二乘菩提解脫道爲附帶修習之標的；是故學習大乘法者，應以禪宗之證悟爲要務，能親入大乘菩提之實相般若智慧中故，般若實相智慧非二乘聖人所能知故。此書則以台灣世俗化佛教之三大法師，說法似是而非之實例，配合眞悟祖師之公案解析，提示證悟般若之關節，令學人易得悟入。平實導師著，全書五百餘頁，售價500元（2007年起，凡購買公案拈提第一輯至第七輯，每購一輯皆贈送本公司精製公案拈提〈超意境〉CD一片，市售價格280元，多購多贈）。

淨土聖道—兼評日本本願念佛：佛法甚深極廣，般若玄微，非諸二乘聖僧所能知之，一切凡夫更無論矣！所謂一切證量皆歸淨土是也！是故大乘法中「聖道之淨土、淨土之聖道」，其義甚深，難可了知；乃至眞悟之人，初心亦難知也。今有正德老師眞實證悟後，復能深探淨土與聖道之緊密關係，憐憫衆生之誤會淨土實義，亦欲利益廣大淨土行人同入聖道，同獲淨土中之聖道門要義，乃振奮心神、書以成文，今得刊行天下。主文279頁，連同序文等共301頁，總有十一萬六千餘字，正德老師著，成本價200元。

起信論講記：詳解大乘起信論心生滅門與心眞如門之眞實意旨，消除以往大師與學人對起信論所說心生滅門之誤解，由是而得了知眞心如來藏之非常非斷中道正理；亦因此一講解，令此論以往隱晦而被誤解之眞實義，得以如實顯示，令大乘佛菩提道之正理得以顯揚光大；初機學者亦可藉此正論所顯示之法義，對大乘法理生起正信，從此得以眞發菩提心，眞入大乘法中修學，世世常修菩薩正行。平實導師演述，共六輯，都已出版，每輯三百餘頁，售價各250元。

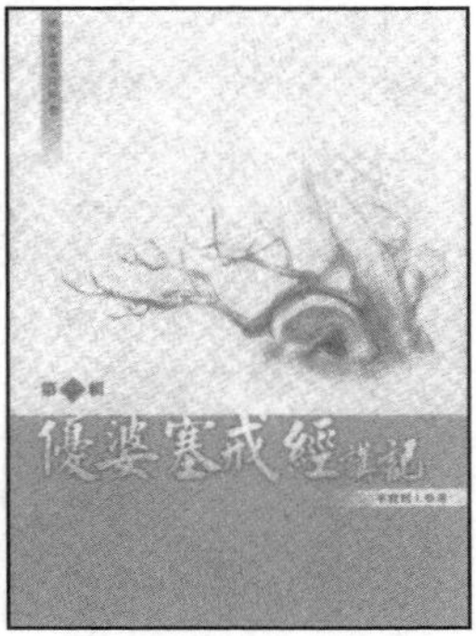

優婆塞戒經講記：本經詳述在家菩薩修學大乘佛法，應如何受持菩薩戒？對人間善行應如何看待？對三寶應如何護持？應如何正確地修集此世後世證法之福德？應如何修集後世「行菩薩道之資糧」？並詳述第一義諦之正義：五蘊非我非異我、自作自受、異作異受、不作不受……等深妙法義，乃是修學大乘佛法、行菩薩行之在家菩薩所應當了知者。出家菩薩今世或未來世登地已，捨報之後多數將如華嚴經中諸大菩薩，以在家菩薩身而修行菩薩行，故亦應以此經所述正理而修之，配合《楞伽經、解深密經、楞嚴經、華嚴經》等道次第正理，方得漸次成就佛道；故此經是一切大乘行者皆應證知之正法。 平實導師講述，每輯三百餘頁，售價各250元；共八輯，已全部出版。

真假活佛—略論附佛外道盧勝彥之邪說：人人身中都有眞活佛，永生不滅而有大神用，但衆生都不了知，所以常被身外的西藏密宗假活佛籠罩欺瞞。本來就眞實存在的眞活佛，才是眞正的密宗無上密！諾那活佛因此而說禪宗是大密宗，但藏密的所有活佛都不知道、也不曾實證自身中的眞活佛。本書詳實宣示眞活佛的道理，舉證盧勝彥的「佛法」不是眞佛法，也顯示盧勝彥是假活佛，直接的闡釋第一義佛法見道的眞實正理。眞佛宗的所有上師與學人們，都應該詳細閱讀，包括盧勝彥個人在內。正犀居士著，優惠價140元。

阿含正義—唯識學探源：廣說四大部《阿含經》諸經中隱說之眞正義理，一一舉示佛陀本懷，令阿含時期初轉法輪根本經典之眞義，如實顯現於佛子眼前。並提示末法大師對於阿含眞義誤解之實例，一一比對之，證實唯識增上慧學確於原始佛法之阿含諸經中已隱覆密意而略說之，證實 世尊確於原始佛法中已曾密意而說第八識如來藏之總相；亦證實 世尊在四阿含中已說此藏識是名色十八界之因、之本—證明如來藏是能生萬法之根本心。佛子可據此修正以往受諸大師（譬如西藏密宗應成派中觀師：印順、昭慧、性廣、大願、達賴、宗喀巴、寂天、月稱、……等人）誤導之邪見，建立正見，轉入正道乃至親證初果而無困難；書中並詳說三果所證的心解脫，以及四果慧解脫的親證，都是如實可行的具體知見與行門。全書共七輯，已出版完畢。平實導師著，每輯三百餘頁，售價300元。

超意境CD：以平實導師公案拈提書中超越意境之頌詞，加上曲風優美的旋律，錄成令人嚮往的超意境歌曲，其中包括正覺發願文及平實導師親自譜成的黃梅調歌曲一首。詞曲雋永，殊堪翫味，可供學禪者吟詠，有助於見道。內附設計精美的彩色小冊，解說每一首詞的背景本事。每片280元。【每購買公案拈提書籍一冊，即贈送一片。】

我的菩提路第一輯：凡夫及二乘聖人不能實證的佛菩提證悟，末法時代的今天仍然有人能得實證，由正覺同修會釋悟圓、釋善藏法師等二十餘位實證如來藏者所寫的見道報告，已為當代學人見證宗門正法之絲縷不絕，證明大乘義學的法脈仍然存在，為末法時代求悟般若之學人照耀出光明的坦途。由二十餘位大乘見道者所繕，敘述各種不同的學法、見道因緣與過程，參禪求悟者必讀。全書三百餘頁，售價300元。

我的菩提路第二輯：由郭正益老師等人合著，書中詳述彼等諸人歷經各處道場學法，一一修學而加以檢擇之不同過程以後，因閱讀正覺同修會、正智出版社書籍而發起抉擇分，轉入正覺同修會中修學；乃至學法及見道之過程，都一一詳述之。其中張志成等人係由前現代禪轉進正覺同修會，張志成原為現代禪副宗長，以前未閱本會書籍時，曾被人藉其名義著文評論 平實導師（詳見《宗通與說通》辨正及《眼見佛性》書末附錄…等）；後因偶然接觸正覺同修會書籍，深覺以前聽人評論 平實導師之語不實，於是投入極多時間閱讀本會書籍、深入思辨，詳細探索中觀與唯識之關聯與異同，認為正覺之法義方是正法，深覺相應；亦解開多年來對佛法的迷雲，確定應依八識論正理修學方是正法。乃不顧面子，毅然前往正覺同修會面見 平實導師懺悔，並正式學法求悟。今已與其同修王美伶（亦為前現代禪傳法老師），同樣證悟如來藏而證得法界實相，生起實相般若真智。此書中尚有七年來本會第一位眼見佛性者之見性報告一篇，一同供養大乘佛弟子。全書四百頁，售價300元。

鈍鳥與靈龜：鈍鳥及靈龜二物，被宗門證悟者說為二種人：前者是精修禪定而無智慧者，也是以定為禪的愚癡禪人；後者是或有禪定、或無禪定的宗門證悟者，凡已證悟者皆是靈龜。但後來被人虛造事實，用以嘲笑大慧宗杲禪師，說他雖是靈龜，卻不免被天童禪師預記「患背」痛苦而亡：「鈍鳥離巢易，靈龜脫殼難。」藉以貶低大慧宗杲的證量。同時將天童禪師實證如來藏的證量，曲解為意識境界的離念靈知。自從大慧禪師入滅以後，錯悟凡夫對他的不實毀謗就一直存在著，不曾止息，並且捏造的假事實也隨著年月的增加而越來越多，終至編成「鈍鳥與靈龜」的假公案、假故事。本書是考證大慧與天童之間的不朽情誼，顯現這件假公案的虛妄不實；更見大慧宗杲面對惡勢力時的正直不阿，亦顯示大慧對天童禪師的至情深義，將使後人對大慧宗杲的誣謗至此而止，不再有人誤犯毀謗賢聖的惡業。書中亦舉證宗門的所悟確以第八識如來藏為標的，詳讀之後必可改正以前被錯悟大師誤導的參禪知見，日後必定有助於實證禪宗的開悟境界，得階大乘真見道位中，即是實證般若之賢聖。全書459頁，售價350元。

維摩詰經講記：本經係　世尊在世時，由等覺菩薩維摩詰居士藉疾病而演說之大乘菩提無上妙義，所說函蓋甚廣，然極簡略，是故今時諸方大師與學人讀之悉皆錯解，何況能知其中隱含之深妙正義，是故普遍無法爲人解說；若強爲人說，則成依文解義而有諸多過失。今由平實導師公開宣講之後，詳實解釋其中密意，令維摩詰菩薩所說大乘不可思議解脫之深妙正法得以正確宣流於人間，利益當代學人及與諸方大師。書中詳實演述大乘佛法深妙不共二乘之智慧境界，顯示諸法之中絕待之實相境界，建立大乘菩薩妙道於永遠不敗不壞之地，以此成就護法偉功，欲冀永利娑婆人天。已經宣講圓滿整理成書流通，以利諸方大師及諸學人。全書共六輯，每輯三百餘頁，售價各250元。

真假外道：本書具體舉證佛門中的常見外道知見實例，並加以教證及理證上的辨正，幫助讀者輕鬆而快速的了知常見外道的錯誤知見，進而遠離佛門內外的常見外道知見，因此即能改正修學方向而快速實證佛法。　游正光老師著　。成本價200元。

勝鬘經講記：如來藏爲三乘菩提之所依，若離如來藏心體及其含藏之一切種子，即無三界有情及一切世間法，亦無二乘菩提緣起性空之出世間法；本經詳說無始無明、一念無明皆依如來藏而有之正理，藉著詳解煩惱障與所知障間之關係，令學人深入了知二乘菩提與佛菩提相異之妙理；聞後即可了知佛菩提之特勝處及三乘修道之方向與原理，邁向攝受正法而速成佛道的境界中。平實導師講述，共六輯，每輯三百餘頁，售價各250元。

楞嚴經講記：楞嚴經係密教部之重要經典，亦是顯教中普受重視之經典；經中宣說明心與見性之內涵極爲詳細，將一切法都會歸如來藏及佛性—妙眞如性；亦闡釋佛菩提道修學過程中之種種魔境，以及外道誤會涅槃之狀況，旁及三界世間之起源。然因言句深澀難解，法義亦復深妙寬廣，學人讀之普難通達，是故讀者大多誤會，不能如實理解佛所說之明心與見性內涵，亦因是故多有悟錯之人引爲開悟之證言，成就大妄語罪。今由平實導師詳細講解之後，整理成文，以易讀易懂之語體文刊行天下，以利學人。全書十五輯，全部出版完畢。每輯三百餘頁，售價每輯300元。

明心與眼見佛性：本書細述明心與眼見佛性之異同，同時顯示了中國禪宗破初參明心與重關眼見佛性二關之間的關聯；書中又藉法義辨正而旁述其他許多勝妙法義，讀後必能遠離佛門長久以來積非成是的錯誤知見，令讀者在佛法的實證上有極大助益。也藉慧廣法師的謬論來教導佛門學人回歸正知正見，遠離古今禪門錯悟者所墮的意識境界，非唯有助於斷我見，也對未來的開悟明心實證第八識如來藏有所助益，是故學禪者都應細讀之。游正光老師著　共448頁　售價300元。

菩薩底憂鬱CD：將菩薩情懷及禪宗公案寫成新詞，並製作成超越意境的優美歌曲。　1.主題曲〈菩薩底憂鬱〉，描述地後菩薩能離三界生死而迴向繼續生在人間，但因尚未斷盡習氣種子而有極深沈之憂鬱，非三賢位菩薩及二乘聖者所知，此憂鬱在七地滿心位方才斷盡；本曲之詞中所說義理極深，昔來所未曾見；此曲係以優美的情歌風格寫詞及作曲，聞者得以激發嚮往諸地菩薩境界之大心，詞、曲都非常優美，難得一見；其中勝妙義理之解說，已印在附贈之彩色小冊中。　2.以各輯公案拈提中直示禪門入處之頌文，作成各種不同曲風之超意境歌曲，值得玩味、參究；聆聽公案拈提之優美歌曲時，請同時閱讀內附之印刷精美說明小冊，可以領會超越三界的證悟境界；未悟者可以因此引發求悟之意向及疑情，眞發菩提心而邁向求悟之途，乃至因此眞實悟入般若，成眞菩薩。　3.正覺總持咒新曲，總持佛法大意；總持咒之義理，已加以解說並印在隨附之小冊中。本CD共有十首歌曲，長達63分鐘，附贈二張購書優惠券。每片280元。

禪意無限CD：平實導師以公案拈提書中偈頌寫成不同風格曲子，與他人所寫不同風格曲子共同錄製出版，幫助參禪人進入禪門超越意識之境界。盒中附贈彩色印製的精美解說小冊，以供聆聽時閱讀，令參禪人得以發起參禪之疑情，即有機會證悟本來面目，實證大乘菩提般若。本CD共有十首歌曲，長達69分鐘，每盒各附贈二張購書優惠券。每片280元。

金剛經宗通：三界唯心，萬法唯識，是成佛之修證內容，是諸地菩薩之所修；般若則是成佛之道（實證三界唯心、萬法唯識）的入門，若未證悟實相般若，即無成佛之可能，必將永在外門廣行菩薩六度，永在凡夫位中。然而實相般若的發起，全賴實證萬法的實相；若欲證知萬法的眞相，則必須探究萬法之所從來，則須實證自心如來—金剛心如來藏，然後現觀這個金剛心的金剛性、眞實性、如如性、清淨性、涅槃性、能生萬法的自性性、本住性，名爲證眞如；進而現觀三界六道唯是此金剛心所成，人間萬法須藉八識心王和合運作方能現起。如是實證《華嚴經》的「三界唯心、萬法唯識」以後，由此等現觀而發起實相般若智慧，繼續進修第十住位的如幻觀、第十行位的陽焰觀、第十迴向位的如夢觀，再生起增上意樂而勇發十無盡願，方能滿足三賢位的實證，轉入初地；自知成佛之道而無偏倚，從此按部就班、次第進修乃至成佛。第八識自心如來是般若智慧之所依，般若智慧的修證則要從實證金剛心自心如來開始；《金剛經》則是解說自心如來之經典，是一切三賢位菩薩所應進修之實相般若經典。這一套書，是將平實導師宣講的《金剛經宗通》內容，整理成文字而流通之；書中所說義理，迴異古今諸家依文解義之說，指出大乘見道方向與理路，有益於禪宗學人求開悟見道，及轉入內門廣修六度萬行。講述完畢後結集出版，總共9輯，每輯約三百餘頁，售價各250元。

空行母—性別、身分定位，以及藏傳佛教：本書作者爲蘇格蘭哲學家，因爲嚮往佛教深妙的哲學內涵，於是進入當年盛行於歐美的假藏傳佛教密宗，擔任卡盧仁波切的翻譯工作多年以後，被邀請成爲卡盧的空行母（又名佛母、明妃），開始了她在密宗裡的實修過程；後來發覺在密宗雙身法中的修行，其實無法使自己成佛，也發覺密宗對女性岐視而處處貶抑，並剝奪女性在雙身法中擔任一半角色時應有的身分定位。當她發覺自己只是雙身法中被喇嘛利用的工具，沒有獲得絲毫應有的尊重與基本定位時，發現了密宗的父權社會控制女性的本質；於是作者傷心地離開了卡盧仁波切與密宗，但是卻被恐嚇不許講出她在密宗裡的經歷，也不許她說出自己對密宗的教義與教制下對女性剝削的本質，否則將被咒殺死亡。後來她去加拿大定居，十餘年後方才擺脫這個恐嚇陰影，下定決心將親身經歷的實情及觀察到的事實寫下來並且出版，公諸於世。出版之後，她被流亡的達賴集團人士大力攻訐，誣指她爲精神狀態失常、說謊……等。但有智之士並未被達賴集團的政治操作及各國政府政治運作吹捧達賴的表相所欺，使她的書銷售無阻而又再版。正智出版社鑑於作者此書是親身經歷的事實，所說具有針對「藏傳佛教」而作學術研究的價值，也有使人認清假藏傳佛教剝削佛母、明妃的男性本位實質，因此洽請作者同意中譯而出版於華人地區。珍妮·坎貝爾女士著，呂艾倫 中譯，每冊250元。

霧峰無霧—給哥哥的信　本書作者藉兄弟之間信件往來論義，略述佛法大義；並以多篇短文辨義，舉出釋印順對佛法的無量誤解證據，並一一給予簡單而清晰的辨正，令人一讀即知。久讀、多讀之後即能認清楚釋印順的六識論見解，與眞實佛法之牴觸是多麼嚴重；於是在久讀、多讀之後，於不知不覺之間提升了對佛法的極深入理解，正知正見就在不知不覺間建立起來了。當三乘佛法的正知見建立起來之後，對於三乘菩提的見道條件便將隨之具足，於是聲聞解脫道的見道也就水到渠成；接著大乘見道的因緣也將次第成熟，未來自然也會有親見大乘菩提之道的因緣，悟入大乘實相般若也將自然成功，自能通達般若系列諸經而成實義菩薩。作者居住於南投縣霧峰鄉，自喻見道之後不復再見霧峰之霧，故鄉原野美景一一明見，於是立此書名爲《霧峰無霧》；讀者若欲撥霧見月，可以此書爲緣。游宗明 老師著　售價250元。

假藏傳佛教的神話—性、謊言、喇嘛教：本書編著者是由一首名叫「阿姊鼓」的歌曲爲緣起，展開了序幕，揭開假藏傳佛教—喇嘛教—的神秘面紗。其重點是蒐集、摘錄網路上質疑「喇嘛教」的帖子，以揭穿「假藏傳佛教的神話」爲主題，串聯成書，並附加彩色插圖以及說明，讓讀者們瞭解西藏密宗及相關人事如何被操作爲「神話」的過程，以及神話背後的眞相。作者：張正玄教授。售價200元。

達賴真面目—玩盡天下女人：假使您不想戴綠帽子，請記得詳細閱讀此書；假使您不想讓好朋友戴綠帽子，請您將此書介紹給您的好朋友。假使您想保護家中的女性，也想要保護好朋友的女眷，請記得將此書送給家中的女性和好友的女眷都來閱讀。本書爲印刷精美的大本彩色中英對照精裝本，爲您揭開達賴喇嘛的眞面目，內容精彩不容錯過，爲利益社會大眾，特別以優惠價格嘉惠所有讀者。編著者：白志偉等。大開版雪銅紙彩色精裝本。售價800元。

童女迦葉考—論呂凱文〈佛教輪迴思想的論述分析〉之謬：童女迦葉是佛世率領五百大比丘遊行於人間的歷史事實，是以童貞行而依止菩薩戒弘化於人間的大菩薩，不依別解脫戒（聲聞戒）來弘化於人間。這是大乘佛教與聲聞佛教同時存在於佛世的歷史明證，證明大乘佛教不是從聲聞法中分裂出來的部派佛教的產物，卻是聲聞佛教分裂出來的部派佛教聲聞凡夫僧所不樂見的史實；於是古今聲聞法中的凡夫都欲加以扭曲而作詭說，更是末法時代高聲大呼「大乘非佛說」的六識論聲聞凡夫極力想要扭曲的佛教史實之一，於是想方設法扭曲迦葉菩薩爲聲聞僧，以及扭曲迦葉童女爲比丘僧等荒謬不實之論著便陸續出現，古時聲聞僧寫作的《分別功德論》是最具體之事例，現代之代表作則是呂凱文先生的〈佛教輪迴思想的論述分析〉論文。鑑於如是假藉學術考證以籠罩大眾之不實謬論，未來仍將繼續造作及流竄於佛教界，繼續扼殺大乘佛教學人法身慧命，必須舉證辨正之，遂成此書。平實導師 著，每冊180元。

末代達賴—性交教主的悲歌：簡介從藏傳僞佛教（喇嘛教）的修行核心—性力派男女雙修，探討達賴喇嘛及藏傳僞佛教的修行內涵。書中引用外國知名學者著作、世界各地新聞報導，包含：歷代達賴喇嘛的祕史、達賴六世修雙身法的事蹟，以及《時輪續》中的性交灌頂儀式……等；達賴喇嘛書中開示的雙修法、達賴喇嘛的黑暗政治手段；達賴喇嘛所領導的寺院爆發喇嘛性侵兒童；新聞報導《西藏生死書》作者索甲仁波切性侵女信徒、澳洲喇嘛秋達公開道歉、美國最大假藏傳佛教組織領導人邱陽創巴仁波切的性氾濫，等等事件背後眞相的揭露。作者：張善思、呂艾倫、辛燕。售價250元。

黯淡的達賴—失去光彩的諾貝爾和平獎：本書舉出很多證據與論述，詳述達賴喇嘛不爲世人所知的一面，顯示達賴喇嘛並不是眞正的和平使者，而是假借諾貝爾和平獎的光環來欺騙世人；透過本書的說明與舉證，讀者可以更清楚的瞭解，達賴喇嘛是結合暴力、黑暗、淫欲於喇嘛教裡的集團首領，其政治行爲與宗教主張，早已讓諾貝爾和平獎的光環染污了。　本書由財團法人正覺教育基金會寫作、編輯，由正覺出版社印行，每冊250元。

第七意識與第八意識？—穿越時空「超意識」：「三界唯心，萬法唯識」是佛教中應該實證的聖教，也是《華嚴經》中明載而可以實證的法界實相。唯心者，三界一切境界、一切諸法唯是一心所成就，即是每一個有情的第八識如來藏，不是意識心。唯識者，即是人類各各都具足的八識心王——眼識、耳鼻舌身意識、意根、阿賴耶識，第八阿賴耶識又名如來藏，人類五陰相應的萬法，莫不由八識心王共同運作而成就，故說萬法唯識。依聖教量及現量、比量，都可以證明意識是二法因緣生，是由第八識藉意根與法塵二法爲因緣而出生，又是夜夜斷滅不存之生滅心，即無可能反過來出生第七識意根、第八識如來藏，當知不可能從生滅性的意識心中，細分出恆審思量的第七識意根，更無可能細分出恆而不審的第八識如來藏。本書是將演講內容整理成文字，細說如是內容，並已在〈正覺電子報〉連載完畢，今彙集成書以廣流通，欲幫助佛門有緣人斷除意識我見，跳脫於識陰之外而取證聲聞初果；嗣後修學禪宗時即得不墮外道神我之中，得以求證第八識金剛心而發起般若實智。平實導師 述，每冊300元。

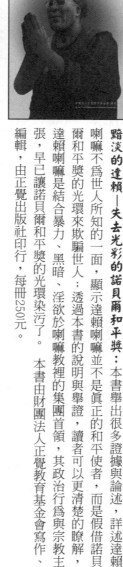

國家圖書館出版品預行編目資料

起信論講記／平實導師講述—初版—壹
北市：正智，2004〔民93-〕
面；　　公分
ISBN 957-28743-5-7（第1輯；平裝）
ISBN 957-28743-6-5（第2輯；平裝）
ISBN 957-28743-7-3（第3輯；平裝）
ISBN 957-28743-9-X（第4輯；平裝）
ISBN 986-81358-0-X（第5輯；平裝）
ISBN 986-81358-1-8（第6輯；平裝）
1. 論藏
222.3　　93010953

起信論講記
——第二輯

著　述　者：平實導師
音文轉換：正覺同修會編譯組
校　　對：章乃鈞　陳介源　甘十祺
出　版　者：正智出版社有限公司
電話：○二 28327495　28316727（白天）
傳真：○二 28344822
111 台北郵政 73-151 號信箱
郵政劃撥帳號：一九○六八二四一
正覺講堂：總機○二 25957295（夜間）
總　經　銷：飛鴻國際行銷股份有限公司
231 新北市新店區中正路 501-9 號 2 樓
電話：○二 82186688（五線代表號）
傳真：○二 82186458　82186459
初　　版：公元二○○四年十二月底　二千冊
初版五刷：公元二○一六年十一月　二千冊
定　　價：二五○元